El PODER sagrado en tu nombre

El PODER sagrado en tu nombre

Usando tu nombre para el empoderamiento personal y sanar

Ted Andrews

Grupo Editorial Tomo, S. A. de C. V.
Nicolás San Juan 1043
03100, Ciudad de México.

1.ª edición, abril 2018.

Traducido de:
The Sacred Power in Your Name

Publicado por Llewellyn Publications
Woodbury, MN 55125, U. S. A.

Nicolás San Juan 1043, Col. Del Valle
03100, Ciudad de México.
Tels. 5575-6615, 5575-8701 y 5575-0186
Fax. 5575-6695
www.grupotomo.com.mx
ISBN-13: 978-607-415-839-7
Miembro de la Cámara Nacional
de la Industria Editorial N.° 2961

Traducción: Francisco Emrick Velarde
Diseño de portada: Karla Silva
Formación tipográfica: Marco A. Garibay M.
Supervisor de producción: Leonardo Figueroa

Dedicado a mamá y papá,
¡por la magia
de las siete T!

Índice

Parte dos
Semillas sagradas

Ilustraciones

INTRODUCCIÓN

LA MAGIA DE LAS PALABRAS

Nuestra voz es nuestro instrumento más creativo. Con nuestras palabras podemos hacer que las personas se sientan como si estuvieran bajo la protección de Dios, o podemos hacer que se encojan como si fuesen algún horroroso ser del infierno. No es de sorprender que las sociedades primitivas consideren al lenguaje como algo tan místico y mágico.

Todas las antiguas escuelas de misterios espirituales enseñaban a sus estudiantes acerca del poder de la palabra. Les enseñaban que cuando un pensamiento se expresa en palabras, estas forman la matriz de lo que se manifestará en nuestras vidas físicas. Esta es la razón de que todas ellas insistieran en la reticencia en el habla todo el tiempo.

Nuestros mitos y fábulas están repletos de individuos que buscan aquellas palabras mágicas que resolverán sus problemas en la vida y les proporcionarán salud y prosperidad. Incluso en la actualidad, las personas están fascinadas con la posibilidad de descubrir una palabra o frase mágica. En el escenario, los ilusionistas utilizan «palabras mágicas» en sus actos de prestidigitación, y las palabras «abracadabra» y «hocus pocus» son muy conocidas entre niños y adultos por igual. Lo que pocas personas se dan cuenta es que dentro de cada hombre, mujer y niño mora, en lo más profundo, un recuerdo arcaico sobre la verdad del poder de las palabras. Infortunadamente, lo que se ha perdido es la comprensión y las técnicas para activar esos niveles de nuestra conciencia que nos permiten descubrir y usar las palabras y los sonidos mágicos. Hemos permitido que nuestras mentes racionales bloqueen el acceso a esas técnicas arcaicas.

Todas las sociedades antiguas tenían su jerarquía de dioses y diosas. Todos estos seres fueron manifestaciones específicas de la excepcional fuerza divina que opera en todo el universo. Mediante invocar por sus diversos nombres a las diosas y dioses, las sociedades podían aprovechar las energías específicas asociadas con esa fuerza divina. Esto le permitía a la gente obtener de la Fuente Divina energías que fuesen más directas en lugar de generales.

En la Cábala hebrea, había diez nombres específicos con los cuales un Dios se manifestaba y trabajaba a través del universo físico y espiritual. Los hebreos usaron estos nombres en lugar de un nombre para Dios, lo que llamaron el Tetragramatón. Este nombre único no se usaba en las oraciones porque se creía que podía activar energías poderosas que los humanos no serían capaces de controlar. Las tradiciones también dicen que si se pronuncia correctamente, tiene el poder de destruir el universo y crear uno completamente nuevo. Por consiguiente, los hebreos sustituyeron nombres específicos por este, como Adonai y Jehová. Y desde luego, uno de los mandamientos es, «No pronunciarás el nombre del Señor tu Dios en vano», lo que significa en esencia, no lo utilices sin darte cuenta del significado completo de su poder para obrar en tu vida.

Los iniciados y los místicos siempre otorgaron un gran respeto a los nombres de dioses y diosas externos a sus propios sistemas de creencias. Reconocían —como debemos aprender a hacer de nuevo— que todos los dioses son parte del mismo Dios. Estos nombres divinos tienen formas de sonido y pensamiento que activan una liberación de energía en nuestras vidas. Esta energía puede desempeñar una función en nuestras vidas mediante formas que son muy sutiles pero también muy reales. Un cómico moderno una vez hizo alusión a este concepto al explicar la explosión demográfica. Comentó que todo estaría bien en tanto aprendiéramos a mantenernos callados cuando teníamos relaciones sexuales. Explicó que mientras estamos inmersos en el éxtasis, expresamos frases como, «¡Oh, Dios!», «¡Bebé!». Exclamar «¡Oh, Dios!», es como tocar el timbre de Su puerta, obteniendo su atención, seguido esto por las palabras «¡Bebé!». Dios debe asumir que esto es por lo que estás orando y al ser todo amor y generosidad, pues pone todo el proceso en movimiento. Aun cuando esto se expresa desde un punto de vista humorístico, este ejemplo se encuentra relacionado con un principio antiguo.

En las formas antiguas y modernas de la alta magia y la magia inferior, el poder esencial del sonido y las palabras es un elemento común. Muchas de las lenguas antiguas tienen un efecto muy sonoro cuando se hablan y tenían sonidos con un tremendo potencial de transmutación (esto se explicará en el Capítulo dos, Las vocales místicas). Las palabras y sonidos de estas lenguas en muchos casos fueron diseñados para la comunicación con la conciencia de los Reinos Angélicos, y para mantener al alma en comunicación con la Divinidad mientras se está en el cuerpo físico. Esta es la razón de que muchas personas que comienzan a trabajar con varias formas de magia se enfoquen en las lenguas antiguas, ya sea latín, hebreo, griego o enoquiano. (Infortunadamente, no se conoce todo acerca de las lenguas antiguas y sus asociaciones místicas y a menos que se actúe con precaución y selección, el individuo puede invocar energías que no pueden ser controladas). Este es el motivo por el cual la Iglesia Católica perdió mucho de su poder cuando cambió del latín a otras lenguas. Perdió las formas de pensamiento y los efectos sonoros antiguos del idioma, los cuales, incluso si no se comprendían, continuaban creando alteraciones en la conciencia durante los servicios religiosos.

Esto no significa que nuestros idiomas modernos no tienen poder. Lo tienen. Infortunadamente, la capacidad de dar poder a las figuras y sonidos del idioma casi se ha perdido. Esta era una de las habilidades principales de las artes mágicas.

El proceso era sencillo. Comenzaba mediante adjuntar significados definidos a los sonidos y sus combinaciones, de manera que cada vez que se usaban por la voz humana, evocarían energía. La escritura de esos sonidos —nuestro idioma escrito— tenía adjuntados significados específicos. Entonces cuando se combinaba con los sonidos, se proyectaba una manifestación de energía amplificada y específica en las circunstancias de vida del individuo. Al «entonar» las palabras en una manera específica, prescrita, la energía haría tierra con lo físico. Este es el motivo por el que uno a menudo puede leer acerca de tales procesos como «sónicos audibles»: la entonación, letra por letra, de las palabras mágicas, proporcionando por consiguiente el tiempo individual para formular el pensamiento y el significado apropiados para cada sonido. Eso le permitía a uno adjuntar un significado espiritual a las palabras mientras se ejecutaba la entonación.

Este arte no se ha perdido. Podría haberse hecho a un lado, oscurecido, ocultado de la vista, pero todavía existe. El arte de darle poder a las palabras es algo que puede utilizarse por todas las personas. Aprender a usar la «Entonación Esotérica Dirigida» no es algo que únicamente algunas pocas personas pueden aprender. Puede ser aprendido por cualquiera.

Ya sea que nos demos cuenta o no, cuando nacimos se nos dio a todos nuestra Palabra Mágica. Esta palabra nos proporciona el poder de equilibrar nuestros cuerpos, tanto física como espiritualmente, y nos permite despertar nuestro más elevado potencial del alma. La podemos usar para obtener energía, abundancia o prosperidad. Es una palabra que tiene posibilidades ilimitadas en esta encarnación para cualquiera dispuesto a hacer el esfuerzo de aprender a usarla. Esta palabra mágica es tu nombre.

Todas las palabras son mágicas o no son mágicas, de acuerdo a qué tanta significancia espiritual le adjuntemos a ellas. ¡Nuestros nombres tienen una tremenda significancia espiritual! Si se utilizan y se trabajan en la manera apropiada, pueden revelar un tremendo conocimiento espiritual. Todas las personas están buscando algún método o combinación de métodos que las ayuden en el camino espiritual. Algunos no tienen idea incluso de dónde comenzar sus estudios metafísicos. Conocer la energía y el poder físico y espiritual en nuestros nombres es el punto ideal para comenzar. Todas las antiguas escuelas de misterios espirituales tenían un precepto predominante: ¡Conócete a ti mismo! En nuestro nombre se encuentran los reflejos de nuestras energías, potenciales, capacidades y nuestro karma.

No tenemos que depender de las realidades espirituales de otras personas. Podemos aprender a activar nuestras propias energías y abrirnos intencionalmente a estados de conciencia superiores con el fin de recibir nuestras instrucciones espirituales. Algunas personas pueden decirte cómo recibir el conocimiento superior, pero tú tienes que recibirlo por ti mismo. Este libro te proporcionará la oportunidad de comenzar a tener acceso al conocimiento antiguo del sonido y los nombres, aplicado a ti y a tus circunstancias de vida únicas. Al final, la responsabilidad es tuya. Se te proporcionarán las herramientas. Se te mostrará la puerta en la cual entrar. Tendrás los poderes —innatos y sagrados— que se te revelaron en esta encarnación. Y aun dependerá de ti tener estas técnicas y esta información y continuar adelante para ligar tu vida exterior con esas realidades interiores de tu esencia espiritual. Deberás aprender a ver con tus propios ojos y a darle un sentido mayor a lo que descubras sobre ti mediante la magia de tu nombre.

La tradición afirma que conforme aprendemos a armonizar nuestras energías y percepciones con las energías divinas inherentes y reflejadas mediante nuestro nombre, esto abrirá la comunicación con uno de aquellos seres angélicos que ha elegido trabajar con nosotros y con la expresión creativa de esas energías divinas en esta encarnación. Desde luego, este ser es conocido comúnmente como el Ángel Guardián. Los Ángeles Guardianes se conocen en la Cábala mística como los Malachim. Ellos trabajan en el corazón del universo físico y son conocidos como los trabajadores milagrosos y sanadores. Cuando aprendemos a establecer contacto con las energías de nuestra esencia —como se refleja a través de nuestros nombres— nos enlazamos con estos seres, facilitando la ejecución de milagros y maravillas en nuestras vidas.

Ingresamos en los misterios a través de la esfera de la mente, pero solamente así podemos adorar en el templo del corazón. Y es nuestro nombre —nuestra propia y única Palabra Mágica— el que abre el corazón del universo para revelar la gloria que es Dios y lo que Dios está operando dentro de nosotros. ¡Podemos descubrir cuán excepcionales somos cada uno y cómo armonizarnos con el plan único de la Divinidad en nuestra vida!

Descubrir el misterio de la palabra y sus efectos en nuestras vidas es una forma elevada de iniciación esotérica. Aprender a usar nuestro nombre, en nuestro idioma actual, nos abre a lo que se denomina Idioma Cósmico, el lenguaje de la Divinidad donde descansa todo el conocimiento, toda la comprensión y toda la sabiduría. Para alguien que aprende a usar el lenguaje simbólico de su nombre para conectarse con el Idioma Cósmico, nada se mantiene en secreto. Los misterios son revelados, los ritmos y patrones son comprendidos y la fuerza de vida creativa individual se expresa en todas las cosas y todas las personas, con amor y gloria. Este es el epítome del camino espiritual, que en el mundo occidental se conoce como la Búsqueda del Santo Grial. Esto revela nuestra verdadera esencia espiritual y revela cómo expresar esa esencia en esta vida actual.

A menudo se dice que cuando un estudiante está listo, el maestro aparecerá. Trabajar con nuestro nombre tocará el timbre de la puerta de nuestro maestro interior y activará esa energía en nuestras vidas. Para escuchar a los ángeles cantar, debes primero escuchar la canción dentro de tu corazón. Es esta canción la que hace eco en tu nombre. ¡Es esta canción la que puede ser liberada mediante el mismo!

Primera parte

¿Qué hay en un nombre?

Los nombres pertenecen a las cosas por naturaleza...
¡y un artesano de las palabras es aquel que mantiene a la vista el nombre que pertenece por naturaleza a cada cosa particular!

—Platón

CAPÍTULO UNO

La esencia divina en tu nombre

Los antiguos reconocieron que saber el nombre de algo era tener conocimiento y poder sobre eso, pero implicaba saber todos los aspectos de ese nombre. Nuestros nombres individuales contienen mucho poder y si los llegamos a «conocer» apropiadamente, podemos descubrir mucho acerca de nuestro crecimiento como espíritus, de nuestros propósitos y de cómo liberar nuestras energías espirituales con mayor eficacia en nuestras vidas físicas. El significado, los sonidos, los ritmos, la naturaleza de las letras y sus combinaciones, todo revela secretos acerca de la esencia del individuo, pasada y presente, física y espiritual. Somos una integración de energías y experiencias pasadas, y la creatividad potencial en nuestras personalidades se refleja en el nombre que hemos tomado en esta encarnación.

Nuestros nombres reflejan la firma de energía, los patrones de energía que hemos llegado a desarrollar, expandir y superar en esta vida. La numerología y la nombreología se basan en la idea de que cada alma llega al mundo para aprender ciertas lecciones y lograr ciertas metas para completar su desarrollo general e impulsar su evolución. El problema surge cuando el alma ocupa el vehículo físico. En el proceso de la reencarnación, nuestra esencia verdadera debe reducir su intensidad y vibración hasta el punto en que pueda integrarse con el vehículo físico que ha escogido. Para hacer esto construye bandas de energía, las cuales se denominan con frecuencia cuerpos sutiles. Estas bandas de energía reducen la vibración de manera que nuestros vehículos físicos no se «quemen» en el proceso de integración y estas filtren las vibraciones de energía intensa de manera que podamos funcionar y aprender lo que más necesitamos aprender mientras nos encontramos en el mundo físico.

Esta filtración, junto con la densidad del cuerpo físico, nos ocasiona perder mucho contacto con nuestra esencia y conciencia superiores. No obstante, nuestra alma, en su infinita sabiduría, se da cuenta que el impacto y la densidad de la forma física creará este problema, así que se asegura que haya algunos «recordatorios» incorporados. Escoge un tiempo y un lugar de encarnación en el cual las energías universales puedan trabajar en nuestras vidas para proporcionar las circunstancias de aprendizaje, y escoge un nombre cuya vibración servirá como un catalizador para que ciertas energías actúen en nosotros durante la encarnación. El alma sabe que las letras y los sonidos y las correspondencias numerológicas de su nombre en particular, la unen con energías arquetípicas específicas a las que puede responder, consciente o inconscientemente. De esta manera, ponemos en acción los acontecimientos y las energías en nuestras vidas a través de nuestro nombre.

Las letras, el significado, los sonidos y las configuraciones del nombre que has asumido comunican con tu esencia espiritual en una manera muy real y sutil. Estas comunicaciones de energía sutil no nos gobiernan, aun cuando pueden afectar intensamente cómo respondemos a las circunstancias de la vida. Pues siempre tenemos libre albedrío. Necesitamos comprender qué clase de comunicaciones son para que las podamos dirigir de forma más consciente. Al aprender cómo utilizar nuestro nombre como un comunicador con el alma, podemos manifestar las energías del alma de manera más poderosa. Podemos comenzar a comprender los ritmos y los patrones de los acontecimientos que se desarrollan en nuestras vidas. Podemos iniciar el proceso de liberar nuestro potencial espiritual para crear una mayor satisfacción, prosperidad, amor, alegría y creatividad. Podemos utilizar el proceso divino de la iniciación acelerada y de una conciencia más elevada.

Nuestro nombre nos proporciona una indicación verdadera de nuestro propósito en esta encarnación. Indica las metas, las herramientas y los impedimentos, y nos proporciona información de porqué estamos vivos en este planeta, en este tiempo, qué lecciones hemos elegido para enseñarnos a nosotros mismos, qué dones y habilidades tenemos que desarrollar, así como algunos de los obstáculos que tenemos que conocer para superar. Cuando comprendemos esto y luego aprendemos a dirigir las comunicaciones con el alma desde un nivel consciente, toda la vida se abre ante nosotros. Descubrimos la magia divina que se encuentra dentro de la esencia y el corazón de cada uno de nosotros.

Sin embargo, una pregunta surge con frecuencia, ¿por qué aquellos con el mismo nombre son tan diferentes? Existen muchas desviaciones que influencian una expresión de energía de una persona. Diferentes fechas y lugares de nacimiento crean formas únicas para que el individuo manifieste las energías de su nombre. Recibimos apodos y cambios de nombres que alteran la manera en la cual el alma libera su energía divina innata. (Estos cambios de energía serán explicados con mayor detalle en el capítulo tres).

Aprender a trabajar con tu nombre y con el poder que puede ser liberado desde el alma en tu vida por ese nombre, es el propósito de esta obra. Conocer el significado esotérico y el uso del nombre de uno como una herramienta para la iluminación y el éxito era parte de las ciencias espirituales antiguas enseñadas en los Templos de Sabiduría Atlantes. Para los discípulos de la Nueva Era, esto debe formar parte del proceso educativo de nuevo.

Los Maestros de Israel estaban bien versados en la ley de vibración y en cómo las energías sutiles se liberan en la vida física desde el alma. Las 22 letras del alfabeto hebreo simbolizan los 22 pasos que el alma debe emprender para lograr el dominio y ser libres del karma de la encarnación. Estas letras —sus formas, sus sonidos y sus significados— activan vibraciones en la vida de un individuo, y la palabra, tanto hablada como escrita, es una manifestación física de la energía espiritual sutil. Transforma las energías espirituales más etéreas en una realidad tangible. A menos que uno se vuelva consciente de esto, se podría asumir que somos simplemente una víctima del destino o de alguna forma de omnisciencia de la que nunca podremos ser parte.

El hombre tiene el poder innato de crear. El nombre o la palabra hablados, cuando se emplean con un pensamiento potente, se convierten en un poder creativo que puede ser manipulado en la vida de alguien, en cualquier forma que la persona desee. Aprender a utilizar ese poder es lo que proporciona dominio sobre la materia. El asignar un nombre a un niño al nacer ya no recibe las consideraciones y el cuidado apropiados. Alguna vez era un ritual en sí mismo y el nombre se seleccionaba para reflejar el potencial más elevado del alma que llegaba. Esto todavía se refleja de alguna manera en la Iglesia Católica, donde al recién nacido se la da el nombre de un santo cuyas energías serán una fuerza guiadora en la vida de ese niño. En un nivel sutil, esta elección implica el conocimiento del poder de un nombre para invocar energías específicas en la vida de uno.

En el mundo occidental a los niños se les dan nombres al estilo de las antiguas tradiciones romanas y celtas.

> A los romanos se les daba (1) un *praenomen*, o nombre propio, (2) un *cognomen*, un nombre familiar o apellido, (3) un *nomen*, o segundo nombre indicando su *gens* (clan), y en ocasiones si un hombre se distinguía, (4) un *agnomen*, que era un sobrenombre a menudo conferido como un título de honor, o como un apodo.
>
> En Bretaña, cualquier celta noble también tenía tres nombres personales, como actualmente vemos en galés: su *enwau personau*: *cyfenw* (apellido), *enw bedydd* (nombre de pila), *llwyth* (un nombre tribal), o *tylwyth* (un nombre familiar, nombre ancestral), o *brychan* (su nombre escocés o tartán). Sin un nombre de clan, tanto los bretones como los romanos habrían sido objeto de escarnio como un don nadie (*sine gente*).[1]

1 Norma Lorre Goodrich. *Merlin* (Nueva York: Franklin Watts Publishing, 1987), p.8.

No fue sino hasta los romanos y su complicada civilización que se sintió la necesidad de un título hereditario, un nombre que fuese pasado de una generación a la siguiente. Aunque en un inicio tuvo popularidad, fue una práctica que finalmente desapareció en Europa hasta alrededor de los años 1500, cuando los segundos nombres fueron aplicados de nuevo a los individuos.

Originalmente, los nombres se asignaban por diversas razones prácticas y espirituales. Un nombre servía como una forma de distinguir a una persona de otras. Se otorgaba para simbolizar una característica o una cualidad que los padres esperaban que el niño poseyera. En ocasiones los nombres eran tomados de dioses tribales, de religiones o de algún animal u objeto asociado con el momento de nacimiento. En otras ocasiones un nombre se transmitía a través de la familia. En tales casos, algunas sociedades prohibieron el uso del nombre de un individuo mientras estuviese vivo. Esta fue una práctica común entre los antiguos hebreos. Judas el Piadoso decretó que el alma de un hombre no podía descansar en paz si su nombre se le daba a otra persona mientras estaba con vida.

Para los antiguos místicos, la asignación de un nombre era un proceso que tenía que ser reverenciado. Los nombres eran considerados como la esencia espiritual detrás de la forma física y la conciencia. El asesoramiento en los nombres fue muy importante durante muchos siglos, en especial en Oriente, donde se creaban nombres únicos para cada niño recién nacido. En la actualidad nos encontramos en un punto de la evolución de la humanidad donde de nuevo es necesario revivir las antiguas técnicas de dar nombres.

En muchas sociedades el dar nombre a un niño era llevado a cabo por la madre, ya que ella tenía la conexión mayor con el alma que encarnaba. A pesar de que el sacerdote o sacerdotes de una sociedad desempeñaban una función importante en esto, al final la madre tenía la última palabra. Esto se ve ilustrado en la Biblia cristiana en la historia del nacimiento y circuncisión de Juan el Bautista: «Y llegó el octavo día, en que vinieron a circuncidar al niño, y lo iban a llamar Zacarías, como el nombre de su padre. Y su madre respondió y dijo: "Así no, sino que será llamado Juan"» (Lucas 1: 59-60).

Los pueblos antiguos reconocieron que el periodo del embarazo era un tiempo muy místico. Este puede ser un periodo cuando los padres, tanto la madre como el padre, pueden conectarse con el alma de la cual serán los canales. Ellos pueden discernir las energías y propósitos de esa alma y por lo tanto el nombre que ayudará en la manifestación de los potenciales más elevados de esa alma.

Los nombres nos etiquetan y nos representan, asumen estereotipos y se convierten en formas de pensamientos. Las personas asociarán los nombres con características físicas, mentales y de personalidad. ¿Cuán a menudo escuchamos frases como, «No pareces un Pepe» o «No actúas como una Jennifer»? Tenemos la tendencia a convertirnos en lo que otros esperan que nos convirtamos. La humanidad tiende a conformarse a las expectativas de la sociedad, ya sea que estas sean correctas o incorrectas. Esto tiene que ver con lo que se puede denominar resonancia forzada.

La resonancia es la capacidad de la energía —en cualquier expresión— para llegar y provocar una respuesta en algo que está en la misma vibración o frecuencia. Si uno golpease un diapasón en Do central y un piano estuviera en la misma habitación, las vibraciones del diapasón llegarían y provocarían una respuesta en el piano. Al tocar la cuerda del piano en el Do central, descubriremos que también este estará vibrando, aun cuando no lo escuchemos. Resonancia forzada es la capacidad para alterar la vibración o forzar una vibración diferente en armonía con una más fuerte. Una vibración más fuerte puede forzar a una más débil a que esté adaptada y en armonía con ella.

Nuestro nombre tiene resonancia con una energía universal particular que opera en nuestras vidas, una energía arquetípica a la cual tenemos acceso. Las formas y estereotipos de pensamiento de la sociedad respecto a los nombres pueden bloquear tu habilidad para tener acceso a esa energía y pueden forzar tu potencial de energía innata, en resonancia con la forma de pensamiento social. Esto es más posible que ocurra si ya no podemos identificar la energía arquetípica y la esencia innata en nuestros nombres. Es muy fácil ser víctima de la resonancia forzada si no sabemos cómo expresar la energía y la esencia inherente en nuestros nombres.

La mayoría de los nombres en nuestra sociedad actual tienen estereotipos asociados con ellos. Cuando conocemos a las personas, hacemos suposiciones acerca de ellas con base en sus nombres. Esto a su vez afecta cómo nos comunicamos o nos conectamos con ellas. «Para los niños un nombre que interfiere sustancialmente con la interacción normal es un impedimento. Las expectativas de la sociedad de una persona moldean el comportamiento» (Muriel Beadle).

Ya sea que estemos conscientes o no, todos llegamos a la vida física sabiendo que habrá algunas cosas con las que tendremos que enfrentarnos en una forma o en otra. Esto no significa que podemos crear un César sencillamente por asignar un nombre, pero sí significa que podemos elegir un nombre cuyo significado, sonidos y ritmos hagan el trabajo de esa alma más fácil. Esto comienza por reconocer que hay estereotipos, pero también implica que debemos aprender a superarlos en el proceso evolutivo. Todos debemos llegar a expresar nuestras energías en una manera altamente individual y creativa. Para lograr eso, debemos romper las limitaciones que nos hemos impuesto y que también hemos permitido que otros nos impongan.

Todo esto comienza con aprender a identificar y usar las energías y la esencia en tu nombre, a las cuales tienes el acceso más grande. Esto significa aprender acerca de esos aspectos creativos y aplicarlos para que tú ya no encajes en los «estereotipos», sino que expreses una energía que es tan excepcional como tú lo eres. Todo esto se reduce a hacer una elección en tu vida. ¿Deseas continuar siendo pasivo, permitiendo que las energías y las ideas preconcebidas de otras personas se impongan sobre ti? ¿O deseas ser activo, siendo completamente responsable para alterar, despertar y manifestar los aspectos más creativos de ti mismo? La primera forma es más sencilla, pero solo retrasa lo que debe evolucionar de todas maneras, y te ubica en la posición de ser llevado por el viento de cualquier capricho o antojo que el «destino» pueda traer. La segunda forma te regresa completamente el control de lo que haces en tu vida y te brinda la oportunidad de despertar ese aspecto divino de ti mismo que enlaza tu vida física con la Fuente de Toda Vida en el universo.

«¡Conócete a ti mismo!». Este fue el precepto de los antiguos y que todavía resulta ser verdad en la actualidad. El sendero a la iluminación no conduce hacia alguna luz cegadora que disuelve nuestros problemas. Es un sendero que despierta la luz de lo divino en lo físico. Esa luz yace en nuestro nombre, en nuestra esencia.

Nuestro nombre abre el camino al conocimiento espiritual. Otras personas pueden decirnos cómo recibir el conocimiento superior, pero solamente nosotros podemos lograr recibirlo realmente. Debemos esmerarnos en conocer las realidades interiores. Debemos aprender a ver sin nuestros ojos. Cada uno debe encontrar su portal a la Fuente de Toda Vida, ¡y ese portal no es más que nuestro nombre! «Hombre conócete a ti mismo, entonces debes conocer al universo y a Dios».

La magia del nombre

En el siglo XVII, los «magos del nombre» practicaban el arte de la onomancia. La onomancia era una forma de adivinación —determinar el carácter de una persona y predecir su futuro mediante el análisis de su nombre propio—. Incluso antes del siglo XVII, las personas reconocieron que los nombres eran más que solamente una etiqueta. Observaron que los nombres contenían el espíritu del portador del nombre. Debido a esto, los nombres contaminados —los nombres que han sido desacreditados o que fueron asociados con algo negativo— se evitaban. Adoptar el nombre de otro miembro de la familia también era tabú, en especial mientras el individuo todavía vivía. Algunas sociedades consideraron esto como la sustracción de la vida de la primera persona (un aspecto de esto será discutido posteriormente en relación con los «juniors» y sobre cómo ellos comparten el karma de sus padres).

En épocas antiguas, los nombres se escogían por la distinción que conllevaban. Muchas sociedades chinas inventaron nombres para el alma reencarnante y el niño, otorgando a cada nombre una mezcla de sonidos y símbolos con un significado secreto. Incluso en la actualidad, muchos nombres africanos se crean y se dan a las personas debido a la importancia de sus sonidos y significados.

Esto podría implicar combinar los nombres de los padres o elegir un nombre que refleje una cualidad que se adapte al niño.

Leslie Alan Dunkling define «nombre mágico» como la atribución de un poder sobrenatural a un nombre, o una creencia en el significado extraordinario de un nombre. La creencia en la magia de los nombres todavía existe en la actualidad pero en un nivel mucho más superficial. ¿Qué tan a menudo los padres deciden en contra de un nombre debido a lo que se ha asociado con este en el pasado? ¿Qué nombre evoca una mejor imagen de una niña amorosa y delicada: Jennifer o Bertha?

En las antiguas sociedades y escuelas de la sabiduría, las personas enseñaban esto para descubrir el nombre de una persona o un ser sobrenatural iba a conseguir poder sobre este. Nuestros cuentos y leyendas están repletos con individuos que necesitaban descubrir el nombre verdadero de alguien para salvarse. «Rumpelstiltskin» es un ejemplo conocido. La tradición dice que para tener poder sobre algún duende mágico o reino elemental uno debe primero conocer el nombre. Eso estimula el uso de nombres secretos u ocultos. Muchos de los antiguos dioses o diosas tenían nombres secretos, los cuales revelaban a las personas en ocasiones. Entonces ese nombre podía ser utilizado para invocar la energía de ese ser, permitiendo a la persona usarla y fundirse más íntimamente con ella.

Todos los grandes arcángeles que trabajan para la humanidad tienen nombres secretos, y si alguien avanza plenamente hacia una mayor evolución espiritual, estos nombres con frecuencia se le dan al individuo para ayudarlo en su camino. Cuando alguien recibe el nombre secreto de un arcángel, sabe que ya ha entrado en el sendero de prueba del discípulo. Los antiguos encantamientos y fórmulas de la alta magia dependían del conocimiento exacto de un nombre, en particular los «nombres de Dios». El nombre, si se comprende y se utiliza correctamente, invoca el carácter y las esencias que representa.

La Apertura de la Boca era una ceremonia de los antiguos egipcios que utilizaba una fórmula para reanimar el cuerpo de una persona que había fallecido, con el fin de restaurarle a este su *Ka* (alma). Este proceso espiritual se conocía como «morir para volver a nacer». Aun cuando era una ceremonia simbólica, implicaba el uso apropiado del nombramiento para invocar las energías del individuo, pero también para armonizarlas con energías más divinas, para abrir el proceso de iniciación. Estos nombres de iniciación eran mantenidos en secreto.

Mantener nombres secretos es una costumbre que no ha desaparecido con el tiempo. Muchas parejas tienen dulces nombres secretos «de amor» entre ellas. Estos nombres solamente son pronunciados en presencia de la persona amada. Y si el nombre alguna vez se pronuncia en público, rara vez será usado en privado de nuevo, ya que pierde su poder. El poder era la esencia de su significado para los individuos. Este es el motivo por el que los antiguos maestros advertían «fortaleza en el silencio» en todas las cosas, en especial en relación con los nombres.

Parte del proceso evolutivo debe incluir determinar nuestro nombre «real», que en ocasiones se refiere esotéricamente como el nombre del alma. Este es el nombre de nuestra esencia más creativa e individual, no el nombre que usamos durante esta encarnación, sino el nombre que reside detrás de todos nuestros nombres a través de todas las encarnaciones. «En el principio era la Palabra...». En el principio teníamos una firma que nos enlazaba directamente con la Divinidad. Adoptamos otros nombres para conectarnos con ese aspecto divino, para conectarnos a esa «Palabra» de la cual salimos.

Los nombres que usamos o escogemos revelan únicamente lo que deseamos revelar. Definen las expresiones de nuestras energías para esta encarnación. No estamos atados a ellos, pero a menos que nos volvamos más conscientes de efectos tan reales, nunca podremos desarrollar los potenciales de los que somos capaces. Nuestros nombres son creaciones especiales; inherente en ellos está el principio creativo que opera en toda la naturaleza y el universo. Es lo que hace que nuestra esencia se conecte a tierra en una vida excepcional de aprendizaje y expansión. Podemos despertar este aspecto creativo mediante nuestros nombres, y por consiguiente aprender a controlarnos a nosotros mismos, nuestras vidas y nuestra evolución.

SIGNIFICADOS SAGRADOS

Cada nombre tiene su origen y cada nombre tiene un significado literal. Estos significados pueden haberse oscurecido a través de los años, pero también tienen nuestros lazos con la esencia divina que es parte de cada uno de nosotros. Los nombres que se rastrean muy hacia atrás finalmente revelarán su fuente dentro de los siete sonidos, a partir de los cuales provienen todos los sonidos —el OM, en la lengua oriental—. Sería muy tonto pretender que los significados para nuestros nombres son totalmente precisos y armonizados con los propósitos espirituales de esta encarnación, pero los significados originales proporcionan un punto de inicio para la autoexploración. Ahora ellos pueden ser más simbólicos que literales, pero como veremos, incluso esto proporciona un medio por el cual liberar la esencia mágica en nosotros.

Carlyle afirmaba: «Es en los símbolos y a través de ellos que el hombre, consciente o inconscientemente, vive, trabaja y tiene su ser». Nuestros nombres son símbolos para nosotros. Ellos nos reflejan, nos identifican, pero no son nosotros. Un nombre sugiere una cualidad y por consiguiente nos enlaza a la energía arquetípica que yace detrás de esa cualidad. Nos conecta con un aspecto de la energía arquetípica que una vez fuimos y que de nuevo nos estamos volviendo. Tal y como las palabras habladas expresan pensamientos que son etéreos, haciendo que se conecten a tierra en la realidad física para diversos propósitos, así nuestro nombre comienza el proceso de hacer que toquen tierra nuestras energías más etéreas en expresiones físicas de vida. Cuánta de nuestra esencia espiritual se conecta a tierra en nuestras situaciones de vida físicas, depende de nuestro conocimiento sobre el despertar, y de usar nuestro nombre. Tal como podemos incrementar nuestro vocabulario para mejorar nuestra capacidad para comunicarnos y aprender, también podemos incrementar nuestro conocimiento sobre cómo usar el «vocabulario» de nuestros nombres (por ejemplo, el significado de las letras, los ritmos y los sonidos) para incrementar la manifestación de nuestra esencia espiritual en nuestras vidas físicas.

Todo comienza con una conciencia del significado de nuestro nombre de nacimiento, tal como este aparece en nuestra acta de nacimiento. El nombre en tu acta representa el contacto terreno, físico y legal, de tus energías en la vida física. Muchas personas descubrirán que el nombre con el que han vivido con frecuencia es diferente —en esencia, al deletrearlo, etc.— de la forma en que aparece en el acta. Esto por sí solo a menudo explica porqué muchos individuos tienen actitudes negativas hacia sus nombres.

Con frecuencia, también existe una confusión acerca de lo que el nombre le proporciona a un niño. Interrogar a los padres puede revelar mucho. Sería de beneficio para el individuo analizar cualquier nombre que alguno de los padres haya sentido con fuerza pero que no haya mencionado por cualquier razón. Este nombre puede revelar energías y esencias que has venido a desarrollar, primero superando y aprendiendo a manifestar las energías del nombre de pila. Parte del camino de la evolución requiere aprender que nada es insignificante, en especial cuando se relaciona con algo tan íntimo como lo es nuestro nombre.

> —*Alicia*: ¿Un nombre debe significar algo?
> —*Humpty Dumpty*: Desde luego que debe significar algo. Mi nombre significa la forma en que soy. Con un nombre como el tuyo, podrías tener casi cualquier forma.
>
> (Lewis Carroll, *A través del espejo*)

Aquello que en la sociedad occidental llamamos nuestro nombre cristiano —nuestro primer nombre— es la herramienta más poderosa que tenemos. Es la esencia identificadora y creativa del alma. Este nombre, en conjunto con tu entorno de nacimiento y el karma de la familia (como se refleja en el apellido), establece el tono sobre cómo manifestarás tus aspectos más creativos y espirituales.

El nombre familiar o apellido indica energías heredadas de tus ancestros, el karma asociado con tu familia y las cualidades más disponibles a una persona a través de la herencia familiar, todo lo cual ayuda a moldear la expresión de la esencia creativa del individuo. Esta es una herramienta o forma de energía que te dieron otras personas en la familia. Es un regalo opcional y puede ser mejorada o ignorada.

El segundo nombre originalmente fue una designación del clan. En la actualidad, es una derivación del primer nombre. Su función primaria en la sociedad es facilitar la identificación, pero también se puede usar como un medio de apoyo para las energías creativas del primer nombre. Se puede utilizar en todas las mismas formas que el primer nombre y tiene la magia de sanar e iluminar. Juntos estos nombres indican los motivos, el conocimiento y los potenciales que has llegado a despertar y usar durante esta encarnación. Proporcionan herramientas para ayudar a alguien que sabe cómo usarlas en el camino que ha escogido en su vida.

Tenemos muchos nombres en el transcurso de una sola encarnación. Cada uno refleja energías y aspectos de nosotros en ese tiempo. Tenemos apodos de familia, apodos de amigos, nombres adoptados y otros. Las mujeres adoptan el nombre de los esposos y se alinean con los nombres de su familia, por consiguiente, compartiendo el karma familiar.

También hay cambios religiosos de nombres, como ocurre durante los ritos de iniciación. La mayoría de los ritos de iniciación modernos que implican nombres son ceremonias formales que ocurren a edades establecidas (por ejemplo, el bautismo, la confirmación, etc.), y no confieren ningún poder especial al individuo. Incluso el bautismo como se practica con frecuencia, ocurre cuando el niño es demasiado joven para darse cuenta de la conciencia y energías que son invocadas. En tiempos antiguos, el bautismo se llevaba a cabo como un rito de iniciación mediante el cual el individuo adoptaba de manera consciente una nueva identidad y conciencia. Previo a este rito se desarrollaban cierta conciencia y habilidades. El nombre adoptado por el individuo en este momento señalaba el fin del antiguo individuo y el comienzo del nuevo, en armonización con las energías reflejadas por el nombre. El nombre dado era tanto un arte como una ciencia. Los nombres eran seleccionados con gran cuidado y reverencia. Las personas eran conscientes de las maneras en que los sonidos y sus significados podían afectar a un alma nueva. «El pueblo babudja de Zimbabue creía que un niño que lloraba habitualmente poseía un nombre inadecuado. Se cree que el llanto es una señal de los espíritus de que el nombre debe cambiarse» (Libro de Nombres Propios del Profesor).

¿Significa esto que podemos crear un César mediante el nombre apropiado? Probablemente no, pero negar que el nombre no tenga ningún efecto sobre el individuo es aceptar una tontería. Siempre hay nombres a los que se les resta importancia por lo que una sociedad ha llegado a asociar con ellos. Esta forma de energía del pensamiento es algo que el alma debe superar. Es sorprendente cómo se les da a los niños nombres crueles.

En una de las primeras escuelas en las que impartí clases había una pequeña niña de color, con el apellido de Bodie (que se pronuncia como body). Su primer nombre era Vanilla.[2]

La niña recibía burlas terribles y en cierto punto debe haber existido alguna confusión en esta hermosa niña de color por ser conocida como Vanilla Bodie. Qué tanto esto afectó finalmente su vida es algo que merece ser considerado seriamente por parte de sus padres.

La mayoría de los niños saben que si deseas dañar a otro niño, todo lo que tienes que hacer es encontrar una forma de burlarte de su nombre. Los niños responden a esto porque en los primeros años existe un reconocimiento inconsciente de la conexión entre nuestros nombres y nuestra esencia. Conforme crecemos, desarrollamos un caparazón de autodefensa. Construimos muros que nos separan de las energías asociadas con nuestros nombres. Perdemos ese lazo íntimo con las energías de nuestro nombre. Este se vuelve para nosotros solamente un título de identificación y nada más.

Debido a que nuestros nombres son nuestro reflejo, debe haber un mayor cuidado en asignarlos. Necesitamos estar conscientes

---

2 N. del T. En español la palabra *body* significa «cuerpo» y *vanilla* significa «vainilla».

de lo que nuestros nombres significan para ser capaces de despertar el poder de nuestra esencia a través de ellos, como originalmente teníamos la intención de hacerlo.

Los apodos y los nombres acortados limitan nuestras energías. Alguien que recibe el nombre de Tom en lugar de Tomás podría ser capaz de lograr un éxito tremendo, pero cuánto más podría lograrse si el poder del nombre completo fuese despertado y expresado por el individuo. Como veremos en los dos capítulos siguientes, la sílaba o sílabas extras tienen la capacidad de abrir reservas de energía y potencial.

En muchos casos el individuo puede encontrar más fácil relacionarse con el apodo. En estos casos el apodo podría ser un puente para las energías del verdadero nombre. Esto también puede indicar que el primer nombre legal fue un nombre inapropiado. Quizá no haya reflejado realmente las energías con las que deseabas trabajar. Al mismo tiempo, todo en la vida física proporciona una oportunidad de crecimiento y desarrollo, y es posible que la carencia de resonancia con el nombre muestre que has venido a aprender a trabajar con energías totalmente nuevas y sin ninguna relación con lo que siempre ha sido conocido y confortable. Trabajar con tu nombre verdadero en las formas explicadas en este libro te conducirá a esta información y te ayudará a reconocer que el nombre que se te dio incrementará tu educación y evolución durante esta encarnación.

En los sobrenombres que usan iniciales se pierde una gran cantidad de poder y energía. Como se explicará en el capítulo siguiente, son las vocales las que llevan el poder en un nombre.

En el caso de los niños a los que se les da el mismo nombre que sus padres hay mucho de qué preocuparse. Muchas sociedades tenían tabús en contra de nombrar a los hijos como alguien que todavía está vivo porque se creía que esto extraería la fuerza de vida del individuo de mayor edad con ese nombre. Cuando uno de los padres nombra a un hijo con su nombre, el niño entonces se ata al karma del padre mucho más íntimamente de lo que habría sido necesario. Los padres necesitan considerar con mucho cuidado sus razones para tales acciones. En muchos casos es para satisfacer algún deseo egoísta del padre por revivir su vida a través del niño, lo cual hace más difícil para este niño desarrollar una creatividad y expresión individuales.

En casos como los de la adopción, el nuevo nombre y familia proporcionan una oportunidad para el alma de crecer en una forma totalmente diferente, libre del karma de los padres biológicos. Esto no significa que el niño no esté kármicamente conectado con los padres, sino que ha aprendido a iniciar circunstancias nuevas, a efectuar saltos de cambio y conciencia. Esto es simbolizado por el salto a una nueva familia. En un nivel inconsciente esto enseña al alma que no está atada por nada en el mundo físico, ya sea pasado o presente.

En muchos casos de adopción, en especial con niños mayores, es solamente el apellido el que se cambia. Como se explicó con anterioridad, el apellido es el nombre del karma y el aprendizaje de la familia. En este punto, el niño cambia del karma de los padres biológicos a las energías familiares de los padres adoptivos con todas sus oportunidades de aprendizaje.

Con los niños que son adoptados poco después del nacimiento y por consiguiente no son verdaderamente «nombrados», podría ser simplemente que ellos necesitaban este tiempo y lugar para entrar en la encarnación por el beneficio del crecimiento y desarrollo de su alma. Quizá hayan necesitado tanto la predisposición física de los padres biológicos y las energías del nuevo nombre adoptivo para ser ayudados con sus propias lecciones excepcionales. Las energías de los padres de nacimiento y el entorno de los padres adoptivos con frecuencia son inherentemente vitales para las intrincadas lecciones que el niño ha venido a recibir. En casos como estos, con frecuencia ambos grupos de padres acordaron en algún punto estas circunstancias inusuales para que el niño pudiese aprender y crecer en una manera que iba a ser lo mejor para el desarrollo de su alma.

Muchas mujeres preguntan acerca de cambiar sus nombres en el matrimonio. Mi recomendación usual es no quitarse el apellido. Ya sea manteniendo el mismo apellido, así no tienes que perder tu identidad individual en el matrimonio, o al menos mantenerlo unido con un guion de manera que retengas tu esencia individual al tiempo que simplemente le agregas algo más; por ejemplo, Mary Smith-Thompson.

Si alguien entrevistara a 100 parejas casadas y les hiciera la pregunta, ¿quién tuvo más dificultades para adaptarse en el primer año de matrimonio? La mayoría sería sin duda la mujer. Es la mujer quien cambia su nombre, dejando por consiguiente parte de su energía individual y adoptando una expresión de energía totalmente nueva en su vida. Hasta que esto sea formalmente llevado a cabo en un nivel físico —las nuevas energías haciendo tierra y actuando— los efectos no serán sentidos verdaderamente. Por otro lado, el hombre no cambia su nombre y por consiguiente no cambia su energía. La vida continúa en gran medida como antes, con poco trauma.

En los casos de divorcio es muy importante quitarse las energías y el nombre de la pareja. Cada vez que ha habido intimidad sexual, en especial de una naturaleza extensa como en el matrimonio, la energía es intercambiada y entremezclada entre la pareja en un nivel atómico. El apellido del esposo mantiene a la mujer atada a esa energía, retrasando la separación de energía entre los dos. El divorcio nunca es fácil, sin importar cómo se lleve a cabo el procedimiento en los tribunales. Cuando ha habido tal intimidad, puede requerir tanto como siete años o más para que las energías se desenreden entre ambos en un nivel atómico.

Los hijos del divorcio deberían mantener sus nombres. Sus nombres los conectan con ambos padres, como debe ser. Cuando son adultos independientes entonces pueden cambiar sus nombres como vean que esto se adecua más. No obstante, para la esposa es importante comprender que el apellido puede mantenerla conectada con la energía del individuo. Algunas mujeres prefieren esto, lo cual también está bien. Pueden tener una magnífica relación con sus suegros y pueden haber estado casadas tanto tiempo que el nombre del esposo ahora es más un reflejo de su propia energía. Sin embargo, se debe recordar que el divorcio es una separación de dos para volverse uno. Es convertirse de nuevo en una esencia de energía individual y sola. Darse cuenta de eso puede ser obstaculizado por mantener un nombre que refleja una energía de dualidad.

Nos encontramos en una época en que las técnicas antiguas de otorgar nombres y recibir asesoramiento en los nombres deben resurgir. Este fue un procedimiento que prevaleció en Asia durante siglos. El cántico infantil, «palos y piedras podrán romper mis huesos, pero los nombres nunca me lastimarán», solamente se refiere a lo físico. Los nombres pueden lastimarnos en formas muy sutiles y muy reales, especialmente si nos rehusamos a ver su significado y sus efectos en nuestras vidas.

Antes de denigrar nuestros nombres, antes de que decidamos cambiarlos, necesitamos primero explorar su significado, tanto exterior como interior. La última parte de este libro está dedicada a ayudarte en ello. Ojalá esto despierte un mayor respeto por el nombre que tienes y por el significado y poder sagrados en este.

Cambio de nombre

Es mucho más sencillo desarrollar la magia en nuestros nombres que adoptar uno nuevo. Cambiar de nombre no es como cambiar una llanta que está usada o no parece en buenas condiciones. Existen enlaces íntimos con nuestra esencia superior. Darse cuenta de este aspecto agrega tremendo significado a las palabras: «Santificado sea Tu nombre».

No obstante, no podemos ignorar el hecho de que las personas hacen juicios con base en el nombre de alguien. Algunos nombres se escuchan más viejos, más maduros, en particular el nombre completo en oposición a una contracción de este; por ejemplo, Timothy en oposición a Tim. Tu nombre puede reflejar nacionalidad, religión, etc., dando a las demás personas pistas acerca de tu personalidad y comportamiento. Los individuos también efectúan juicios raciales acerca de las personas de acuerdo con sus nombres y los sonidos en sus nombres.

Podemos elegir ya sea permitir los juicios de otras personas para limitarnos o aprender de ellos y crecer. Podemos permitir que nuestros nombres nos etiqueten o podemos aprender tanto como podamos acerca de ellos, rompiendo las viejas etiquetas y creando nuevas percepciones en aquellas personas que conoces y aquellas con las que tratas todos los días. Esto comienza con evaluar tus propias actitudes hacia tu nombre. ¿Cómo te sientes acerca de este? ¿Cómo reaccionas cuando otros te llaman por tu nombre? ¿Estás orgulloso? ¿Lo disfrutas? ¿Te apresuras a decirles tu apodo, para evitar que hablen de tu nombre verdadero? ¿Acaso sabes lo que significa tu nombre? ¿Qué efectos tienen sobre ti y los demás los sonidos en el nombre, tanto física como espiritualmente? ¿Has explorado el esoterismo básico asociado con tu nombre y su significado en tu vida? Si no has explorado las energías asociadas con tu nombre, entonces no deberías considerar cambiarlo a cualquier otra forma.

Cambiar tu nombre debería ser el último recurso, porque los nombres están vivos y cambian de todos modos. Conforme creces y te desarrollas, así lo hacen también las percepciones de otros en relación con tu etiqueta. Rompes el viejo patrón y abres nuevos. Una persona que asocia inmadurez con alguien nombrada María cambiará sus perspectivas si alguna María cerca de ellos comienza a desarrollar sus potenciales. Trabajar con nuestros nombres desarrolla nuestros potenciales y nos permite darle fuerza a nuestra vida de manera que las suposiciones y los juicios previos ya no se puedan aplicar más, ya sean de otros o tuyos.

Usa primero tu nombre completo. Refuerza su uso. Si no deseas ser llamado con un apodo, corrige a las demás personas de inmediato respecto a referirse a ti de esa manera. No permitas que otros corrompan tu nombre. Con esta acción sencilla comenzarás a darle poder a tu vida. Si debes cambiar tu nombre, evita nombres de moda y sé consciente que el desagrado por un nombre puede indicar una baja autoestima o una falta de realización de la divinidad innata inherente en cada uno de nosotros.

Sufijos con significado en los nombres

1. a —feminiza el nombre. Esta es la forma del género femenino, latino; (ejemplos: Paula, Linda).
2. ia —feminiza el nombre. Esta es la forma del género femenino, latino; (ejemplos: Patricia, el femenino de Patricio).

3. e —forma femenina del francés; (ejemplo: Dominique).
4. ete —forma diminutiva femenina del francés; (ejemplos: Lorete, Linette).
5. ene/een —forma del género femenino del irlandés; (ejemplo: Colleen).
6. ina/ona —género femenino del griego; (ejemplo: Paulina).
7. ita —género femenino del español (diminutivo); (ejemplo: Juanita, «pequeña Juana»).

Estos son unos pocos ejemplos de sufijos que alteran los nombres y sus energías.

Como regla general la mayoría de los nombres que terminan en sufijos de vocal activan las energías en el individuo. Todos somos una combinación de energías masculinas y femeninas, ya sea que las definamos como electromagnetismo, activo y pasivo, yin y yang, etc. Finalmente, queremos encontrar un uso equilibrado de ambas energías en nuestras vidas. La mayoría de los nombres femeninos y muchos apodos finalizan con vocales, lo cual mantiene la energía femenina más activa en el individuo y a su alrededor.

En el caso de los apodos o los sobrenombres sacados de los nombres (por ejemplo, Pepe, Katy, Edi, etc.), esta vocal final suaviza la energía de la persona y activa sus características femeninas, de crianza, intuitivas. Esto podría permitir que alguien se relacionara con mayor facilidad con otras personas, y además ayuda a facilitar la transición para manejar la energía del nombre completo.

Dos sufijos en particular, junto con sus sonidos, necesitan atención adicional en este punto, en relación con la activación de las energías femeninas en el individuo. Estos son la i y la y finales de nombres. Tal como muchos sufijos activan energías femeninas, las formas acortadas del nombre pueden activar más de lo masculino. Un buen ejemplo es el uso del apócope Tom en lugar de Tommy o incluso Tommi. Tom es más masculino y Tommy es más infantil e inmaduro. Muchos niños varones usarán los sobrenombres que terminan en y, como Tommy, Timmy, Bobby, Johnny, etc. Conforme adquieren más edad, por lo general en los últimos años de la adolescencia, pueden usar el nombre acortado sin el sufijo o sus nombres completos. El sufijo y suaviza la energía y despierta algunas de las cualidades femeninas sin llegar a desequilibrarse.

En nuestra sociedad existe mucha preocupación acerca de la masculinidad y la feminidad. Los varones todavía son criados para ser de alguna manera machos. El sufijo y es un compromiso temporal porque permite al individuo ser un poco como infantil y femenino mientras que todavía retienen el equilibrio masculino. Rara vez verás, si es que lo ves, un sobrenombre masculino escrito con el sufijo i en lugar de y, como es frecuente con los femeninos. Robert recibe el sobrenombre de Bobby, no Bobbi. Thomas es Tommy y no Tommi. Como será explicado en el siguiente capítulo, el sufijo i activa la energía femenina.

El sufijo y la vocal i son un símbolo de los fuegos femeninos en el corazón de todos nosotros. Despierta con fuerza el chakra del corazón y el centro de energía, así como nuestros aspectos de crianza, infantiles y creativos. Mientras que en nuestra sociedad puede ser muy correcto que los varones expresen un poco de amor, como en «Timmy», es demasiado esperar que alguien active toda su energía femenina mediante el nombre «Timmi». Un niño varón usando el sufijo i en su nombre en la actualidad en nuestra sociedad se estaría exponiendo a las burlas y el ridículo. Esto refleja mucho acerca del malentendido y las percepciones desequilibradas que la mayoría de los individuos tienen hacia la sexualidad en nuestra sociedad. Existe poca comprensión verdadera de las energías masculinas y femeninas que son una parte inherente de todos nosotros en más que únicamente el nivel sexual físico.

Esperemos que en algún punto, los individuos se den cuenta de la importancia y el poder que esta vocal puede tener cuando se utiliza en el nombre de alguien. Ya que tiene la capacidad de encender los fuegos creativos del amor y el idealismo y de elevar nuestras energías y percepciones más allá de lo físico. Además tiene la capacidad de ligar la mente y el corazón para una mayor expresión creativa en nuestra vida.

Afirmando nuestra esencia mediante nuestros nombres

El sonido es una de las fuerzas más dinámicas y poderosas en el universo. Los sonidos, las palabras y sus significados tienen la capacidad de crear o destruir. Son una fuerza que todas las escuelas de misterios antiguas enseñaban en algún grado a sus estudiantes. El sonido es creativo y destructivo, masculino y femenino, positivo y negativo.

Cuando usamos palabras, nombres y sonidos como afirmaciones positivas en unión con la visualización creativa, amplificamos la activación de tal energía en nuestras vidas. Podemos usar nuestros nombres como una forma poderosa de afirmación para lograr la salud, la creatividad, una conciencia superior y poder en general.

Todos los sonidos y palabras tienen la capacidad de afectarnos. Los sonidos y las palabras desagradables —por ejemplo, la plática descuidada e inculta— produce una atmósfera en la cual estas energías actúan constantemente sobre el individuo. Cada palabra crea una forma de energía en el éter. Algunas palabras son muy objetables, mientras que otras son íntimamente hermosas. Esas palabras asociadas con nuestra esencia, con nuestros nombres, tienen la capacidad de transmutar condiciones en nuestras vidas.

El primer paso es alterar la forma en la cual nos comunicamos con nosotros mismos. Esto, en general, se efectúa en una de cuatro formas:

1. Negación («No puedo...» o «No voy a...»).
2. Oposición («Necesito...» o «Quiero...». En ambos casos hay un «pero» tácito y fuertemente implícito; «Necesito dejar de fumar *pero...*» o «Quiero bajar de peso *pero...*»).

Mientras que las dos primeras formas de comunicación con nosotros mismos son negativas, las dos siguientes son positivas:

3. Reconstrucción («Ya no voy a...»).
4. Afirmación («Yo soy...»).

Utilizamos la afirmación con visualización para aprovechar todas las energías disponibles para nosotros. Trabajamos entre lo visible y lo invisible, lo mental y lo físico, lo espiritual y lo material y aprendemos métodos que afectan a ambos. Usamos las afirmaciones para extraer energías de los reinos menos tangibles que se manifestarán en lo físico. Aprendemos a despertar nuestras energías más sutiles para así poder vivir más plenamente en el mundo físico.

La afirmación más poderosa que puedes utilizar es una que implica tu nombre y su significado. Todas las demás personas usan nuestro nombre y nosotros debemos hacerlo también. Debemos sentirnos cómodos diciendo nuestros nombres. Debemos sentirnos poderosos cuando afirmamos nuestra esencia mediante ellos.

Las afirmaciones se pueden hacer en varias formas: 1. Mediante la meditación. 2. Por medio de las palabras. 3. Mediante la escritura. 4. En grupos. 5. Cantando o entonando cánticos:

1. Nos energiza en todos los niveles (cinco minutos de una afirmación del nombre con la visualización apropiada nos repondrá nuestra energía después de un día difícil).
2. Equilibra todo el sistema metabólico.
3. Estimula una mayor salud en general.
4. Fortalece el campo áurico.
5. Nos mantiene conectados con nuestros cuerpos y energías espirituales, que se atrofian por la falta de uso, como es el caso en la mayoría de las personas. La falta de uso puede acelerar el proceso de envejecimiento y la degeneración del cuerpo físico.
6. Nos abre a la conciencia y la intuición superiores.
7. Estimula mayores expresiones de creatividad.
8. Cuando se usa en la meditación, activará una comprensión superior de las circunstancias de la vida.
9. Inicia el proceso de construcción del Cuerpo de Luz y de la Esencia Mágica.

10. Puede abrirnos a la comunicación con los seres dimensionales superiores, en especial con el Santo Ángel Guardián.
11. Puede despertar la conciencia del propósito de vida.

Cuando se usa cualquier afirmación, siempre es mejor usar en el principio la frase «Yo soy». La frase «Yo soy» está conectada con la energía espiritual más elevada que opera en tu vida física durante esta encarnación. En la ciencia esotérica antigua conocida como Cábala, se le dieron nombres específicos a Dios y a cómo la Divinidad se manifiesta en nuestras vidas. En lugar de usar un título genérico para Dios, se utilizaron nombres/títulos específicos en la oración y las escrituras para que únicamente fuera activado el aspecto de la energía divina más necesitada.

En el Árbol de la Vida hebreo, se utilizaron diez nombres de Dios, cubriendo las diez áreas predominantes de la vida física. En el punto más alto del Árbol de la Vida se encuentra un aspecto de Dios conocido por los hebreos como EHEIEH. Este es el nombre que se le dio a Moisés en el momento en que se quemó el arbusto. «¡YO SOY EL QUE SOY!». Este es el aspecto más elevado de Dios al cual tenemos acceso mientras estamos en el plano físico. Es por esta razón que la frase «Yo soy» es tan poderosa en las afirmaciones. Sirve como una señal de llamado al aspecto más elevado de la energía espiritual que opera en nuestra vida, que pone la energía de la afirmación en manifestación. Entonces no es de sorprender que tales declaraciones como, «Yo ya estoy muy cansado de mi trabajo» y «A mí siempre me dan dos resfriados todos los inviernos», se conviertan en profecías autocomplacientes. Esto activa el aspecto más elevado de nuestra conciencia a comenzar a trabajar en nuestras energías, lo que hace posible que siempre nos den «dos resfriados todos los inviernos».

Utilizar nuestro nombre con una frase «yo soy» fortalece, energiza, protege y libera nuestro mayor poder y creatividad. Restablece la conexión entre tú, estando en la vida física, y la parte divina de ti que es parte de todas las energías y la luz en el universo.

Instrucciones para afirmar tu esencia

1. Averigua lo que significa tu nombre. Usa la parte dos de este libro y si tu nombre no está en la lista y no se describe, consulta en tu biblioteca.
2. Siempre expresa frases en presente. No hay pasado y el futuro es siempre futuro. Vivimos en un momento siempre presente, de ahí la importancia del «yo soy».
3. Mientras más corta y más sencilla sea la afirmación, mejor será.
4. Con muchas de las afirmaciones es difícil discernir si es verdaderamente correcta para ti. Con las afirmaciones de nombre, esto no es un problema.
5. Recuerda que estás creando y manifestando algo nuevo, volviendo a despertar al verdadero tú. No estás intentando anular o cambiar lo que ya existe.
6. Las afirmaciones no tienen la intención de contradecir o cambiar sentimientos y emociones.
7. Crea un sentimiento de creer.
8. Visualízate como la esencia y el ser reflejados en el significado de tu nombre.
9. Incluye referencias a fuentes espirituales para un poder mayor.
10. Siéntate en silencio donde no seas molestado.
11. Forma tu nombre y su significado en una afirmación (por ejemplo, Nancy significa «niña graciosa», por lo tanto, «¡Yo soy Nancy. Yo soy la niña graciosa de Dios!»).
12. Haz sonar la afirmación en silencio en tu mente mientras inhalas. Mientras exhalas, hazla sonar en el exterior, audiblemente. En el interior, en silencio. En el exterior, audiblemente. Adentro. Afuera. De lo espiritual a lo físico. En esta forma de Oración Esotérica Dirigida conectamos el yo interior, superior, con la realidad física exterior. Sacamos nuestras energías afuera, en el mundo físico.

13. Ve, siente, imagínate a ti mismo en toda la gloria, como en nuestro ejemplo, como «un niño gracioso de Dios», repleto con todas las energías, potenciales y habilidades que te imaginas que un niño gracioso de Dios poseería.
14. Podrías sentirte incómodo con esto en un principio, en especial al referirte a ti mismo por el nombre. Esto pasará. Simplemente nos estamos volviendo a reencontrar con nuestra esencia más elevada.

Cuánto tiempo le dediques a afirmar esto es tu decisión. En última instancia deseamos que al menos pienses la afirmación todos los días, a manera de permanecer conectado con tu esencia más elevada y ser capaz de manifestarla en cualquier momento, en las circunstancias de vida cotidianas. En realidad, ellas se convierten en palabras secretas de poder, una fórmula para hacer aparecer tu esencia y energía supremas.

Con esta fórmula estamos manifestando la luz divina donde no había ninguna. Estás expresando tu esencia divina. Esto enciende el aura como si se despertaran los grandes fuegos solares del universo. Estás dando vida a una nueva creación, ¡a tu Verdadero Tú! Esto es como dar luz a un planeta oscuro y sin luz o un alma increada que simplemente aguardaba el toque del Creador para comenzar a manifestar las llamas de la vida.

Encender tus fuegos internos mediante la afirmación de tu nombre es un preludio excelente para la meditación o el trabajo ocultista. Afirma la presencia central del Espíritu Divino operando en ti y a través de ti. El poder que manifiesta yace en tu imaginación y en tu intención.

Otras técnicas

Una de las técnicas más antiguas para dejar al descubierto la esencia poderosa oculta en el nombre de alguien es mediante el uso de los anagramas. Un anagrama implica volver a acomodar las letras en un nombre (por lo general el nombre completo, el primer nombre, el segundo y el apellido), para formar palabras y frases. Estas palabras y frases proporcionan pistas para lecciones, habilidades, etc.

La elaboración de anagramas a partir del nombre de alguien comenzó en el Siglo III por un poeta griego de nombre Licofrón. Los verdaderos anagramas provienen de todas las letras, cada una utilizada únicamente una vez. En ocasiones las palabras que emergen no son privilegiadas, pero incluso estas pueden develar algunos cambios de carácter y personalidad necesarios para el camino del desenvolvimiento y desarrollo espiritual.

Otro sistema es aquel que fue empleado por los antiguos celtas. Para ellos no era tan importante todo el nombre y su significado como lo era el significado de cada letra individual. Este sistema es similar a los antiguos métodos hebraicos y las enseñanzas egipcias. Parte de la enseñanza de la sabiduría implicaba usar la entonación apropiada de los «nombres-Dios» para manifestar la acción de la energía arquetípica en la vida física. La entonación se ejecutaba en forma ritualista.

Cada letra era emitida con sonido, una por una, junto con la visualización apropiada para cada letra. Al entonar las letras individuales en un nombre, uno era capaz de formular una imagen creativa que facilitaba la manifestación de la energía arquetípica que era invocada. La interpretación del nombre era la suma de las letras individuales en este. Las letras dominantes, con mayor frecuencia las vocales, recibían atención especial.

(Este libro no tiene el propósito de revisar todos los significados de todas las letras que comprenden nuestro alfabeto. Su función principal es permitir que te conectes con el significado de tu nombre y utilices esas letras y sonidos que reflejan tus energías más elevadas, en este caso los sonidos vocales reales).

Cualquier técnica que va a abrir y expandir nuestra conciencia requiere ciertos elementos:

a. Primero debemos determinar nuestro nombre real.
b. Debemos anotar las palabras clave, los significados e incluso la etimología del nombre.

c. Usar métodos como los anagramas para solucionar todo lo intrincado.
d. Analizar esto de acuerdo con las letras, en particular la significancia simbólica de las letras más importantes, las vocales.
e. Analizar tu nombre de acuerdo con los sonidos de las letras y sus efectos, en particular de nuevo con las vocales.
f. Prestar atención a los ritmos de tu nombre y los ritmos del universo a los que están relacionados.
g. Utilizar tantas otras técnicas para el análisis como sea posible: meditación, numerología, correspondencia musical e incluso astrología, para correlacionar, informar y confirmar en tu mente el potencial verdadero de tu esencia más elevada.

¡Bonum nomen est bonum omen!
—Proverbio romano
(«¡Un buen nombre es un buen augurio!»)

CAPÍTULO DOS

LAS VOCALES MÍSTICAS

Esta es la verdadera esencia, el secreto de la iniciación moderna: ir más allá de las palabras a una experiencia viva de lo espiritual. Precisamente cuando ya no pensamos en el lenguaje, comenzamos a sentirlo; comenzamos a tenerlo fluyendo en nosotros y fuera de nosotros como un elemento de sensación.

—Rudolph Steiner
Los festivales y sus significados

Si deseamos comprender el poder de las palabras y más en particular el poder de nuestros nombres, debemos primero prestar atención a sus sonidos. Stuart Robinson y Frederic G. Cassidy, en *El desarrollo del inglés moderno* definen las vocales como «tonos musicales hechos por una vibración regular de las cuerdas vocales, modificados por la variación de la forma y el tamaño de la cámara de resonancia». Todas las sociedades en todo el mundo han enseñado el poder del sonido y la música, tanto como una fuerza curativa como una fuerza de cambio alquímico. Lo que estamos volviendo a aprender es que todos los sonidos en nuestros nombres —en especial los sonidos de las vocales— son musicales y pueden utilizarse de forma extensa y eficaz como cualquier forma de música (ver el capítulo cuatro para instrucciones de cómo transformar el nombre de uno en una melodía musical).

Los sonidos de las vocales en la mayoría de los alfabetos antiguos eran sagrados. El alfabeto hebreo —el precursor de la lengua inglesa a través de Grecia— está compuesto de consonantes debido a que se creía que las vocales eran demasiado sagradas. Las vocales tienen el poder de activar o dar vida. Este concepto es algo que necesitamos redescubrir para nosotros y las técnicas siguientes nos permitirán hacerlo.

Abriendo las puertas de la naturaleza

Las vocales son enlaces con elementos y energías arquetípicos en el universo. Muchas sociedades enseñaron cómo tararear los diversos sonidos de las vocales para conectarse con los reinos sobrenaturales. Los sonidos de la vocal principal en tu nombre (en especial tu primer nombre) te proporcionan una indicación de con cuál reino elemental has venido a trabajar y pueden ayudarte a expresar tu esencia creativa durante esta encarnación.

Existen otras formas de vida evolucionando y trabajando junto con la humanidad y estos seres poseen una inteligencia creativa. Ya sea que los llamemos devas, ángeles o seres del reino natural, parte de sus funciones es ayudar con el mantenimiento de la Tierra y la evolución de la humanidad. Al aprender a trabajar de manera creativa y constructiva con las energías de la Tierra, recibimos el ímpetu para establecer un puente con los cielos. Las vocales en nuestro nombre nos dicen con cuáles seres del reino natural tenemos una mayor capacidad y con cuáles debemos aprender a trabajar en un grado todavía mayor.

En el esoterismo hebreo conocido como Cábala, existe alguien del reino natural o angélico que se convertirá en nuestro maestro e iniciador cuando de manera más consciente avancemos en el sendero de la espiritualidad. Este maestro en cierto sentido se convierte en nuestro verdadero Ángel Guardián. Este pertenece a un grupo de seres conocidos como los Malachim, los sanadores y «portadores de luz». Al conocer con qué parte de la naturaleza, con sus elementales asociados, nos enlazan nuestros nombres y sus sonidos, podemos comenzar el proceso de invocar a aquel ser que finalmente se ofrecerá a enseñar e iniciar.

Las asociaciones y correspondencias anteriores no son rígidas. Son guías que proporcionan un punto de partida para la autoexploración.

Los elementos asociados con la vocal principal en tu primer nombre son especialmente importantes cuando se consideran desde un punto de vista astrológico. Como mencioné en el primer capítulo, cuando encarnamos escogemos un lugar y un tiempo de nacimiento, así como un nombre cuyas energías actuarán sobre nosotros para ayudarnos a aprender lo que más necesitamos. No estamos limitados por ellas y podemos ignorarlas, pero nosotros escogimos esa clase de «imposición» de energía porque es fácil olvidar nuestro propósito una vez que estamos encerrados en la carne física.

Vocal	Elemento	Dirección	Seres elementales
E	Aire	Este	Sílfide
I	Fuego	Sur	Salamandra
O	Tierra	Norte	Gnomos
U	Agua	Oeste	Ondinas
A	Éter	Los cuatro	Los cuatro

Cada signo astrológico es también uno de los cuatro elementos. Nuestro signo de nacimiento refleja esas energías que esperamos desarrollar en esta vida, hacia lo que deseamos evolucionar. El elemento de ese signo refleja qué elemento de nosotros deseamos desarrollar y aumentar. Parte de nuestro logro y búsqueda en la vida está en tener acceso a ese elemento en nuestro mundo y aprender a manejar sus energías.

El elemento asociado con nuestro nombre indica lo que trajimos con nosotros para ayudarnos a tener acceso al elemento astrológico. Por ejemplo, si somos un signo astrológico de Agua y tenemos una vocal que es un elemento de Aire, entonces podríamos estar tratando de aprender a conectar la Mente (Aire) a las emociones (Agua). Esto podría indicar que uno ha logrado usar sus energías mentales para controlar las emociones.

Si los dos elementos son los mismos, esto puede indicar que puedes haber llegado a duplicar el trabajo con ese elemento en particular o incluso a aprender un aspecto de él totalmente nuevo. Si los elementos son opuestos, esto no significa que ellos se anulan. *Todos* los elementos pueden trabajar bien juntos. El Fuego y el Agua no se tienen que anular. Si se trabaja con ellos de forma apropiada, el Fuego y el Agua crean vapor, el cual genera un tremendo poder y energía. Usar las tablas 1 y 2 proporcionará alguna comprensión acerca de los elementos, sus cualidades, y las vocales y signos del zodiaco que están asociados con ellos.

Conocer los elementos asociados con tu nombre y tu signo astrológico puede ayudarte a utilizar las energías de la Tierra para impulsarte en tu crecimiento y efectuar un cambio en tu vida. En nuestra búsqueda de una vida mejor, nos hemos hecho menos sensitivos a los matices de la naturaleza. Ya no vemos más con los ojos del niño o los ojos del vidente. Debemos darnos cuenta que el reino dévico o angélico (que incluye el reino de la naturaleza) se desarrolla a la par en la evolución de la humanidad. Su conciencia está abierta y más interesada con la vida misma y con su expresión más elevada y verdadera, en lugar de con su forma. La humanidad se enfoca en las facultades emocionales y mentales, los seres de la naturaleza se enfocan en las facultades intuitivas superiores.

Necesitamos tener en mente una cosa. En un universo de energías y formas de vida infinitas, todo aquello que expande nuestra conciencia solamente nos puede beneficiar. Al abrirnos primero a la posibilidad y luego a la realización de tal vida, nos abrimos a mundos de maravillas que aguardan a ser explorados. Y ya estamos abiertos a esos misterios. La creación de nuestros nombres abrió las puertas automáticamente. Aprender a usar nuestros nombres nos permite caminar a través de esas puertas.

Los elementales son los bloques de construcción de la naturaleza. Los ángeles o devas son los constructores. La mayoría de los elementales actúan inconscientemente, pero los ángeles son creadores más conscientes. El reino celestial es tan jerárquico como la humanidad.

Con frecuencia hay confusión respecto a la diferencia entre los elementales y los espíritus de la naturaleza, aquellos conocidos como duendes, hadas, etc. Todos ellos son de la misma jerarquía

TABLA 1: VOCALES Y ELEMENTOS ASTROLÓGICOS			
Elemento	**Vocal**	**Signo del zodiaco**	**Cualidades de elementos**
Fuego	I	Aries Leo Sagitario	Valiente, autodeterminado, visionario, servicial, creativo, fortaleza, fuerza de vida activa, impositivo, fanático, autoindulgente, autoritario. —Trabaja con Salamandras
Tierra	U	Tauro Virgo Capricornio	Suministro de necesidades, centrado, buen sentido del tiempo, estable, consciente de sí, mezquino, controlador, vulgar, sin compasión. —Trabaja con Gnomos
Aire	E	Géminis Libra Acuario	Mental, inventivo, inteligente, rápido, alerta, cooperativo, humano, frío, distante, imitador, nervioso, superficial. —Trabaja con Sílfides
Agua	O	Cáncer Escorpión Piscis	Comprensivo, emotivo, psíquico, sensitivo, artístico, romántico, reservado, impresionable, autoindulgente, exagerado, sentimientos desorbitados, sensual. —Trabaja con Ondinas
Éter	A	El éter es la sustancia de la cual todo fue creado.	El éter es el aspecto espiritual que anula e influencia todos los elementos. Permea toda la creación.
Existen diferencias de opinión respecto a las asociaciones de vocales de la Tierra y los elementos del Éter. Estas son solamente algunas directrices, pero lo que es más importante es cómo tú asocias y qué correspondencias elaboras. El autor ha usado la *U* para el elemento Tierra, ya que también es una vocal cuyo sonido se correlaciona con las funciones del chakra base. La *A* está asignada al éter debido a sus conexiones con el chakra del corazón, que actúa de mediador de todas las energías del cuerpo, tal como el éter actúa de mediador de todos los elementos.			

TABLA 2: COMBINACIONES DE ELEMENTOS

Elementos combinados	Las cualidades y relaciones
FUEGO CON FUEGO	Tremendo impulso y estimulación; puede quemarse a sí mismo; debe hallar salida práctica; proporciona mucha energía hacia la meta de la vida; debe equilibrar la autoexpresión.
AIRE CON AIRE	Excesivamente mental; sin dirección suficiente; remolino de ideas que necesitan liberación práctica; hablador y expresivo.
AGUA CON AGUA	Puede dar profundidad adicional; sensibilidad incrementada; sentimientos dañados con facilidad; intolerancia; puede llevar a la inestabilidad; requiere un enfoque realista.
TIERRA CON TIERRA	Necesita estímulo para manifestar el fruto latente; puede ocasionar inercia; materialista; debe trabajar en la expresión propia y las relaciones personales; estabilizante; talentos latentes.
FUEGO CON TIERRA	Aprender límites de la actividad del Fuego; hacer prácticos los ideales elevados; inspira mayor movilidad; puede hacer que el Fuego se conecte a tierra o estimular la movilidad.
FUEGO CON AIRE	Muy compatible; demasiado Aire y Fuego están fuera de control; el Fuego puede cambiar propiedades del Aire para bien o para mal; fortalece y eleva los ideales.
FUEGO CON AGUA	El Fuego convierte el Agua en vapor; el Agua apaga al Fuego; cuando se equilibra produce ideas útiles, actividad tremenda; se deben aprender procesos alquímicos.
TIERRA CON AIRE	El Aire estimula las cualidades de la Tierra; la fruta necesita oxígeno; la Tierra estabiliza aspectos volátiles del Aire.
TIERRA CON AGUA	Muy compatible; los dos son necesarios para que todo crezca; la Tierra estabiliza el elemento activo Agua y el Agua impide la naturaleza árida e insensible.
AIRE CON AGUA	El Aire mantiene al Agua fresca; el elemento Agua puede sentirse insatisfecho por el Aire que no comprende las emociones; el intelecto modifica la sensibilidad; el Agua amplia la compasión del Aire.
El elemento Éter acentúa los aspectos de cualquier elemento con el que esté asociado. Puede mejorar o tiene la capacidad de mejorar tanto los aspectos positivos como negativos.	

(la angélica), pero sirven en diferentes funciones, en diferentes niveles. La mayoría de las personas las relaciona a todas juntas bajo la misma categoría, ya sea como espíritus de la naturaleza o como elementales, pero existe una diferencia. Aquellos en la posición de espíritus de la naturaleza es más probable que muestren una «personalidad», y los elementales tienen más de una «característica». Por ejemplo, en cualquier familia puede haber una característica o rasgo particular que todos tienen, una tendencia a la calvicie, a ser delgados, al pelo negro, etc., pero cada persona en esa familia, a pesar de que puede tener una característica similar, mostrará una personalidad única.

Debido a que son los bloques de construcción básicos de la naturaleza, los elementales son los más próximos a ser verdadera energía y conciencia. Los hombres y las mujeres son sistemas de energía, y si entramos en contacto con la energía externa a nosotros, esta afecta nuestra propia energía. Trabajar alrededor de ellos y con ellos estimula respuestas fuertes. Se ha dicho que el camino al cielo es a través de los pies. Implicada en esta afirmación está la idea de que es mediante el trabajo con las energías de la Tierra y la naturaleza que recibimos una propulsión hacia los cielos. Aprender a trabajar con esos seres elementales con los que tenemos la mayor afinidad nos ayudará en este proceso. Esta es la razón por la que necesitamos estar conscientes del elemento de nuestro nombre y los seres asociados con ese elemento.

GNOMOS
(ELEMENTO TIERRA; VOCAL U)

Este es un título genérico, no se refiere verdaderamente a nuestra concepción usual del gnomo. Todos los elementales son de cuatro dimensiones, ya que no tienen nada que obstruya sus movimientos. Se mueven a través de la materia con tanta facilidad como nosotros nos movemos por el aire. Los cuerpos de los gnomos están compuestos de los éteres químicos y son «terrenales» en su naturaleza. No pueden volar y se pueden quemar en el fuego. También se vuelven ancianos en una forma similar a los humanos. Varios tipos de entidades se encuentran en esta categoría, cada una con su propio grado de conciencia. Ellos mantienen el cuerpo físico y trabajan para él, para su composición, su asimilación de minerales, etc. Sin ellos no podríamos funcionar en el mundo físico. Uno de ellos por lo general es «asignado» para ayudarnos a mantener nuestro vehículo físico. Como sucede con muchos elementales, es mediante su asociación con la humanidad como pueden ser dotados de un alma y evolucionar. Son afectados por lo que hacemos. Si abusamos del cuerpo, abusamos del elemental que está asignado a nosotros. Los gnomos se necesitan para construir las plantas, las flores y los árboles. Es su tarea darles color, hacer los minerales y cristales y mantener la Tierra para que podamos tener un lugar para crecer y evolucionar. Aquellas personas cuya vocal principal es de este elemento tendrán una resonancia más fuerte con este grupo que con otros.

ONDINAS
(ELEMENTO AGUA; VOCAL O)

Esta es una clasificación de la forma de vida básica del elemento Agua. Las ondinas están compuestas del «éter de vida» básico. Ellas se pueden encontrar dondequiera que haya una fuente de agua natural. El agua es la fuente de la vida. Las ondinas también están asociadas con el mantenimiento del cuerpo astral. Una de ellas es asignada a cada persona para ayudarle con la función de los fluidos corporales, como la sangre, la linfa, etc. También están sujetas a la mortalidad pero son más resistentes que los gnomos. Cuánto tiempo viven depende de su relación con la humanidad y la relación de la humanidad con ellas. Si abusamos de nuestros cuerpos, abusamos de ellas, y una vez asignadas simplemente deben soportar, y esto es por lo cual también dependen de los humanos para su crecimiento. Las enfermedades de la sangre las contaminan, y muchas de las enfermedades modernas como el SIDA, que afectan los fluidos corporales, atan a esas ondinas al karma y efectos de la enfermedad, sin importar qué tan en desacuerdo puedan estar. Debido a que no tienen ningún control, en algunos aspectos esto puede compararse como vender a un niño a la prostitución. Aquellas personas que tienen la letra *O* como la principal vocal tienen una mayor habilidad para establecer afinidad con los seres de este reino. Toda el agua en el planeta —lluvia, río, océano— tiene una tremenda actividad de ondinas relacionada con ella.

SÍLFIDES
(ELEMENTO AIRE; VOCAL E)

En la escala jerárquica las sílfides están relacionadas más a los ángeles que cualquiera de los otros elementales. Ellas trabajan hombro con hombro con ellos y, por consiguiente, también están hechas del «éter ligero». Son parte del elemento creativo del Aire, y el resultado de su trabajo es desde la más pequeña brisa hasta el más poderoso de los tornados. No todas están limitadas a vivir en el aire y la mayoría tiene una inteligencia elevada. Algunas tienen mucha actividad con los humanos, con frecuencia ayudando a aliviar el dolor y el sufrimiento. También sirven como ángeles guardianes temporales hasta que nos abrimos nosotros mismos y atraemos a aquel que es *el* Ángel Guardián. Una de sus tareas especiales es ayudar a los niños que acaban de fallecer. Ciertas sílfides también son asignadas al humano individualmente. Ayudan a mantener el cuerpo mental, y por consiguiente nuestros pensamientos (buenos o malos) son los que más los afectan a ellas. Trabajan por la asimilación del oxígeno del aire que respiramos y con todas las funciones del aire, dentro de nosotros o a nuestro alrededor. La exposición a la contaminación y a fumar, etc., afecta su apariencia y su eficacia en nuestras vidas físicas. Aquellas personas cuya vocal principal es una *E* tienen una gran facilidad en desarrollar afinidad y resonancia con ellas. También trabajan para limpiar y mejorar nuestros pensamientos e inteligencia.

SALAMANDRAS
(ELEMENTO FUEGO; VOCAL I)

Estas son los elementales del Fuego. Se encuentran en cualquier parte. Ningún fuego se enciende sin su ayuda, pero se encuentran activas principalmente bajo tierra e internamente en el cuerpo y la mente. Son responsables por las explosiones y las erupciones volcánicas. También funcionan dentro del cuerpo físico, en particular en la circulación y en el mantenimiento de la temperatura corporal correcta. Afuera del cuerpo, trabajan menos íntimamente con la humanidad. El fuego es una vibración poderosa y esotéricamente ha sido descrito como poseyendo el sonido de una invocación armónica. Las salamandras tienen un intenso amor por la música y son principalmente un mediador de la naturaleza. Tienen la capacidad de evocar corrientes emocionales *poderosas* en los humanos. También pueden estimular los fuegos del idealismo espiritual. Los fuegos internos se pueden expresar para bien o para mal, como en todo. Sus energías son muy emotivas y tienen tremenda habilidad para controlarlas y dirigirlas hacia los resultados más creativos. Aquellas personas cuya vocal principal es una *I* tienen la habilidad de establecer resonancia con ellas con mayor facilidad.

Casi todos los elementales y los espíritus de la naturaleza requieren algún contacto con la humanidad y hay, de hecho, muchos que requieren este contacto y asistencia humana para ser ayudados en su propio proceso evolutivo. Por esta razón, es importante que tratemos de establecer una relación más armoniosa con ellos y que desarrollemos una mayor percepción de su interacción en nuestras vidas. Trabajar con estos sonidos en tu nombre, como se describen en este libro, iniciará el proceso.

Aquellos que tienen una vocal que los alinea con el elemento Éter tienen una mayor responsabilidad. El elemento Éter proporciona un acceso mayor a todos los reinos elementales. Esto implica que no solamente hay una habilidad incrementada para trabajar con todos los reinos sino también una habilidad incrementada para ser afectado por todos ellos (lo que significa una mayor necesidad para cuidar con detenimiento el equilibrio).

Elemento	Vocal	Arcángel del elemento	Rey del elemento
Tierra	U	Uriel	Ghob
Agua	O	Gabriel	Niksa
Aire	E	Rafael	Paralda
Fuego	I	Miguel	Djin
Éter	A	Cristo	Ninguno

El proceso de conectarte con tu elemento es sencillo. Siempre debes comenzar cuando te encuentres relajado y puedas permanecer en un sitio sin ser molestado. Conforme te relajas, respirando lenta y rítmicamente, di en silencio la letra del elemento. Alterna la vocal con tu primer nombre y con el nombre del arcángel y el rey: vocal, tu nombre, el arcángel, el rey, y luego finaliza de nuevo con la vocal. Ahora tienes cinco «elementos» (vocal, nombre, arcángel, rey y vocal). Cinco es el número del microcosmos, es decir, las energías del universo manifestándose en la humanidad.

Esta fórmula quíntuple sirve como una señal de invocación, una bengala para hacer saber a esos elementales y seres que trabajan contigo que ahora estás abierto a mayores servicios de ellos y con ellos también. Después de invocarlos, trata de concentrarte en las formas en que podrías utilizar de manera más constructiva esas energías durante el resto del día.

El símbolo de las vocales como un talismán interior

El sendero de nuestro retorno al punto primario de creación está marcado en el lenguaje de los símbolos. Estos símbolos tanto ocultan el sendero como lo revelan. Nadie es ayudado por un símbolo externo. El símbolo externo es un signo que debe transferirse a un símbolo interno, entonces construimos ese símbolo en nuestros corazones y conciencias. También es un proceso de construcción. Cuando lo construimos dentro de nosotros y entonces se vuelve todo lo que el símbolo es, también nos volvemos lo que esto representa en niveles espirituales. Nos volvemos uno con el arquetipo que trabaja a través de este.

El habla es el lenguaje real. Es el poder real para nosotros mientras estamos en el mundo físico. La forma escrita del lenguaje es secundaria en el sentido que nos conduce al poder interno de la Palabra. La palabra escrita refleja la evolución de la humanidad. Desde un punto de vista antropológico, el habla nos eleva por encima de las bestias, pero la escritura (el medio de registrar y transmitir el conocimiento humano sin la necesidad de un contacto directo) es la marca de un nivel elevado de sociedad humana.

Existen dos sistemas principales de escritura: (1) prealfabético (pictogramas, jeroglíficos, etc.), y (2) alfabético (escritura silábica, escritura con sonido único, etc.). El dibujo se convierte en escritura cuando la imagen cesa de representar una idea y en lugar de ello llega a representar una combinación de sonidos. Al trabajar con los símbolos de nuestros nombres, en especial las vocales, debemos volver a descubrir la idea que se encuentra detrás de la escritura misma.

La forma que las vocales principales toman en nuestros nombres puede mostrarnos mucho respecto a nuestros potenciales, lecciones de vida y metas en los niveles físico y espiritual. Necesitamos comenzar a explorar la forma simbólica de las vocales y los conceptos, ideas y energías asociadas con tales formas para así poder introducirlas en nosotros, volviendo a despertarlas para expresarlas de nuevo como una fuerza divina en nuestras vidas. En esta forma se convierten en talismanes interiores personales.

El símbolo de la A

La primera vocal es aquella que está asociada con el elemento del Éter. La tradición esotérica nos enseña que desde el éter provienen todos los otros cuatro elementos, que comprenden los cinco elementos de la naturaleza y del hombre, el microcosmos en el cual todas las energías del macrocosmos universal tienen el potencial de manifestarse.

Su forma es triangular, piramidal. Tiene un vértice por el cual emite las energías de los otros elementos para manifestarse en la

Tierra y a su vez se eleva de nuevo hacia los éteres. En otro nivel es como una escalera, con sus barras atravesadas para sostenernos y apoyarnos conforme escalamos a las alturas de nuestra divinidad. Refleja niveles que podemos alcanzar en nuestro desarrollo.

La letra *A* está compuesta de tres líneas. El tres es el número creativo dentro del universo. Está compuesto del masculino, el femenino y el Santo Niño resultado de su unión. Es un símbolo de la trinidad y de la ley. Algo puede ocurrir una vez o dos en la naturaleza accidentalmente, pero con una tercera vez en que esto ocurre, esto comienza a reflejar una ley de ocurrencia. Esto refleja los cielos, la Tierra (las dos polaridades de vida en la Tierra), y el reino que establece un puente entre los dos. Aprender a caminar en la línea media entre los mundos es difícil. Es estar al borde del precipicio pero refleja una lección de equilibrio en alguna área de la vida de un individuo que tiene esta letra como la vocal dominante en su nombre.

La línea entre los dos polos (positivo y negativo; masculino y femenino, etc.) es una línea de equilibrio. Refleja la necesidad de aprender a trabajar entre todos los polos de la vida, para equilibrar las polaridades en todo momento. Refleja las variaciones infinitas de las expresiones de energía masculinas y femeninas. Es el proceso de aprendizaje para efectuar una metamorfosis con la energía de uno y mantener el equilibrio en el proceso de crecimiento, en especial en las circunstancias cotidianas.

La línea que atraviesa el centro de la *A*, que atraviesa todo lo que manifiesta desde el éter, es el Hilo de la Vida. El Hilo de la Vida ata todas las cosas juntas. Conecta a todas las personas y une ambos sexos. Es lo que crea la androgonía. Sirve como un recordatorio de que en el proceso de elevarnos hasta el pináculo, habrá un umbral para cruzar.

Este es el umbral de los mundos y energías sagrados de lo externo a lo interno. Marca el punto donde nadie puede entrar sin la preparación o la invitación apropiadas. Refleja que en algún punto en el ciclo de encarnación, el individuo tendrá que aceptar la unión de lo natural y lo sobrenatural.

También indica que uno ha llegado a aprender a modificar la conciencia en algún nivel, a aprender a abrirse a nuevos niveles de conciencia, simbolizado por los dos niveles de la letra misma: el nivel creativo arriba de la línea horizontal y el nivel de la Tierra debajo de esta. Aprender a trabajar de uno al otro lo enlaza a uno con la Escalera de Jacobo y el tráfico en dos direcciones de la Tierra y el Cielo.

En tanto que la línea vertical refleja deseo, actividad y energías dinámicas, la línea horizontal es estabilizadora. Es la distancia más corta entre los dos puntos. Si la *A* es tu vocal principal, entonces te dice que tienes que llegar a acortar el proceso evolucionario de alguna manera durante esta encarnación. Respecto a en qué área de la vida esto se manifestará, variará de individuo a individuo. La reflexión personal revelará mucho. Examinar qué aspecto de tu vida parece repetirse más a menudo y contiene más problemas podría proporcionar algunas respuestas.

Debido a que la línea horizontal refleja el enlace de las emanaciones hacia abajo desde los cielos, también indica que el individuo ha llegado a reconstruir la escalera para el desarrollo, para formar un nuevo patrón de crecimiento en su vida. Esto puede reflejarse en un cambio que obliga al crecimiento en las circunstancias de la vida. Para poder hacer esto, uno debe enfrentar todos los aspectos de uno mismo. Esto incluye esos aspectos que has recubierto con pintura, que has bloqueado, empujado a la parte trasera del clóset, diciendo: «¡No, eso no es mío!». Esto es parte de lo que con frecuencia se denomina, Encontrándose con los Moradores en el Umbral. Debemos enfrentar estos yos sombras, amarnos a nosotros mismos a pesar de ellos y transmutarlos para que podamos cruzar al umbral superior de la energía celestial.

El color asociado con la letra *A* es el blanco. El blanco tiene todas las frecuencias y todos los colores del espectro en él. El éter tiene todos los elementos en él. Refleja las energías del Sol, ya que el Sol es nuestra fuente primaria de vida en este sistema solar. La *A* es el símbolo de la unidad divina, el enlace de los cielos y la Tierra. Es la unidad del masculino y el femenino, aprendiendo a expresar el principio creativo de forma total y poderosa. Puede hacerlo a uno muy versátil (la cualidad de transformación) pero también puede ser dispersión. De nuevo, refleja la lección del equilibrio en algún área de la vida individual. Le proporciona a uno el potencial de trabajar desde todos los planos de la vida y con todos los elementos. Amplifica las energías, los potenciales y las habilidades de cualquier vocal que esté a su lado.

Existe una sensibilidad incrementada en aquellos con esta vocal dominante, y por consiguiente hay una mayor necesidad de trabajar para un equilibrio y para retirarse. Si se encuentra físicamente débil, este individuo se cansará con mayor facilidad y rapidez, a pesar de que rara vez lo admita.

Sus energías manifiestan un esfuerzo por la verdad y la expresión de muchos talentos. Como el glifo mismo, el individuo estará abierto a todo sobre la Tierra. Por consiguiente, habrá una tendencia a dispersar energías y a estar inmerso en actividades, mientras se descuida el lado espiritual.

Trabajar para despertar el Intelecto Creativo, el vértice, evitará que el individuo se pierda en las actividades del mundo físico. Hasta que se haga el trabajo en el Intelecto Creativo, las actividades y relaciones del mundo físico no serán totalmente satisfactorias o reconfortantes. La unidad en el mundo físico ocurrirá más benéficamente cuando existe unidad en el individuo. Por lo tanto, no es algo fuera de lo común tener dificultades en las relaciones con otras personas.

Rasgos positivos de A	Rasgos negativos de A
1. Ambición	1. Cinismo
2. Intelectualidad	2. Sarcasmo
3. Versatilidad	3. Dispersión
4. Inventiva	4. Falta de imaginación
5. Concentración	5. Hundimiento en la sensualidad
6. Aspiraciones	6. Demasiado crítico
7. Veracidad	7. Desarmonía
8. Idealismo	8. Hipersensibilidad
9. Sensibilidad	9. Posesivo
10. Criterio amplio	10. Falta de voluntad
11. Creatividad	11. Fácilmente lastimado
12. Organización	12. Siempre planea, nunca manifiesta

La *A* abre las puertas a una sabiduría e iluminación superiores. Manifiesta oportunidades en la vida de uno para desarrollar pureza de ideas. Activa la mente iluminada y crea oportunidad para equilibrar y hacer paralelos el razonamiento y la intuición. Puede darle a uno dones musicales y elocuencia. Sus energías pueden ser activadas para manifestar sanación, en especial relacionada con el pecho, el corazón y la respiración. En un nivel espiritual, le proporciona a uno la habilidad y el potencial superiores para la clarividencia y la levitación (que es trabajar con todos los elementos), y puede en un nivel elevado darle a uno poder sobre las tormentas, lo cual implica a todos los elementos de la Tierra.

El símbolo de la I

La *I* es la segunda de las cinco vocales principales. Corresponde al elemento del Fuego, el fuego espiritual que opera en la Tierra y en toda la vida. Debemos distinguir entre el fuego y la llama. El Fuego es la fuerza que yace detrás de la manifestación física de todas las llamas, ya sean las llamas de las velas o las llamas de la inspiración.

Conforme la humanidad como un todo evoluciona, así lo hacen las energías y los significados de las vocales. En un punto en la evolución de la humanidad, poco se conocía acerca del quinto elemento del Éter o *Akasha*. Se creía que el Fuego era el más elevado de los cuatro elementos. Debido a esto, la vocal *I* fue asignada al corazón, ya que el corazón es la base de todo lo que se manifiesta en el mundo físico. Existe mucho para apoyar su relación cercana con este centro de los chakras. El corazón físico funciona con la circulación y mantiene la temperatura del cuerpo en un nivel apropiado. Es amor y sus fuegos apasionados son tradicionalmente asociados con el corazón.

Lo que debemos comprender es que los glifos para las vocales deben distinguirse de los sonidos de las vocales. Los glifos proporcionan conocimiento sobre las energías que operan en nuestra vida; los sonidos proporcionan un medio de activar las energías para que podamos sacar lo que hemos comprendido. Los sonidos de las vocales proporcionan una forma de manifestar lo espiritual que reside detrás de lo físico. Debido a esto, las vocales pueden ser asignadas en diferentes maneras. Lo que es más importante no es quedarse metido uno en esto. Queremos volvernos lo suficiente flexibles para usar nuestras energías en todos los niveles y expresarlas en cualquier parte. Utilizamos asociaciones para proporcionarnos un punto de inicio.

La *I* no es una vocal que está realmente asociada con uno de los siete chakras mayores, aunque como se dijo puede relacionarse con el corazón. Conforme evolucionamos y los símbolos que usamos evolucionan, las asociaciones, correspondencias y complejidades de usarlas también evolucionarán. La *I* puede haber sido asignada de forma apropiada al chakra del corazón en un tiempo, pero para el aspirante de la Nueva Era la *I* es un glifo que funciona mucho más eficazmente en un muy importante chakra «menor».

En la base del tallo cerebral, el bulbo raquídeo, se encuentra un centro de chakras menor. Este centro es uno que da claridad a la mente y las emociones. El fuego da calor, pero también da luz, claridad mediante la cual ver. Este es un centro que era muy importante en los Misterios Egipcios. Cuando este centro está totalmente despierto y funcional, crea lo que los antiguos egipcios denominaron como «inteligencia del corazón». Esta estimula la mente sobre las emociones, conectando la cabeza con el corazón para proporcionar una mayor expresión creativa individual mediante el chakra de la garganta.

La *I* alimenta los fuegos para que podamos comenzar a quemar la escoria de las emociones y las actitudes mentales que obstaculizan la expresión de nuestras energías y potenciales superiores. Como el mismo glifo, es una línea directa de energía dinámica que enlaza la Tierra y el Cielo. La Tierra es el punto inferior, el Cielo es el superior. Entonces, en este sentido, la *I* representa el verdadero Árbol de la Vida. Aquellas personas cuya vocal principal es la *I* han venido a edificar una vida que se asemeja al Árbol. Debes tener tus raíces en la Tierra y tus ramas estirándose hacia el Cielo.

El árbol y por consiguiente la *I* son un símbolo de regeneración y resurrección. En las leyendas y mitos, el árbol por lo general es guardado por un monstruo o dragón que debe vencerse antes de poder obtener el tesoro. La *I* refleja esta lección para la vida del individuo. Existe dificultad en vencer la naturaleza inferior de uno, pero es algo que debe hacerse si uno quiere lograr la iluminación. Es un símbolo para quienes tienen la capacidad de comunicarse y trabajar en ambos niveles, para ellos mismos o para los demás.

Aprender a equilibrar lo físico y lo espiritual siempre será una tarea con la que se encuentran aquellos con esta vocal. Encontrar los medios apropiados para hacer esto es en lo que se convierte la Búsqueda para estas personas. En esta búsqueda, el individuo se encontrará con situaciones y personas que pondrán a prueba su habilidad para armonizar los opuestos. Esto principia con darse cuenta que todo en lo físico está conectado con algún principio espiritual que debe aprenderse. Es por esto que el punto inferior es idéntico al superior. Trabajar con los conceptos del microcosmos y el macrocosmos y el Principio Hermético de la Correspondencia («Lo que es arriba es como lo que es abajo; lo que es abajo es como lo que es arriba»), hará esto más sencillo.

Cada Árbol tiene la capacidad de dar grandes frutos y dejar caer su conocimiento sobre aquellos a su alrededor. Debido a esto siempre es considerado un símbolo sagrado. Aprender a ser tan fructífero como el árbol es parte de las lecciones de aquellas personas con esta vocal. Para muchos, las situaciones de vida implican la búsqueda de muchos caminos para encontrar uno en el cual la fertilidad se pueda manifestar.

La letra pequeña *i* también es importante. De nuevo tenemos la línea elevándose para volver a llegar a ese punto en el Cielo. Intentamos y elevamos nuestras energías, encarnación tras encarnación, para volver a alcanzar el Punto Original de la Creación, el Cielo o Nirvana. En otro nivel esto refleja la imagen de una vela y su llama, que es una guía para la fuerza del fuego en el universo. El fuego siempre se ha considerado como sagrado. En cualquier parte del mundo se ha creído que el humo del fuego se mezcla en el aire de una forma mágica, como si fuese llevado a los cielos.

Incluso el origen del fuego era considerado mágico y misterioso. El mundo abunda en cuentos y mitos sobre los ladrones del fuego. Prometeo y su robo del fuego para salvar a la humanidad solo es uno. Por su acción fue castigado, encadenado a una roca por toda la eternidad y quedando a merced de aves de presa que desgarraban su carne, que después sanaba para luego ser destrozada de nuevo. Muchas de las personas con la vocal *I* siguen intensamente sus fuegos internos y como resultado se enfrentan con fuertes consecuencias.

El Bautismo de Fuego es lo que aquellos con esta vocal han elegido para experimentar en esta vida. El Bautismo de Fuego es el descubrimiento de nuestras relaciones con otros y lo que estas relaciones nos enseñan acerca de nosotros mismos. Estas pueden crear cambios y agitación, pero esto es lo que denominamos los fuegos de la experiencia. Cada uno de nosotros es como un diamante en bruto cuando iniciamos nuestra jornada en la vida. Los efectos de otros y nuestras interacciones con ellos sirven como un agente cortador que pule nuevas facetas en nuestras piedras. ¡Es entonces que brillamos con luz y fuego! Este es el reflejo de aquellos con esta vocal. Ellos han venido a quemar lo viejo y a dar nacimiento a lo nuevo. Han venido a aprender a elevarse de las cenizas como el ave fénix.

Conforme estos individuos aprenden cómo opera el fuego espiritual y físico en sus vidas, en sus conciencias, encuentran que sus «limitaciones» disminuyen. Las percepciones se extienden y comienzan a concentrarse sobre las posibilidades infinitas, para un nuevo crecimiento creado por el fuego de las circunstancias de la vida. Es entonces que los fuegos interiores se convierten en un canal de luz para que otros lo vean.

La *I* es la vocal para el Amor Divino. Su color es rojo y rojo-violeta. Concede una fuerza (física, mental y espiritual) que se puede usar para una sanación fuerte. Le permite a uno conectar el corazón y la mente para la más grande manifestación de las energías curativas. Aquellos con la I tienen una habilidad de sanación natural en algún nivel. Esto les proporciona una mentalidad única que parece destacarse para la mayoría.

Aquellos con esta vocal han venido a desarrollar nuevas perspectivas de autosuficiencia. Esto implica lecciones sobre *conversión*, en lugar de posesión. La *I* le da a uno gran habilidad para atraer el amor y tener grandes reservas para derramar amor para la iluminación de la humanidad. Esto puede llevarse a cabo en exceso, así que hay que ser cuidadoso. Así como las dos líneas atravesadas en la *I* son iguales y equilibradas, debemos equilibrar lo que damos con lo que recibimos.

Algunas personas con esta vocal como vocal predominante aprenderán a controlar las emociones y el egoísmo, y a expresar amor de forma apropiada, físicamente, como en el sexo, y espiritualmente. Esto puede proporcionar tolerancia o puede manifestarse como pruebas de tolerancia. Contiene la lección de aprender a trascender la desarmonía.

La energía creativa es muy dinámica en estos individuos, ya sea expresada a través de la sanación o mediante actividades artísticas. De cualquier manera, a menos que haya una expresión positiva en alguna forma, esto tomará la manifestación opuesta. Con frecuencia, sus energías se manifestarán repetitivamente hasta que cada aspecto de la lección sea aprendida. Es un símbolo que invoca perfección y las oportunidades para manifestarla. La perfección únicamente llega después de que hemos estado intentando y hemos transmutado aquello que puede obstaculizar.

Rasgos positivos de I	Rasgos negativos de I
1. Habilidad de sanación	1. Creatividad reprimida
2. Autosuficiencia	2. Demasiado emocional
3. Altruismo	3. Egoísmo
4. Mayor amor	4. Posesividad y celos
5. Estimulante	5. Olvido de los demás
6. Fidelidad y lealtad	6. Testarudez
7. Actividad y energía	7. Impulsivo y errático
8. Expresivo	8. Apático
9. Certeza intuitiva	9. Desconfiado
10. Franqueza	10. Indiferencia

En un nivel espiritual, aquellos con la vocal *I* son muy conscientes de sus recuerdos y trabajan bien con las leyes de causa y efecto. Hay una habilidad innata para darle vida a esto y lograr que funcione para ellos. Cuando esto no es así, por lo general enseña al individuo algo acerca de ponerse obstáculos a sí mismo. Estos individuos son capaces de conectar el astral con lo espiritual, siendo el astral el principio activador para la mayoría de la vida en el planeta. Aprender a trabajar con la vida beneficia todo. Tienen una habilidad innata para comprender las leyes metafísicas de la vida que los afectan.

El símbolo de la E

La *E* representa el segundo de los elementos más comúnmente conocidos, aún cuando es el tercero de los cinco. Es el elemento del Aire. Refleja la importancia de las actividades intelectuales y las energías mentales en el crecimiento de aquellas personas que tienen esta vocal como la vocal principal en su nombre.

La iniciación por el Aire es comprender el funcionamiento y el poder de la mente. El Aire es lo que separa la Tierra del Cielo y, por consiguiente, es el enlace entre nuestra propia espiritualidad y nuestra conciencia física. Es alcanzar una comprensión de lo que una nueva vida (el caso de muchos actualmente sobre el planeta) y lo que la Nueva Era son realmente.

Esta comprensión no ocurre mediante una mera acumulación de información. Aunque es una parte integral, el conocimiento no suscita comprensión. La iniciación del Aire es la apertura de una nueva sabiduría, una sabiduría basada en una intuición superior. Debido a esto, muchos individuos con esta letra como la vocal predominante son altamente sensitivos. Esta sensibilidad síquica necesita comprenderse y transmutarse en una intuición espiritual antes de que se desarrolle la verdadera sabiduría. Si no es comprendida, esta sensibilidad se representará en la vida de un individuo mediante la falta de voluntad, la emotividad excesiva y en otras formas enumeradas en Rasgos Negativos de la *E*.

Vivimos mediante la respiración y respiramos en el aire. Cualquier aire que sople a nuestro alrededor es lo que inhalamos, a menos que aprendamos a controlar nuestro entorno. Aprender a controlar lo que es permitido en nuestra vida es una lección prominente para aquellos con una *E* como la vocal principal. En el mismo glifo de la E hay tres líneas atravesadas, que emanan de la línea central. Refleja los vientos que soplan hacia el este, como banderas de señales.

La dirección hacia el este de las tres «banderas» de la E es importante. Es hacia el este que debemos enfocarnos, porque el Sol se eleva en el este y el Sol es nuestra fuente de vida principal. Llena el aire a nuestro alrededor con energía para fortalecernos y nutrirnos.

El hecho de que haya tres banderas también es importante. El tres es el número mágico. Es el número de la manifestación. Desde la única Fuente de Toda Vida (la línea vertical) surgen tres manifestaciones, mental, emocional y física. En conjunto, todas las cuatro constituyen nuestro ser. Sin lo espiritual, los otros no pueden existir. Esta es una lección espiritual para todos aquellos con esta vocal para que la tengan en mente durante su encarnación.

La longitud de las tres líneas atravesadas también es importante. La emanación primera o superior de la Fuente es la mental. Es la misma longitud que la de la línea de abajo, la física. Esto nos dice que en el camino a una iniciación más elevada, lo mental es tan importante para nuestra evolución general como lo son las experiencias de vida físicas. La línea del fondo es un reflejo de espejo de la de arriba. De este modo, todo lo que se manifiesta en lo físico es un resultado de la mente. La mente establece la matriz, el modelo de lo que se va a manifestar en nuestras vidas físicas.

Se ha llevado a cabo mucha investigación respecto a cómo nuestros pensamientos afectan nuestras acciones. ¿Qué tan frecuente nos decimos a nosotros mismos o a otros que «nos resfriamos dos veces cada invierno»? La mente pone la energía física en movimiento de manera que somos más susceptibles de pescar dos resfriados.

Tenemos una tendencia a creer que somos gobernados por las emociones. Y sí, ellas nos afectan intensamente, pero es la mente la que pone la energía en movimiento, a la cual entonces se le da impulso por nuestras emociones, haciendo más sencillo para nuestros pensamientos manifestarse en algún nivel en nuestra vida física. Aprender a controlar la mente y desarrollar procesos de pensamiento positivos y luego darles poder con la emoción correcta creará una vida física fuerte y en orden como se representa en la vocal. La línea del fondo (la física) únicamente será tan recta como la superior. Ellas son paralelas una con la otra.

El punto importante para aquellos con esta vocal es fortaleza y autodominio. Este es el motivo por el cual el tres siempre ha sido un número sagrado. La fortaleza es la unión del poder y el amor. Requiere de fortaleza vencer las dificultades y las penas para lograr una expresión creativa mayor en nuestra vida. Cuando esto se logra, comenzamos a comprender la belleza y la sabiduría que yacen debajo de la verdadera fortaleza. Los tres pilares del templo masónico son los pilares de la sabiduría, la fortaleza y la belleza.

Aquellos con esta vocal tienen la lección de descubrir la fortaleza a través de vencer. Esta es la lección de la armonía. La armonía ocurre en el mundo físico cuando la mente es lo suficiente fuerte para mantener las emociones en control, por consiguiente la importancia de la línea intermedia más pequeña en el glifo. Esta es el lado astral o emocional de la humanidad mantenida en control. Refleja la lección de la mente controlando los ritmos del deseo en el cuerpo para que esos deseos puedan transmutarse en poder y aspiración espiritual.

La mente en movimiento, aire en movimiento, es una fuerza. Es el viento. El viento puede utilizarse ya sea para bien o para mal, para nuestro beneficio o en nuestro detrimento. Al aprender a usar esta facultad correctamente, podemos conectarnos con el verdadero yo mientras estamos en el mundo físico. De aquí la importancia de las líneas que tocan la línea vertical. La línea vertical es nuestro yo verdadero, el cual tiene acceso tanto a las energías de la Tierra como aquellas del Cielo, y también a todo lo que está en medio.

Es importante hacer notar también que hay un movimiento hacia afuera desde la línea vertical en tres direcciones. Es un recordatorio para aquellos con esta vocal principal para que no se vuelvan únicamente enfocados en ellos mismos. Debemos despertar nuestras energías y dejarlas que fluyan hacia afuera para tocar a otros. Tres es el primer número capaz de reconciliar a los opuestos (el uno y el dos) y crear más números como resultado.

Debido a que la *E* está asociada con el elemento del Aire, también está asociada con aquellos chakras de la cabeza —de la garganta (expresión creativa), que reconcilia el de las cejas (energía femenina) y el de la corona (energía masculina)—. En el éter, es el color azul y está asociada con el planeta Mercurio.

La *E* refleja lecciones de obtener percepciones mediante la castidad. Tiene la energía del poeta, el místico, el amante de la verdad y el intelecto. Puede darle a uno la habilidad para la inventiva y la filosofía. Cuando está desarrollada, proporciona una fuerza asombrosa en los planos superiores. También se puede expresar mediante la hipocresía, la traición y el engaño.

La vocal *E* denota acción, ya sea física o mental. Puede reflejar casi hiperactividad. Esta habilidad para manifestar actividad disminuye cuando aparece muda al final de un nombre (como en Grace). Su energía le da a uno la habilidad de iluminar a otros si se desea. También puede denotar energía nerviosa. Aquellos que no trabajan para desarrollar los aspectos creativos inherentes en sus energías pasarán por una pérdida de amigos, bienes mundanos y se enfrentarán con problemas en los negocios.

Rasgos positivos de E	Rasgos negativos de E
1. Intelecto superior	1. Hipocresía
2. Intuitivo	2. Traición
3. Lógico	3. Falsedad
4. Filósofo	4. Aversión al estudio
5. Atrae amigos	5. Inquietud
6. Pensamiento mecánico	6. Alegador
7. Inventivo	7. Mentalidad cerrada
8. Expresivo	8. Aires de superioridad
9. Decidido	9. Falta de autocontrol
10. Persistente	10. Aflicciones nerviosas
11. Fortaleza	11. Impureza
12. Energético	12. Se irrita fácilmente
13. Fuerza de voluntad	13. Testarudez
14. Genialidad	14. Dogmático
15. Místico	15. Cruel

La *E* proporciona oportunidades para desarrollar la conciencia universal. Le abre a uno a las ideas divinas, las ideas que conectan nuestra conciencia normal con la universal. Evoca la más elevada forma de intuición, aunque si no se desarrolla completamente se manifestará como un siquismo incontrolado. Puede permitirle a uno moverse dentro de esos reinos donde el tiempo y el espacio físicos no existen.

Parte de la lección para aquellos en este camino es aprender a controlar la conciencia astral, los bajos deseos. La *E* suena con una vibración que despierta la verdadera clariaudiencia, escuchar a los seres, la comunicación con la jerarquía angélica. También puede despertar la habilidad para comprender el lenguaje de los animales. El desarrollo abrirá la percepción del pasado, el presente o el futuro. Uno aprenderá a hacer ideas físicas y visibles y será capaz de aplicar el conocimiento en la práctica. Puede generar la oportunidad para desarrollar la verdadera materialización y desmaterialización, la manifestación de las cosas del aire a la tierra. Es la manifestación de la conciencia universal en la vida física, con todas sus habilidades inherentes.

EL SÍMBOLO DE LA O

La vocal *O* se encuentra ligada al elemento del Agua. Inherente en todas sus lecciones está el control del aspecto emocional. La iniciación en el elemento Agua, como con todos los elementos, puede requerir muchas vidas antes de que todas sus verdades espirituales sean reveladas. La *O* es un círculo. Nuestras vidas son jornadas, cada una agregando al círculo del conocimiento, experiencia y habilidad. Las lecciones de iniciación de aquellos armonizados con este elemento tienen que ver con el lado emocional de la humanidad, el poder del sentimiento intenso y aquellos deseos para expresar ese sentimiento en el mundo exterior. La *O* tiene inherente en ella alegría y pena y el encontrar el equilibrio en todas las polaridades. Esto implica lecciones durante toda la vida para equilibrar los 12 pares de opuestos:

1. Guardar silencio y hablar
2. Receptividad y resistencia a influenciar
3. Obedecer y mandar
4. Humildad y confianza personal
5. Velocidad como de rayo y circunspección
6. Aceptar todo y ser capaz de diferenciar
7. Habilidad para combatir y para encontrar la paz
8. Precaución y valentía
9. No poseer nada y mandar sobre todo
10. No tener ataduras y ser leal
11. Desprecio por la muerte y respeto por la vida
12. Indiferencia y amor

Cuando no nos hemos desarrollado por completo, la naturaleza emocional es muy dominante y puede ahogarnos. Podemos desear constantemente emoción, ruido, actividad y novedad. Nos puede faltar equilibrio y podemos expresar nuestros sentimientos en extremos de desequilibrio. Aquellos con esta lección y esta vocal han venido a aprender a dar equilibrio a las emociones.

Esto no significa reprimirlas, sino aprender a darlas en los objetos y metas importantes y benéficos. En un principio esto puede comenzar con solamente una purificación moral, pero se desarrolla para encontrar maneras de expresar las emociones en una forma creativa o artística, como se ajuste al individuo. En esencia, debemos aprender a estar en el mundo pero no ser parte de él, tal como Buda enseñaba a sus estudiantes.

La vocal O también es un círculo, y el simbolismo del círculo ha sido parte de toda la vida y todas las cosmologías. Es el símbolo arquetípico de la totalidad. No tiene fin y no tiene principio, un recordatorio al individuo de que uno inicia este aprendizaje de la vida en donde quiera que se encuentre. La O es la rueda de la vida que gira constantemente y muestra el movimiento perpetuo en nuestras vidas. Si intentamos obstaculizar la rueda, esta se lija, resultando en crisis físicas, emocionales, mentales y espirituales.

El círculo tiene una parte interior y una exterior. La parte interior es difícil de expresar para muchos. Es la parte que no desea ser revelada, que le gusta estar cómoda y segura adentro, sin ser tocada por el exterior. Por esta razón, muchos individuos con la vocal *O* tienen dificultad para expresar sus emociones, sus sentimientos verdaderos. Mantienen todo reprimido adentro, ya sea que haya espacio para ello o no. Aprender a sacarlo y dejar que otros entren es parte de la lección. La gente de la *O* debe aprender a trabajar dentro del círculo y también fuera de él.

El círculo es un símbolo del Sol. El Sol da vueltas a través de los cielos y representa la totalidad que resulta de equilibrar los opuestos, el interior con el exterior. La fusión de los dos se conoce en el lenguaje esotérico como la Danza de la Vida. Esta equilibra los hemisferios del cerebro, las polaridades en el cuerpo y los sistemas de salud y vida.

Las danzas sagradas del círculo son muy antiguas. Las danzas más antiguas eran repetitivas, continuamente en círculos, lo cual implica una lección para aquellas personas con esta vocal. A menos que esta lección se aprenda verdaderamente, estarás destinado a repetirla una y otra vez. Cuando unimos las circunstancias y la realidad exterior con una conciencia interior superior, la lección es aprendida finalmente y la situación se resuelve. Si no, vuelve a ocurrir en una manera diferente.

Los centros de energía en el cuerpo se conocen como chakras. Esta es una palabra en sánscrito que significa «rueda». Estas «ruedas» trabajan íntimamente con el cuerpo en dirigir la energía para nuestras diversas funciones y dependen en gran medida de nuestro equilibrio emocional. El desequilibrio mental y emocional creará un mal flujo de energía en el cuerpo, el cual puede manifestarse como una crisis nerviosa, una enfermedad o una alteración de alguna forma.

Trabajar con emociones equilibradas y una visualización mental es de suma importancia para el bienestar de los individuos con esta vocal. El desequilibrio físico se manifestará con mayor rapidez y facilidad, a partir del desequilibrio mental y emocional, que en otras personas. Aprender a separar un tiempo y un espacio sagrados, encontrando tiempo y lugares donde en ocasiones puedas retirarte, recuperarte, etc., es de vital importancia.

Esto era parte de la danza mágica antigua. Hacer un círculo era un acto de crear un terreno sagrado para un individuo o grupo. La vocal *O* es un recordatorio para crear un espacio sagrado en la mente y en las emociones, un punto donde lo espiritual se pueda mezclar con lo físico. El centro del círculo es el punto de enfoque. Dependiendo de cuál sea tu enfoque mental y emocional, se crea un vórtice de energía, el cual trae a manifestar esos pensamientos y emociones en el mundo externo. De nuevo, esta es la lección de control de pensamientos y emociones. Este es un símbolo respecto a aprender a despertar una conciencia interior más profunda a través de una concentración impuesta físicamente.

La *O* es la vocal para Saturno en la astrología. Saturno es el gran maestro, en particular de causa y efecto. La implicación para aquellos con la vocal O es que deben aprender a reconocer que todos los efectos que experimentan en todas sus vidas son el resultado de alguna causa previa provocada por sus propios pensamientos y emociones. Estos efectos se pueden manifestar benéficamente o positivamente. Esta es la lección de causa y efecto, de lo ideal contra lo real.

Los individuos con esta vocal tienen poderosas capacidades de imaginación y visualización. Como se ha explicado previamente, nuestros pensamientos crean una matriz de energía que finalmente se realizará en las circunstancias de la vida física si se le da suficiente fuerza. Aquellos con este tipo de vocal deben tener la precaución de mantener la mente en todo lo positivo, ya que tienen una habilidad innata para manifestar con rapidez y con fuerza lo que piensan acerca de algo. Eso les proporciona a estos individuos una herramienta creativa tremendamente poderosa que puede desarrollarse y aplicarse a todos los aspectos de sus vidas.

La *O* nos da la habilidad de absorber y concentrar la vida. Tiene la capacidad de unir, de conectar, pero también lo hace a uno sensible a las críticas. Los individuos con la vocal *O* con frecuencia necesitan ser animados para la expresión creativa de ellos mismos, pero una vez que han comenzado, son leales y tenaces. El color es el negro, que como el blanco tiene todo el espectro de color en sí. El negro es la matriz de la cual toda la vida proviene y existe una habilidad natural en aquellos con esta vocal para proporcionar vida y oportunidades de vida a otros. Podría no ser en formas dramáticas sino a través de las actividades y responsabilidades de la vida normal. Debido a que la *O* tiene todos los colores en ella, los individuos que tienen esta vocal pueden afectar y ser afectados por cualquiera y por todo.

Rasgos positivos de O	**Rasgos negativos de O**
1. Estabilidad	1. Melancolía
2. Poder	2. Falta de voluntad
3. Sensibilidad (síquica)	3. Dogmático
4. Organización	4. Fastidioso/critica fallas
5. Resuelto	5. Pobreza es agonía
6. Leal	6. Criticón
7. Imaginativo	7. Dominador
8. Ama música/arte	8. Muy sensible a críticas
9. Compasivo	9. Resiente la oposición
10. Voluntad fuerte	10. Arbitrario
11. Disciplina	11. Miedo a fracasar
12. Sentido de justicia	12. Distante
13. Sociable	13. Sentimientos reprimidos
14. Generoso	14. Falta de concentración
15. Iniciativa	15. No aprovecha oportunidades

La *O* da lecciones de justicia, en especial justicia divina. Una lección que muchos deben enfrentar es reconocer que lo que funciona y armoniza en ellos puede no funcionar para otros. La *O* proporciona una habilidad innata para obtener un juicio espiritual elevado y para comprender todo lo legal. Por lo tanto, aquellos con esta vocal deben aprender a no condenar injustamente. Ella le da a uno el poder de evocar energía y respuestas en muchos niveles, para bien o para mal, y despierta en el transcurso de la vida oportunidades para lograr satisfacción, seguridad y éxito. Aprender a comprender las relaciones entre los eventos —causas y efectos que ocurren en la vida— es de suma importancia. Una vez logrado esto entonces pueden enseñarlo a los demás y llevar a cabo las acciones para convertirse en expertos en metafísica.

El símbolo de la U

La *U* es el elemento de Tierra y la iniciación de la misma. La iniciación de la Tierra puede ser la más difícil, porque implica liberarnos de todas sus limitaciones en nuestro camino a lo espiritual. Aquellos con esta vocal parecen llevar vidas con una gran diversidad.

La Tierra y la materia no son malvadas. Nosotros hemos elegido venir y vivir en la Tierra para crecer y aprender, y para desarrollar nuestro máximo potencial y poder. Para hacer esto debemos aprender acerca de todas las expresiones de la materia y las energías arquetípicas que existen detrás de ella. Con el fin de aprender de esta y utilizarla, debemos desarrollar discernimiento, aspiración, etc. sin que esto se vuelva un desequilibrio.

La *U* es como una matriz en la cual nace la vida. Mediante la Tierra podemos volver a nacer. La realización de esto comienza reconociendo que la materia no es inerte. Todo está vivo y está hecho de energía expresada en una forma u otra. Todo es una manifestación de lo Divino. Parte del proceso de evolución implica reconocer que lo metafísico reside detrás de lo físico.

Aquellos con esta vocal deben aprender a reconocer el poder en ella y deben dirigirlo afuera hacia la comprensión de la vida y la muerte en el plano físico. Es con esta iniciación que uno aprende a sacar la luz del pozo de la verdad que yace en cada uno de nosotros, simbolizado por el glifo *U*. Nos podemos perder en el pozo o podemos aprender a sumergirnos en este para ayudarnos en nuestros caminos.

La *U* tiene la forma de una taza y las tazas en todas las tradiciones ocultas son asociadas con las energías femeninas. La Tierra misma es un planeta femenino (la Madre Tierra) de la cual nacen las oportunidades para que crezcamos. Una taza mantiene y contiene elíxires de todas clases. También se puede utilizar para verterlos fuera. Saber cuándo contener y cuándo verter en la vida es parte de lo que esas personas con esta vocal deben aprender. A esto se le llama discernimiento: cuándo actuar, cuándo no, qué tanto, dónde, en quién confiar, etc.

La taza, y la *U*, le da forma a todo lo que esté en ella según su propia forma, y todavía puede verter el líquido y la vida. Aquellos con esta vocal deben aprender a reconocer que no están limitados por el medio ambiente o lo físico. Las energías creativas, para dar a luz, deben despertarse, removerse y verterse en nuestra vida.

La taza es un símbolo del Santo Grial, cuya búsqueda nos conduce a encontrar nuestra esencia espiritual y es la mejor manera de expresar esa esencia en esta encarnación. Esta vocal debería decirle al individuo que lo único que lo limita son sus propias percepciones.

La Madre Tierra es el microcosmos del universo. En el Árbol de la Vida Cabalístico, esta se representa por Malkuth. Cuando el universo se formó, lo hizo en etapas, hasta que toda la vida y la energía se descargaron desde lo Divino para manifestarse en la Tierra. De aquí la abertura en la parte superior de esta vocal. Ella simboliza al individuo como el recipiente de todas las energías divinas. Parte de la lección para aquellos con esta vocal es superar los celos y la envidia y reconocer que nadie tiene algo que tú no puedas obtener también, y que no hay nadie haciendo algo que tú no puedas hacer también si aprendes a hacer salir a borbotones tus energías. Aprender a hacer salir a borbotones esas energías y potenciales desde el interior hacia el exterior es difícil, pero es algo que se puede lograr por cualquiera con esta vocal como vocal principal que esté dispuesto a hacer el esfuerzo.

La taza, el caldero, la matriz, el Grial y la *U*. Todas ellas son lo mismo. La *U* te representa a *ti* en la Tierra en tu búsqueda del Cáliz del Grial. Ellos son inseparables. No puedes separar lo que tú haces de lo que tú eres. Escoger una ocupación apropiada y compañías y actividades apropiadas en la vida es esencial para aquellos con esta vocal. Otras personas posiblemente hagan juicios acerca de aquellos con la *U* de acuerdo con su trabajo, actividades y compañías, más de lo que lo harían acerca de otros. Es más fácil para ti ser influenciado por el medio ambiente que a muchos otros, por la forma de contenido de la misma letra. Escoger el medio ambiente correcto, y la elección siempre es tuya, te ayudará a manifestar tu potencial más elevado. Si es un ambiente de impureza y desequilibrio, asumirás una resonancia y afinidad con este. Si es uno de elevada espiritualidad y creatividad, de igual manera asumirás una afinidad empática con este. Reconocer este aspecto y luego usarlo para tu beneficio es parte de la lección de vida de todos aquellos con esta vocal. No importa cuál haya sido el ambiente en el pasado. Existe una tolerancia natural y una habilidad innata a revivir la vida de uno si así lo elige. Puede que no sea sencillo, pero estos individuos con frecuencia aprenden a hacerlo así en una multitud de niveles.

Tal como ocurre con la taza, el Grial y el caldero, la *U* también está ligada a las energías y la simbología del Cuerno de la Abundancia, la cornucopia. La cornucopia original era del cuerno de la cabra Almatea, quien se convirtió en la constelación de Capricornio. Este es un símbolo de abastecimiento infinito de todo lo que esté contenido adentro. La cornucopia sirve como un recordatorio a todos aquellos con esta vocal de que todo aquello en lo que te concentres y produzcas en tu vida, tiene el potencial de ser multiplicado. También nos recuerda que mientras más demos hacia afuera, más obtenemos. El dar nunca reduce nuestras energías o suministros. Aprender a trabajar con la Ley de la Abundancia es una prioridad. La Ley de la Abundancia simplemente dice que existe un suministro infinito para nuestras demandas infinitas. No hay un onceavo mandamiento que afirme: «Harás sin nada». Todo lo esencial de la vida siempre está ahí para nosotros.

La vocal *U* representa protección a través de la resistencia. Tal como hay dos paredes en cada lado de la vocal, así hay energía en aquellos con esta letra para resistir los peligros y amenazas exteriores mientras todavía se es capaz de bajar energías de los cielos.

Aquellos con esta vocal necesitan amor, paciencia y gentileza para permanecer abiertos a lo nuevo. Si no, las paredes se cerrarán. Hay una fuerte intuición en estos individuos. Son instintivos y conservadores y pueden ser excelentes jueces del carácter.

Como la vocal, abierta en la parte superior, estos individuos están abiertos a impresiones fuertes mediante el estado de sueño.

Le deben prestar mucha atención a los sueños y a la comprensión de la relación de los sueños con sus vidas físicas.

Los colores de la Tierra se asignan a esta vocal, los verdes y los cafés y sus diversas combinaciones. En la Tierra están todos los tesoros y minerales para una gran riqueza, lo cual refleja lo que puede ser logrado por quienes tienen esta vocal. Estos individuos deben mantener en la mente y en el pensamiento que todo sobre la Tierra y dentro de ella refleja energías más allá de la Tierra misma. Debido a sus habilidades empáticas son muy clarividentes. Existe una habilidad innata para sentir los pensamientos, los sentimientos y los motivos de otras personas. Necesitan aprender a confiar en sus corazonadas y a no resistirse a sus oportunidades.

Rasgos positivos de U	Rasgos negativos de U
1. Muy intuitivo	1. Severidad
2. Conservador	2. Fácil lastimar sus sentimientos
3. Orgulloso	3. Egoísta
4. Visionario	4. Demasiado protector
5. Sueños lúcidos	5. Resistente al cambio
6. Tenaz	6. Resentido
7. Equilibrado	7. Presumido
8. Confiable	8. Fanfarrón
9. Protector	9. Sensible a las críticas
10. Tranquilo y discreto	10. Estrecho de ideas
11. Amable	11. Reservado
12. Paciente	12. Falso y deshonesto
13. Progresista	13. Abuso de poder
14. Confiable	14. Sectarismo
15. Crianza de niños	15. Mezquino

En el nivel más elevado, esta vocal abre la facultad de comprensión del acto creativo y el karma subsecuente. Esto abre una de las formas más elevadas de intuición y clarividencia. Puede estimular la inspiración y despertar las energías y la fuerza para dominar el karma de la experiencia en la Tierra. Es una vocal, que si se trabaja con ella, abre las energías y oportunidades para desarrollar la proyección astral consciente. Manifiesta oportunidades para comprender todos los misterios de la vida y cómo ellos operan y se reflejan a través de las circunstancias normales, cotidianas. Por consiguiente, el control de la experiencia en la Tierra comienza a manifestarse.

Es de estos cinco glifos de vocales predominantes que nuestro lenguaje deriva sus diversos sonidos de vocales. Estos sonidos son importantes ya que ayudan a activar la energía arquetípica que reside detrás del glifo de las vocales (como se verá). Todos los símbolos, imágenes, sonidos, colores, etc., tienen una energía arquetípica que trabaja a través de ellos. Es esta energía arquetípica y combinación de energías que estamos intentando activar mediante el trabajo con nuestros nombres.

Hay otra vocal de la que no hemos hablado todavía pero que es muy importante para nuestro estudio. No tiene un sonido propio *per se*, como las otras vocales, pero su glifo refleja con fuerza la transición de conciencia que está ocurriendo en toda la humanidad en estos tiempos, en especial en el mundo occidental.

El símbolo de la Y

La *Y* está relacionada con el elemento Fuego, tal como la letra *I*. Donde la *I* es el fuego, la *Y* es la llama. La *I* representa la fuerza, la *Y* la forma. Los individuos con esta vocal como la vocal principal aprenden las lecciones del Fuego y su fuerza de transmutación en situaciones físicas.

La *Y* representa el amor primario y cómo este se manifiesta en una expresión terrenal. Debido a esto, los individuos con la *Y* como la vocal principal se someterán y experimentarán ambos polos del amor. Verán ambas expresiones equilibradas (pasión, lujuria, celos, etc.). Esto puede manifestarse en ellos o en aquellos a su alrededor.

Aprender a equilibrar ambos aspectos y permanecer íntegro es parte de lo que se refleja a través del glifo de la *Y*. La porción superior es un triángulo apuntando hacia abajo, que representa emanaciones de lo espiritual hacia lo físico que deben equilibrarse y usarse mediante expresiones apropiadas del corazón.

Las relaciones serán muy importantes y con frecuencia estos individuos no se sentirán plenos hasta que estén en una relación, ya sea buena o mala. Esto se refleja en las dos líneas superiores que se unen con la línea vertical. Este es el equilibrio del masculino con el femenino que da nacimiento a sus más elevadas expresiones de amor. Cada vez que lo masculino y lo femenino se unen, su unión da nacimiento al Santo Niño en nosotros. Hasta que aquellos con esta vocal puedan encontrar equilibrio y alegría en ellos mismos, no lo encontrarán en otros, por consiguiente el camino de las relaciones puede estar lleno de obstáculos.

Los antiguos misterios se dividían en tres categorías: los Menores, los Mayores y los Supremos. Aprender a abrirse a estos se refleja en este glifo de tres líneas. Los Misterios Menores eran aquellas lecciones para ayudar al individuo a desplegar y desarrollar su propia personalidad. Ellas ponían pruebas para el desarrollo del carácter. Estas pruebas siempre implicaban a otras personas y nuestras relaciones con ellas. El mayor aprendizaje llegaba mediante grupos. Esta relación con otras personas nos permite desarrollarnos y nos ayuda a darnos cuenta quiénes somos. Nos obliga a fortalecer la mente y a controlar las emociones (las dos líneas superiores) para que la línea vertical (nosotros mismos) no se caiga por el desequilibrio de lo mental o lo emocional.

Los Misterios Grandes eran aquellos que desarrollaban la individualidad de una persona. Esto implicaba un despertar de las energías creativas de uno y aprender a equilibrar la vista síquica con la inspiración espiritual. La concentración de la *Y* se cambia del exterior a los reinos interiores. Esto se refleja en el estrechamiento de las líneas, que se unen con la línea vertical. Las dos se vuelven una. Lo físico no puede estar separado de lo espiritual.

Los Misterios Supremos implicaban la comprensión de cómo todo funciona y el aprendizaje para poner en movimiento las energías y fuegos para el beneficio de todo. Es mirar más allá de los efectos inmediatos y el reconocimiento de que todo es importante. Es darse cuenta que el propósito de nuestro desarrollo es volvernos más útiles a la humanidad. Para aquellos con esta letra, el axioma oculto, «Busco saber que puedo servir», es de una tremenda importancia. Saber y servir deben expresarse. Este aspecto se refleja a través de uno de los símbolos más antiguos del camino espiritual, la Búsqueda del Santo Grial. Esta búsqueda es querer encontrar nuestra esencia verdadera y la mejor forma de expresarla en esta vida. El glifo de la *Y* tiene la forma del cáliz de los Misterios del Grial. Es un recordatorio para aquellos con esta vocal que hay una mayor importancia para sus circunstancias de vida de lo que puede parecer en la superficie, y que si el Grial se puede ver, también se puede obtener. Es un recordatorio para nosotros de que todos aquellos que se mantienen en el camino lo lograrán. Infortunadamente pocos tienen la sabiduría de reconocer esto.

Como se mencionó, el amor tiene dos polos, el polo de lo espiritual y el del deseo y las emociones. Mantener los dos equilibrados es parte de la lección de vida para aquellas personas que tienen esta vocal como su vocal principal. Cuando las emociones se salen de control, una de las mejores acciones que aquellos con esta vocal pueden hacer es verse a ellos mismos como el dorado cáliz del Grial. Esta imagen estimula una liberación de la energía espiritual en la vida de uno para ayudar a equilibrar las emociones.

La transmutación de las energías es la clave para aquellos con esta letra. Aprender a transmutar lo inferior en lo superior comienza con el equilibrio. Es un proceso lento. Implica aprender a mezclar el Fuego y el Agua sin extinguir ninguno de los dos. Si esto se efectúa de forma apropiada, crea vapor, el cual es un poderoso generador de energía.

La *Y* es únicamente una vocal cuando suena en un nombre. El hecho de que tiene sonido y es la vocal clave es de gran importancia. Indica que has llegado a separarte de los viejos patrones (de nuevo reflejado en la forma del glifo mismo), pero lo más importante es que indica que en algún punto en tu encarnación harás algunas decisiones importantes relacionadas con asuntos espirituales y religiosos. Ellas serán de gran importancia, permitiéndote iniciar nuevos patrones de crecimiento.

El color asociado con esta vocal es un café ligeramente dorado. Este representa el trigo maduro, el alimento de la vida física madurado por el calor de los fuegos del sol. También representa el color del Grial. Estamos comenzando a ver el oro del Grial y, conforme crecemos, nos abriremos a expresar nuestra esencia espiritual aún con mayor fuerza, lo que nos permitirá convertirnos en un canal de fuego e inspiración para otros.

La *Y* contiene la lección de libertad de la esclavitud, de romper con los viejos patrones agotados de esta vida y de las pasadas. La persona con una *Y* debe ser guiada con gentileza, ya que está regida por los fuegos del amor. Este individuo tiene intensos deseos de libertad mental, espiritual y material en su vida.

El vapor de la *Y* también es importante porque representa no solo el yo que se ha equilibrado a sí mismo por trabajar con los polos opuestos del amor, sino también la vida temprana del individuo, donde en algún punto ocurre la separación de los antiguos patrones. Es la tradicional «separación de caminos».

Astrológicamente, Marte se encuentra asociado con esta letra. Marte es el planeta que le proporciona a uno energía, fuerza y valor. Esta es energía para derribar lo antiguo y edificar lo nuevo. Marte es pasión para el cambio y actividad de cambio.

Rasgos positivos de Y	Rasgos negativos de Y
1. Amoroso	1. Lujurioso
2. Formación de poder mental	2. Demasiado emocional
3. Visión e intuición	3. Demasiado dependiente
4. Manifestando gran poder	4. Fácilmente lastimado
5. Ingenio mecánico	5. Impaciente
6. Sanación	6. Falta de sentido común
7. Paciente	7. Incapacidad para decidir
8. Sabiduría	8. Egolatría
9. Aspiración	9. Negatividad

10. Autosuficencia	10. Libertad restringida
11. Orientación amorosa	11. Esclavitud autoimpuesta a otros
12. Positivo	12. Incapacidad de manifestar

En su nivel más elevado, esta vocal puede al final utilizarse para revelar el origen y los ritmos de toda vida. Puede despertar la intuición y la aspiración más profundas. Tiene el poder para abrir el macrocosmos. Puede estimular la habilidad de la profecía sin *ninguna* posibilidad para el error. Puede usarse para espiritualizar el cuerpo astral y poder ver el destino y los patrones de todas las formas de vida. Tiene el potencial para abrir el don de profetizar en la tradición de los más grandes profetas, enseñada en las escuelas secretas. Una tradición habla de su capacidad de usarse para la invisibilidad. Puede abrirle a uno la visión de los arquetipos que existen detrás de toda vida en el mundo material.

Despertando la vida de las letras

1. Determina la vocal principal de tu primer nombre. Esta es la vocal que tiene sonido en la sílaba acentuada de tu nombre, el acento con mayor fuerza. Si dos vocales están juntas, es la vocal que tiene sonido. En las descripciones de nombres específicos que se mencionan en la Parte Dos, se proporciona la vocal principal.
2. Familiarízate con las correspondencias y la simbología de la vocal misma. Aun cuando los métodos de entonación de las vocales para darles vida se explicarán en las páginas siguientes, es de mayor importancia concentrarse en los aspectos de las vocales y sentirlas comenzando a tener vida en ti.
3. Relájate, sin ser molestado.
4. Visualiza la vocal a tu alrededor y en ti, llenándote con su energía, despertando en ti las habilidades y potenciales asociados con ella. Visualízate lleno con el color asociado con ella, con esto se facilitará el proceso.

Imagínate como la letra, el glifo con todas sus energías inherentes. Utiliza los diagramas que se dan en las páginas siguientes para ayudarte.

5. Con cada inhalación, jala la letra y su energía y color dentro de ti para llenarte. Con cada exhalación, imagina la energía saliendo de ti para ser expresada en tu vida cotidiana. Adentro, afuera. Espiritual, físico. Estamos manifestando y dando vida a las energías que hiciste entrar para desarrollar y expresar.
6. Repite hasta que comiences a sentir los cambios de energía. Esto se sentirá primero en diferentes partes del cuerpo, según sea el elemento asociado con la vocal:

   Fuego (cabeza y corazón) Aire (pecho y cabeza)
   Agua (abdomen e ingle) Tierra (pies y piernas)
   Éter (todo el cuerpo)

Las letras de cada elemento pueden practicarse enfocándose y concentrándose en ellas en sus áreas correspondientes del cuerpo. Si trabajas con el elemento Fuego (*I* o *Y*), visualiza esa parte del cuerpo como un espacio abierto infinitamente, como los cielos. Mientras inhalas y exhalas, imagina que tiene vida y que se llena con la energía y el color de la letra. Ver el color que tiene vida en esa parte del cuerpo como un nuevo sol es extremadamente eficaz.

Diez minutos al día invertidos en este ejercicio despertarán las energías en un tiempo relativamente corto. Para algunas personas podría requerirse un mes, para otras podrían ser seis meses, pero ten la seguridad que esto creará los efectos. Le dará vida a tus energías y capacidades innatas.

En el proceso de imaginación deseamos ver nuestras energías y cuerpos físicos, astrales, mentales y espirituales siendo afectados. Al hacer esto comenzamos el proceso de activar el cuerpo de Luz, ligando lo espiritual con lo físico. Practicar esto te permitirá con el tiempo evocar esas energías internas. Esto te permitirá representarte y percibir conscientemente las virtudes y energías correspondientes que actúan en tu vida cotidiana.

Los cambios se sentirán primero en el nivel físico, pero también llegará a otros niveles. Tómate un tiempo después del ejercicio para contemplar algunas formas en que puedes aplicar esta nueva energía a corregir situaciones en tu vida y dar creatividad para ti y los demás.

A = Éter
Clave = Iluminación
Colores = Blanco o azul claro

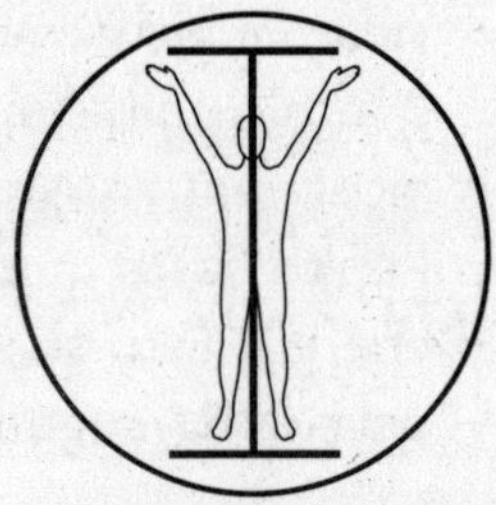

I = Fuego
Clave = Amor divino
Colores = Rojo violeta u ópalo

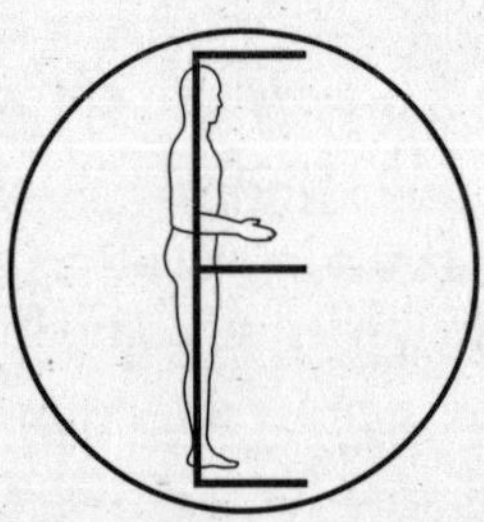

E = Aire
Clave = Fuerza/autodominio
Colores = Azul o violeta oscuro

O = Agua
Clave = Justicia/equilibrio
Colores = Negro o marino oscuro

U = Tierra
Clave = Dar a luz
Colores = Tono tierra, negro marfil

Y = Fuego
Clave = Transmutación
Colores = Café dorado, rosa

INSTRUCCIONES ESPECIALES

1. Aprenderás a pronunciar y entonar las letras en orden para acelerar el proceso. Es importante ver la letra que toma forma a tu alrededor mientras la entonas. Deseas ver la energía que llena tu cuerpo, tu habitación y después tu universo.
2. Deseas poder visualizar una letra entrando en actividad y luego también disolviéndola. De esta manera aprendes a activar y desactivar la energía de acuerdo con tus necesidades. No necesitamos llaves que sean abiertas y cerradas. Todo lo que necesitamos es aprender a encender y apagar esto a voluntad.
3. Al absorber la letra y su energía en el cuerpo, hazlo viendo que se forma en el área del cuerpo asociada con el elemento y luego irradia hacia afuera como una fuerza.
4. Al aprender a llenar la habitación y el universo con la letra y su energía, uno debe primero activarla en el cuerpo. Luego, mientras exhalas, siente y ve la energía que irradia hacia afuera de tu cuerpo para comenzar el proceso de llenar el cuarto y el universo. Con cada inhalación, la letra se vuelve cada vez más intensa y vibrante de manera que hay más para exhalar. Estamos aprendiendo a trabajar desde el microcosmos al macrocosmos y a la inversa.
5. Asumir la postura que se ilustra en las páginas siguientes mientras se ejecuta el ejercicio, incrementará los efectos. El movimiento físico crea respuestas eléctricas en el cuerpo y el cerebro, lo cual facilita el acceso a la energía. Esto te permite construir una forma de pensamiento alrededor del símbolo, dándole poder tal como lo harías con un talismán. No obstante, en este caso se convierte en uno que siempre llevas dentro de ti, simplemente aguardando a ser invocado.

CAPÍTULO TRES

LOS SONIDOS SAGRADOS DE LAS VOCALES

¡En las esferas se produce eternamente una armonía maravillosa, y de esta fuente TODAS las cosas se han creado!

—Florence Crane

Los nombres, así como los glifos y sonidos que los constituyen se han comprendido de manera deficiente. Los conceptos erróneos acerca de los nombres son abundantes. Es presuntuoso pensar que nuestras naturalezas son evidentes y que sabemos todo acerca de nuestros nombres simplemente porque los usamos. Los filósofos siempre se han interesado en los nombres y sus conexiones sicológicas. Los nombres son muy importantes para comprender nuestros aspectos espirituales y cómo ellos interactúan en nuestras vidas físicas. La lingüística es el estudio del lenguaje humano en general, pero también existe lo que puede denominarse como lingüística metafísica, es decir, cómo el lenguaje (y los nombres en particular) afectan a la humanidad más allá del reino físico.

El estudio del lenguaje y sus diversos sonidos tiene una extensa y antigua historia. En general se cree que nuestro lenguaje moderno tiene sus raíces en formas de sánscrito. El sánscrito, en sí, es una lengua muerta, pero los yoguis indios todavía usan sonidos y palabras del sánscrito debido a su potencial para liberar energía. Los lenguajes de muchas de las tradiciones y rituales antiguos todavía se consideran sagrados, y cualquier cambio en las palabras, nombres o sus pronunciaciones se cree son una amenaza para el poder en ellos. El poder de los nombres y de la palabra hablada era reconocido comúnmente entre las tradiciones antiguas. Todavía se cree que saber el nombre real de un ser (saber todos sus aspectos y significados) le proporciona al poseedor de este conocimiento un cierto poder sobre ese ser.

Los antiguos maestros utilizaban una simbología en los nombres y lenguajes para comunicar muchas de sus enseñanzas. Los glifos y símbolos eran seleccionados y asignados a los nombres, palabras y oraciones para: atraer bendiciones, dar poder, liberarse de una dificultad, proporcionar valor y fortaleza y curar y dar consuelo. Los estudiantes del pasado tenían la tarea de traducir los sonidos y los glifos en su propio grupo de símbolos. Tenían que aprender a construir la simbología en las palabras y los nombres, por consiguiente dándoles poder para actuar en sus vidas. Era esta habilidad la que sería finalmente probada por los maestros para asegurar que el estudiante había obtenido la profundidad de comprensión apropiada y, por lo tanto, liberar las energías arquetípicas para ponerlas en acción en su vida.

Los Maestros de la Sabiduría eran cuidadosos en impartir el conocimiento del sonido y los nombres a sus discípulos. Los estudiantes habían aprendido a hablar, cuándo hablar, cómo hablar y cuándo no hablar. Si deseaban aprender el conocimiento superior de los sonidos y los nombres, primero tenían que desaprender sus formas previas de usar las palabras y refrenarse de los métodos ordinarios de hablar. En las Escuelas Pitagóricas de Sabiduría, los neófitos no hablaban durante dos años. Esto era para ayudar a enseñarles la reticencia en el habla, y para desarrollar una habilidad para el silencio mental y así imbuir con poder sus palabras. Se les enseñaban tres usos de sonidos, nombres y habla:

1. Intuitivo: Sonidos que permiten al alma dirigirse más hacia sus aspectos universales y divinos. Parte de esto implicaba afirmar la esencia mediante el significado del nombre, tal como se ha descrito.
2. Científico: Los efectos de sonidos sobre el cuerpo físico de los individuos, así como las energías sutiles del

hombre. Esto incluía comprender cuáles sonidos eran más accesibles al individuo con base en el nombre individual.

3. Astrológico: Los sonidos, nombres y tonos usados para evocar energías de los planetas, con el fin de disminuir o incrementar sus efectos en las circunstancias de vida cotidianas. Esto se ha visto brevemente en relación con los elementos de los nombres y los elementos de los signos astrológicos.

¿Entonces qué es lo que hace poderoso a un nombre? ¿Es su significado? ¿Son sus sonidos? ¿Son sus ritmos? ¿Es la forma cómo se utiliza? En esencia, todos los aspectos agregados al poder de un nombre. Cuando una persona puede emplear todos los aspectos simultáneamente, entonces el nombres se vuelve ¡MÁGICO!

El poder de los sonidos de las vocales

La voz humana puede producir dos aspectos de sonido, vocales y consonantes. Son las vocales las que contienen el poder verdadero, porque las consonantes no pueden ser distinguidas sin los sonidos de las vocales. Las vocales son sagradas. Los sonidos que las vocales toman en nuestros nombres proporcionan formas de despertar las energías arquetípicas para mayor salud o iluminación. Los glifos y sus sonidos correspondientes se pueden usar para transmutar las energías y las condiciones actuales, despertar mayores percepciones y abrir reinos, de proporciones tales que solo vemos en sueños. Ellos revelan a cuáles energías tenemos el mayor acceso.

Los lenguajes y los nombres cambian constantemente, pero no se deterioran, porque los sonidos son inherentes en ellos. Con frecuencia se cree que únicamente las palabras en un lenguaje tienen significados y que los sonidos individuales no lo tienen. Ellos también tienen efectos y pueden usarse con los glifos de las letras y el significado de nuestros nombres para ayudarnos a manifestar condiciones benéficas en la vida.

Los sonidos de las vocales mantienen la influencia más fuerte sobre nosotros. Cada vocal abre una parte particular del cuerpo humano cuando es visualizada y se hace sonar en silencio durante la inhalación. Este sonido interior (entonación interna) es la clave para muchas enseñanzas metafísicas relacionadas con el sonido. El proceso exacto para usarlas con tu nombre será explicado posteriormente en este capítulo.

La apertura de nuestras energías corporales por medio de los sonidos de las vocales en los nombres se comprende con facilidad si nos damos cuenta que la respiración penetra en cualquier región de acuerdo con nuestros pensamientos y enfoque. ¡Toda energía sigue al pensamiento! La inhalación jala aire y prana dentro del cuerpo y los sonidos de las vocales abren regiones del cuerpo permitiendo que el prana o la energía penetre. Con la ayuda de nuestros pensamientos e imaginación (concentrándose en el simbolismo de las letras y sus sonidos), podemos inundar todo nuestro cuerpo y conciencia. Le damos vida a cada fibra y chispa con la energía que se encuentra en nuestros nombres.

Muchas personas encuentran confuso que tenemos cinco glifos de vocales principales (seis, si incluimos la *Y*), y no obstante tenemos una multitud de sonidos de vocales. Para muchos, trabajar únicamente con los sonidos será más sencillo porque es más sencillo experimentar los efectos de los sonidos. Son más tangibles y no casi tan abstractos como la forma de las mismas letras, pero si deseamos comprender el verdadero poder de los nombres y las palabras, debemos aprender a prestar atención a todos los aspectos. Esto no se logra por completo de inmediato. En un principio, podría ser más sencillo trabajar con los sonidos en tu primer nombre. Conforme aprendemos a sentir la energía, entonces también podemos agregar las energías de los glifos.

En tanto que los glifos pueden ser abstractos, los sonidos se pueden sentir. Por esta razón, en muchas escuelas de misterios, según Rudolph Steiner, «aprender a escribir estaba prohibido hasta los 14 o 15 años de edad, de manera que la forma, el mecanismo que tiene expresión en la escritura no entrara al organismo humano. El hombre solamente se aproximaba a la forma de la letra cuando su visión espiritual estaba desarrollada». La forma de la letra podía activar energías porque resonaba de forma más parecida con la energía arquetípica.

Los sonidos en nuestros nombres ayudan a prepararnos para activar todo el impacto de la esencia divina que se encuentra detrás de nuestros nombres. Entonces, aprender a usar los sonidos los liga a los glifos y les proporciona a ellos y a sus significados expresión, y es darle expresión a nuestra divinidad. Este es el camino Iniciático.

El sonido de la vocal principal en tu nombre proporciona incluso más información acerca de tu potencial y el camino que has escogido para caminar en esta vida. Esto también proporciona un medio mediante el cual puedes despertar el arquetipo que reside detrás del nombre que has escogido.

Para la mayoría de las personas, cada una de las vocales tiene dos sonidos, un sonido largo y un sonido corto. En realidad, hay muchos sonidos para las vocales, algunos pueden tener cinco o seis variaciones. Dos vocales y dos sonidos no son exactamente iguales, pero la diferencia puede ser insignificante para alguien intentando volverse consciente de sus energías. La tabla de correspondencias que se presenta a continuación utiliza más pronunciaciones fonéticas genéricas de lo que puede ser comprendido y usado por cualquier persona. Si lo que buscas es un desglose de sonidos por vocal, en el apéndice B se proporciona una tabla con las pronunciaciones fonéticas apropiadas y palabras de ejemplo para mayor aclaración.

TABLA 3: CORRESPONDENCIAS VOCALES

Glifo vocal	Sonidos vocales*	Chakras**	Efectos de la energía cuando está activada
A	ay (hay)***	Corazón	Pecho, pulmones, circulación, corazón, sangre (amor, curación, equilibrio, memoria akásica).
	ah (cat)	Garganta	Garganta, respiración, boca, tráquea, etc., (expresión creativa, clariaudiencia).
	aw (saw)	Plexo solar	Estómago, digestión, cerebro izquierdo, intestinos (inspiración, don profético, siquismo).

TABLA 3: CORRESPONDENCIAS VOCALES

Glifo vocal	Sonidos vocales*	Chakras**	Efectos de la energía cuando está activada
I	I (eye)	Bulbo raquídeo	Función cerebral equilibrada, claridad mental (mente sobre emociones, «Inteligencia del Corazón»).
	ih (bit)	Garganta	Garganta, respiración, boca, tráquea, etc., (expresión creativa, clariaudiencia).
E	ee (see)	Cejas	Cavidad craneal, senos nasales, cerebro, pituitaria glándulas (clarividencia, tercer ojo, visión espiritual).
		Corona	Sistema óseo, pineal, (conciencia crística).
	eh	Garganta	Garganta, respiración boca, tráquea, etc., (expresión creativa, clariaudiencia).
O	oh (note)	Bazo	Sistema muscular, reproducción, área del ombligo (creatividad, energía de reserva, emociones superiores).
	aw (saw)	Plexo solar	Estómago, digestión, cerebro lado izquierdo, intestinos (inspiración, poder, sensibilidad síquica).
U	oo (boot)	Base	Genitales, pelvis, parte inferior del cuerpo, circulación (vitalidad, vida, fuerza, kundalini).
	b (but)	Garganta	Garganta, respiración boca, tráquea, etc., (expresión creativa, clariaudiencia).

* Los sonidos de las vocales que se presentan son referencias genéricas. Ver Apéndice B para pronunciaciones fonéticas exactas.
** Para una aclaración mayor de lo que son los chakras y de cómo funcionan, ver el Apéndice C.
*** N. del T. Las pronunciaciones de las vocales y sus ejemplos se presentan tal como se encuentran en el original en inglés. Se recomienda verificar su sonido en inglés en Internet.

SIGNIFICADOS DE LOS SONIDOS

1. Determina cuál es la vocal principal en tu primer nombre.
2. Revisa el significado de esta como se describe en el capítulo dos.
3. Utilizando la tabla 3, determina cuál es el sonido de tu vocal principal.
4. Utilizando las descripciones de abajo, agrega la información del poder en el sonido principal de tu nombre, a la información de la vocal principal de tu nombre.
5. Lleva un registro de Conciencia y Poder del Nombre. Anota las ideas, significados, etc., importantes, para cada aspecto de tu nombre. Mientras lees las descripciones, vendrán a la mente ciertas ideas y experiencias que verificarán algunos aspectos de los elementos encontrados en tu nombre. Escribe estas también para una reflexión y meditación posterior. También puedes anotar cómo puedes usar el poder de tu nombre, una vez realizado, para corregir problemas en el futuro y evitar que vuelvan a ocurrir. También vendrán a la mente otras formas en que te gustaría usar tu poder. No importa cuán inverosímil puedan parecer, también escríbelas. Recuerda, al trabajar con nuestros nombres, estamos intentando despertar la magia que vive en todos nosotros, así que nada es inverosímil. Quizá no seamos capaces de hacerlo en este momento, pero estamos despertando a la posibilidad.

Lo que sigue es una descripción de los sonidos principales asociados con las vocales. Esto incluirá los efectos físicos y metafísicos de los sonidos. Si el sonido es uno que está asociado con tu vocal principal, te proporcionará pistas para tus lecciones y tus potenciales ocultos. Más adelante se explicarán varias técnicas que usan estos sonidos con el glifo de tu vocal y el significado de tu nombre para dar vida a tu energía más superior y por lo tanto darte poder a ti mismo.

Como regla general, la mayoría de las vocales largas son consideradas masculinas, mientras que las vocales cortas son femeninas. Todos somos una combinación de energías masculinas y femeninas. Lo masculino en nosotros es la energía afirmativa, eléctrica, iniciadora. Lo femenino es el aspecto receptivo, magnético e intuitivo. Si la vocal principal es masculina, esto puede indicar que has llegado a afirmar tu esencia en una forma única. Si es femenina, esto puede significar que has llegado a despertarla y a absorber la esencia en tu vida.

Lo masculino puede ser un catalizador y lo femenino es un generador de vida. Encontrar formas para equilibrarlos en nuestras vidas es parte del proceso de crecimiento. Reunir los aspectos masculino y femenino de nuestras vidas es lo que resulta en el nacimiento del Niño Santo que reside en cada uno de nosotros. Este es un principio creativo que opera en el universo en todos los niveles, no solo en un nivel físico y biológico. Por consiguiente, la masculinidad y femineidad de las vocales no refleja si eres más masculino o más femenino en la vida física. Esto proporciona pistas que te permiten participar en el proceso creativo que dará nacimiento a ti mismo, mediante la activación de más de las energías masculinas y femeninas.

Los sonidos de las vocales principales proporcionan pistas para las habilidades que el individuo ha llegado a desarrollar y las debilidades que podrían necesitar superarse. Comprender esto puede ayudar a entender muchas de nuestras circunstancias de vida «mal entendidas» previamente.

Los sonidos de la A

La A larga (como en «ay»)

El sonido de la *a* larga es uno que activa el chakra del corazón, el cual es un centro para el amor superior. Es el centro de equilibrio de todos los chakras y corresponde al elemento Éter, como se dijo previamente. Ayuda a enlazar nuestra conciencia intuitiva con nuestra conciencia física normal. Establece un puente entre lo inferior y lo superior.

En un nivel físico está ligado con el corazón y la glándula del timo. Dirige los sistemas circulatorio e inmune. Tiene relación con la asimilación de todos los nutrientes y con todas las enfermedades de la infancia y del corazón. Si se encuentra equilibrada y activada apropiadamente —una tarea lograda con mayor facilidad por aquellos con este sonido en su nombre— uno puede obtener dominio del sistema inmune y de la glándula timo.

Este es un centro para despertar la compasión y aquellos con este sonido en su nombre principal encontrarán algo para ser desarrollado o expresado. Esto se puede usar para despertar formas superiores de sanación.

Existen debilidades que todos debemos superar en nuestros caminos a la iluminación, al igual que habilidades que necesitamos obtener. Los sonidos de la vocal principal proporcionan pistas acerca de cuáles habilidades y debilidades serán predominantes durante esta encarnación.

La *a* larga como sonido principal de la vocal puede indicar que el individuo podría tener que superar la inseguridad, la posesividad y el miedo. La persona puede darse cuenta que necesita autoconfirmación y reconocimiento en todas las cosas. Esto también puede reflejar lecciones sobre el falso orgullo. También indica que el individuo tendrá oportunidades para desarrollar un intenso sentido de seguridad y gran compasión. Surgirá la ocasión para despertar la devoción, el idealismo superior y una mayor veneración. La crianza se volverá un aspecto importante, y también surgirá la oportunidad para despertar las energías y habilidades de sanación.

El equilibrio en todos los aspectos de la vida con frecuencia es puesto a prueba por aquellos con esta vocal principal. Esto a menudo se refleja a través de las relaciones, ya sean buenas o malas, así que se manifestará el aprender a mantener el equilibrio en todas las cosas. El Éter incluye a todos los elementos y por lo tanto el equilibrio también incluirá todos los aspectos de la vida del individuo. De esta manera aprendemos a exhalar vida en todos los elementos de nuestras circunstancias de vida.

La A corta (como en Pat)

El sonido de la *a* corta es uno de los cuatro sonidos que están muy cercanos a activar todos el chakra de la garganta. Los otros son la *i* corta, la *e* y la *u*. Este es un centro para la expresión creativa y la comunicación superior y está asociado con el don de la telepatía y la clariaudiencia.

En un nivel físico, este chakra está ligado a las funciones de las glándulas tiroidea y paratiroidea. Controla gran parte del sistema respiratorio, en particular las funciones de los bronquios y afecta a todo el aparato vocal. Cuando se despierta y se equilibra apropiadamente, se alivian las enfermedades de la garganta y los bronquios, y se fortalece el sistema inmune, en especial por aquellos cuya vocal principal tiene este sonido.

Las enfermedades y los problemas sicosomáticos con frecuencia son parte de las personas que tienen este sonido de vocal, ya sea ellos mismos o aquellos a su alrededor. Por consiguiente, aprender a no suprimir el yo es una lección importante para aquellos con este sonido.

Este centro de los chakras en ocasiones se denomina como el centro cornucopia. Dependiendo del enfoque de la persona, tiene la capacidad de manifestar ya sea abundancia de alegría o pesar, satisfacción personal o carencia de ella.

Este centro necesita ser activado para enlazarse con los «cuerpos» más espirituales o bandas de energía que rodean a lo físico. Si no opera apropiadamente, no existirá un enlace con esas energías más espirituales, que entonces comenzarán a atrofiarse. En consecuencia, el envejecimiento se acelera y el proceso degenerativo avanza. Aquellos con este sonido de vocal necesitan trabajar con algo de una naturaleza creativa o esta atrofia tendrá más posibilidades de ocurrir. Este centro, y por lo tanto esta vocal, controla la sabiduría y la expresión creativa superiores en todas las formas.

Los individuos con este sonido de vocal —o aquellos con la *i* corta, la *e* y la *u*— necesitan condiciones y periodos pacíficos en su vida diaria. Habrá una tendencia en tales individuos a aferrarse a las viejas formas de hacer las cosas. Podrían darse cuenta que necesitan reglas y supervisión. Podría haber una necesidad de encargarse de controlar la dominación, ya sea en ellos mismos o en otros. Y con frecuencia existe un conflicto entre un deseo intenso por estar contento y las condiciones tensas y la «emoción» del descontento.

El dogmatismo y sus desequilibrios con frecuencia son una lección para aquellos con este sonido. De hecho, puede haber una tendencia hacia el ultraconservadurismo. Podría parecer que hay una incapacidad para manifestar cosas en su vida, y son comunes las lecciones de eficiencia, envidia y descuido.

Por otro lado, existe una amplia oportunidad para desarrollar y acrecentar habilidades poderosas. La iniciativa, la inspiración y la intuición son bastante frecuentes en estos individuos. Pueden ser clarividentes y visionarios, con una capacidad para abrir y leer los Libros Akásicos del Conocimiento. Estos individuos también tienen una habilidad innata para sintonizarse con los ritmos ocultos de los mundos interiores. Ahí se encuentran muchas oportunidades para desarrollar y realizar sus habilidades interiores ocultas y también para develar lo mismo en otras personas. El instinto creativo es fuerte y puede ser aplicado a todas las situaciones y campos del comportamiento para aquellos deseosos de hacer el esfuerzo.

La A como en «aw» (Paul, Margaret)

Este sonido para la *a* es similar al sonido para la *o* corta, como se explicará más adelante. Ambas se aplican al chakra del plexo solar, y aunque son diferentes, la diferencia es mínima en los sonidos. Lo que es importante es que el sonido aquí es incluso más poderoso que la *o* corta. Cuando la vocal principal es una *a* con este sonido, los efectos se intensifican.

Con este sonido de la vocal *a*, el poder del plexo solar se enlaza con el corazón y la garganta para una mayor expresión en nuestra vida. Desde luego, esto puede manifestarse ya sea de una manera benéfica o perjudicial.

Hemos hablado de las vocales siendo masculinas y femeninas en relación con sus sonidos. Esta *a* es el sonido de las energías masculinas y femeninas uniéndose con gran fuerza creativa. Ya sea que esa fuerza se disipe o se use para concebir mucho en la vida del individuo es algo que depende enteramente de la decisión del individuo. Es la energía de lo masculino uniéndose con lo femenino para dar a luz. El área del plexo solar era un área del cuerpo que los antiguos esenios denominaban como el «pesebre», el lugar donde el Santo Niño nació. Esto tiene gran importancia para aquellos con este sonido y esta vocal detrás de ello.

En el cuerpo físico el plexo solar está ligado con el estómago, el diafragma inferior, el hígado, la vejiga urinaria, el páncreas, etc. Es mediador de la actividad del área izquierda del cerebro y toda la actividad mental en relación con el cuerpo físico. Las emociones son integradas dentro del alma a través de este chakra, así que esto incrementa y activa la intuición básica en aquellos cuyos nombres tienen este sonido. El plexo solar es ese centro para la actividad síquica conocida como don profético o presentimientos o corazonadas.

Este centro controla el sistema digestivo, así que es importante que los individuos con este sonido como su sonido principal tengan un cuidado adicional con una digestión apropiada. Los glóbulos blancos y la asimilación de nutrientes también son afectados por esto.

Este sonido con frecuencia indica lecciones para equilibrar el enojo y el resentimiento. La compulsión, un temor de pérdida y un sentimiento de no ser reconocido, son aspectos de los que se deben encargar aquellos con este sonido. También se puede manifestar retraimiento y tendencia al dogmatismo, la criticonería y el acoso. Con frecuencia hay una necesidad de equilibrar las inseguridades con una mayor confianza en sí mismo. A menudo los individuos con este sonido se darán cuenta que se encuentran en la postura de defender puntos de vista estrechos, ya sea suyos o de otros.

Este sonido les proporciona a los individuos la oportunidad de desarrollar con mayor facilidad ciertas habilidades. De nueva cuenta, se debe recordar que con frecuencia las habilidades se manifiestan mediante la superación de una debilidad. La habilidad de la voluntad solo es una de las que prevalecen entre aquellos con este sonido. La habilidad y el poder para manifestar también es inherente.

El juicio crítico —sí ser un criticón, quisquilloso— es una lección que es común para muchos con este sonido y vocal. La flexibilidad y la novedad en la percepción a menudo también se manifiestan. La claridad mental se desarrolla durante las experiencias diarias, la experiencia es una maestra muy poderosa para aquellos que se encuentran en esta categoría. Este sonido y vocal le proporcionan a uno el poder para conseguir gran éxito y fama, si se usan de una manera creativa.

Sonidos de la I

Hay un sonido de *i* largo y un sonido de *i* corto. También hay un sonido de la *i* cuando se usa con otra vocal, con mayor frecuencia la *e*. Cuando la *i* se coloca a un lado de la *e* en un nombre, la *i* por lo general pierde su energía de individualidad y en lugar de ello se expresa a través del incremento de las energías de la *e*. En nombres como Kath*ie* y Sus*ie*, la *i* es muda, y la *e* adquiere un sonido largo. Utiliza la descripción de la *e* larga como fundamento en tales casos y recuerda que la *i* con la *e* intensifica los efectos. En ocasiones la *i* tiene el sonido largo sin tener la *e* presente, como en Bobbi o Candi.

En estos casos, usa el sonido de la *e* larga como fundamento para comprender cómo los fuegos de la *i* se manifestarán en tu vida, o usa la información en el nombre específico en la Parte Dos como un medio para comenzar a comprender.

La I larga (como en Irene, Elisa)[3]

El sonido de la *i* larga no está asociado con ninguno de los siete centros de chakras mayores. Está asociada muy intensamente con uno que ayuda a establecer un puente con los cuatro chakras superiores. Es un sonido que activa lecciones en la vida asociadas con un punto de chakras menor, localizado en el tallo cerebral.

---

3 N. del T. Las pronunciaciones de los nombres y de las vocales se encuentran en inglés. Se recomienda verificar su sonido en inglés en Internet.

Este sonido, y por lo tanto aquellos nombres con él, implican aprender a mantener la claridad mental. Esto activará lecciones para controlar las emociones mediante la mente. Con frecuencia puede reflejar la continuación de lecciones comenzadas durante las épocas atlantes o egipcias, en las cuales el despertar de este chakra se conocía como el Despertar la Inteligencia del Corazón. La mente y el corazón trabajaban juntos para proporcionar una expresión mayor de energías creativas en nuestra vida. Esto implicaba aprender a equilibrar las emociones.

Inherente a este sonido está la lección de devoción y dedicación, que nos impulsa a mantener el equilibrio. Esto refleja lecciones de aprender a superar la discordia, no solamente mediante el amor emocional ni solo por el pensamiento racional, sino por ambos procesos. Tiene que ver con aprender que existe abundancia en todas sus formas en el universo, y esta tiene una capacidad de ser expresada en nuestra vida, si se le permite desarrollarse. Implica aprender a superar la melancolía y a desarrollar la alegría.

En su nivel más elevado puede despertar la verdadera disciplina y comprensión espirituales. Esto activa formas superiores de intuición y manifiesta muchas oportunidades durante nuestra vida para superar los miedos ocultos. Lo ayuda a uno a comprender la importancia de las restricciones y puede abrirlo a uno a la comprensión de los procesos de vida y muerte, y no solo en el nivel físico.

Los individuos con esta como su sonido principal encontrarán lecciones de confidencialidad, impaciencia, superstición y fe. Esto puede significar que los individuos deben aprender a caminar por ellos mismos, con la fe de que todo va a salir bien. Le proporciona a uno la oportunidad para perfeccionar los puentes entre lo físico y lo espiritual. Le da a uno la oportunidad para controlar todos los aspectos de su vida o bien de ser controlado por ella. Refleja aprender lo que Rudolph Steiner menciona como «sujetando la serpiente de la sabiduría por el cuello». Implica aprender a controlar todas las energías en todos los niveles y dirigirlas a donde desees que vayan, en lugar de permitirles dar vueltas y divagar en el desarrollo y despertar.

En el nivel físico, tiene que ver con las funciones del bulbo raquídeo en el cerebro. También tiene que ver con coordinar las funciones y actividades de las secciones anteriores, medias y delanteras del cerebro. Esto es simbólico de coordinar las energías y actividades del cuerpo, la mente y el alma. Estas son las tres llamas de nuestro fuego espiritual, siendo el Fuego el elemento asociado con la letra *i*.

La I corta (como en Bill, Phillip, Phyllis)

La *i* corta —como la *a*, *e* y *u* cortas— está ligada con las energías, pruebas, lecciones y habilidades asociadas con el chakra de la garganta (revisa lo que se ha escrito acerca de la *a* corta). La *i* corta también activará el chakra de la garganta, pero esto no significa que su sonido es idéntico a aquellos otros sonidos vocales que activarán este mismo chakra.

La *i* corta proporciona más fuego a la expresión creativa en el chakra de la garganta. La *i* es una letra del elemento del Fuego. El Fuego es creativo y destructivo. Consume la escoria para revelar el oro debajo. Por consiguiente, las lecciones asociadas con el chakra de la garganta con frecuencia son intensificadas por aquellos con este sonido de vocal.

Los fuegos de la expresión creativa se mueven a altas temperaturas y si no son canalizados apropiadamente, pueden ser expresados en pasiones insatisfechas. Las enfermedades sicosomáticas pueden ser un problema, pero curarlas en uno mismo o en otros con frecuencia es más dramático. Por lo general hay un poderoso, aunque incomprendido, impulso para encontrar algo que resulte satisfactorio en nuestra vida, y esto puede manifestarse en circunstancias de vida que ponen a prueba la habilidad de uno para ser estable y satisfacer las obligaciones normales mientras todavía se busca lo mejor.

Una de las lecciones principales para aquellas personas con este sonido es el reconocimiento de que nuestro crecimiento y desarrollo no ocurre en situaciones artificialmente inventadas, sino a través de las actividades cotidianas normales y nuestra infusión de fuego en ellas. Con frecuencia parece ser, al menos hasta que alguna forma benéfica de expresión creativa se encuentre, un conflicto entre el impulso por la satisfacción plena y por el cambio, y una vaga sensación de vacío.

Aquellos con este sonido, así como todos con los sonidos de la *i*, tienen una tremenda habilidad de sanación. Utilizar la expresión creativa como una modalidad de sanación es importante. Trabajar con sonidos, música, voz, asesoría espiritual, enseñanza o expresiones vocales de cualquier tipo, es muy benéfico. Muchos de aquellos con este sonido tienen una capacidad para activar el chakra de la garganta mediante la conversación y la entonación de la voz para crear un impacto curativo tremendo en aquellos con los que entran en contacto. Es sencillo para otros hablarles y por lo tanto abrirse para ser curados por ellos.

Los sonidos de la E

La E larga (como en Gene o Eve)

El sonido de la *e* larga le proporciona al individuo la oportunidad de activar dos centros de chakras, el de las cejas (el tercer ojo) y el de la coronilla. Ambos son centros de la cabeza e incluso el sonido de la *e* corta es de la parte inferior de la cabeza y la garganta. Por consiguiente, los chakras para la *e* serán uno de los tres superiores. Todos ellos reflejan lecciones y habilidades para el despertar y el uso de la mente superior. En la discusión del glifo para la letra *e*, asignamos el elemento del Aire, el cual refleja las energías mentales o las energías de la mente superior.

El centro de chakras de la ceja está ligado a la glándula pituitaria, la base de las energías femeninas en el cuerpo, el lado intuitivo e imaginativo. El chakra de la coronilla está ligado con la glándula pineal, a la cual los antiguos esenios le denominaban el centro del Sol, el centro de las energías masculinas. De nuevo tenemos lo masculino y lo femenino. Cuando estas se unen dan nacimiento a una expresión creativa en alguna forma. El chakra de la garganta es la base de la expresión creativa. Por consiguiente, comenzamos a comprender el poderoso significado y potencial de la e. Esta, junto con el sonido «aw» de la *a*, proporciona a aquellos con este sonido con oportunidades para equilibrar y unir las energías masculinas y femeninas para darle un nuevo nacimiento a su vida y al desarrollo de su alma. Todos están asociados con la cabeza, la cual proporciona entendimiento en las enseñanzas ocultas de la mente, lo cual está en el corazón de lo que se manifiesta en nuestra vida física.

El chakra de las cejas es la base de nuestra conciencia consciente. Esta actúa de mediador de las energías de nuestro yo espiritual en la conciencia física. Es el centro que nos ayuda a aprender a vivir libres de las expresiones de energía negativa del miedo y la vulnerabilidad. Este centro equilibra los hemisferios del cerebro para una mayor utilización del potencial. Es un centro para la espiritualidad superior, la visualización, la imaginación y la visión creativas. Está relacionada con la comprensión poderosa, la clarividencia y la intuición.

En el cuerpo físico el chakra de la corona está conectado con la glándula pituitaria y las funciones de todo el sistema endocrino. Afecta las sinapsis del cerebro, los senos nasales, los ojos, los oídos y el rostro.

Aquellos que tienen el sonido de la letra *e* en su nombre pueden sentirse envidiosos de los talentos de otros, impacientes, olvidadizos, indisciplinados y sensibles en exceso de las impresiones de otros. Trae consigo lecciones sobre usar el poder para fines personales y problemas asociados con evitar pruebas y crecimiento. El temor a la oscuridad y lo desconocido puede ser intenso en los niños con este sonido de vocal. Aprender a no martirizarse a uno mismo ni a menospreciar a otras personas puede ser parte de la lección para desarrollar este centro.

Los individuos pueden tener que afrontar sentimientos de ser mal entendidos. Esto por lo general es el resultado de una aparente incapacidad para tener relaciones duraderas. También puede ser una manifestación de imaginaciones intensamente eróticas, un deseo de dominar y aplastar a otros, y puede manifestar oportunidades para enfrentarse con imágenes negativas de uno mismo y la necesidad de sentirse popular.

Puede manifestarse una necesidad de remediar el soñar despierto, el autoengaño y la autonegación. También puede haber experiencias de falta de ternura y compasión, con nosotros mismos o con otros. Ambas situaciones requieren que uno acepte esto.

Este centro le proporciona a aquellos que lo activan una comprensión superior, paciencia e intuición, y puede abrir los misterios del nacimiento y la muerte. Estimula la iniciativa y la visión del futuro, con una habilidad para manifestar lo que se visualiza. La intuición y las aspiraciones son intensas pero pueden ser debilitadas por la ineficiencia y el temor al futuro. Despierta habilidades y lecciones de decisión, y lo abre a uno para iniciar el proceso de la alquimia interior. Por lo general existe un impulso para corregir lo erróneo y una habilidad innata para defender al débil. Es esa energía maternal protectora a la que se le está afirmando. Aquellos cuyo nombre tiene este sonido pueden crear una manifestación equilibrada de comprensión y sabiduría superiores.

También hace más fácil (si es desarrollada) la apertura del chakra de la corona y la manifestación de sus energías. El chakra de la corona enlaza nuestra esencia divina en su forma más verdadera con nuestra conciencia física. Requiere muchas vidas de evolución concentrada para volverse consciente de la conexión de energía entre los dos y para utilizarlos al máximo. No obstante, todavía podemos experimentarlo en diversos grados, y aquellos cuya vocal principal del nombre tienen el sonido de la *e* larga han venido a hacerlo así de alguna manera.

Cuando se estimula apropiadamente, este sonido nos alinea con todas las fuerzas superiores del universo, y puede purificar todas nuestras energías, tanto sutiles como físicas. Este es el centro de nuestra espiritualidad más elevada y con frecuencia se conoce como el Centro de Conciencia del Cristo Cósmico. Es nuestro enlace con la Divinidad en el universo.

Este sonido también abre la puerta para manifestar algunas habilidades y potenciales poderosos. La imaginación creativa se puede aplicar con eficacia en todas las situaciones y asuntos. Existe una habilidad y potencial tremendos para la transformación y para la restauración del orden. Se puede desarrollar un verdadero sentido del encanto. Muchos de estos individuos tienen un verdadero sentido para maravillarse de todo y de todos en la vida. Hay una habilidad maravillosa para encender los fuegos espirituales en otros, ya que todos estos individuos son instintivamente místicos.

Estas lecciones asociadas con ambos chakras se manifestarán en algún grado en las vidas de aquellos cuya vocal principal tiene el sonido de la *e* larga. Esto puede ser difícil porque, a diferencia de los otros sonidos de vocales, este afecta dos chakras en lugar de solo uno. Esto es por lo general una indicación de que los individuos han hecho algún trabajo preparatorio intenso en vidas previas o han venido a esta para asegurar que se abrirá para ellos un territorio nuevo. Esto trae un aprendizaje acelerado y por lo tanto también puede manifestar recompensas amplificadas.

La E corta (como en Betty, Fred)

La *e* corta es un sonido que se encuentra en muchos nombres, y tiene sus lecciones y potenciales únicos. Como con el sonido de la *a* corta, la *e* corta también activa el chakra de la garganta. Este es un centro de creatividad superior. Como se mencionó, todos estos sonidos pertenecen al área de la cabeza y la mente. El chakra de la garganta, activado por el sonido de la *e* corta, puede permitirle a uno expresar las inspiraciones e ideas de la mente superior. Le permite a uno sacar los pensamientos del reino etéreo de la mente en la manifestación física.

El chakra de la garganta activado por los nombres con este sonido tiene muchas de las lecciones que se encuentran en los sonidos de la *a* corta. No obstante, esto tiene sus diferencias. Hay más lecciones concentradas en comunicación y en estar con los pies en la tierra. Con frecuencia hay tanta inspiración que la discriminación es muy importante. Con frecuencia estos individuos se mantienen tratando de desarrollar su intuición y sus habilidades síquicas, y no se dan cuenta que con frecuencia llegan a este mundo con tales habilidades ya activas. A menudo buscan formas de «encender las luces» —ya que con frecuencia han escuchado a otros describir la experiencia— y no se dan cuenta que las de ellos ya están encendidas.

Las lecciones acerca de mantener los pies en la tierra también son importantes y prioritarias. Los individuos con este sonido en sus nombres a menudo son acusados de «estar en otro mundo» o de «distraídos». Su perspectiva de la vida con frecuencia es única, y tiene que ver con la inspiración creativa con la que están tan abiertos.

Aquellos con este sonido tienen un don inherente, de comunicación verbal o artística, sin embargo a menudo son demasiado sensibles a las críticas. Al mismo tiempo, frecuentemente tienen que aprender a no ser demasiado criticones de otros. Los nombres que tienen este sonido como su vocal principal llegan a esta vida con el chakra de la garganta activo, dando expresiones de mayor fuerza y poder. Esto significa que sus palabras serán sentidas con más fuerza por otros. Las cosas que se dijeron más amorosamente se sentirán con mayor intensidad. Las cosas dichas tajantemente cortarán más profundamente. La fortaleza en silencio es con frecuencia una prueba para estos individuos.

Este es un sonido que abre el conocimiento de los reinos superiores para aquellos dispuestos a trabajar por ello, sin embargo, tendrán que aprender la habilidad para establecer diferencias en ese conocimiento (lo que es real, qué es una ilusión, etc.). La búsqueda del conocimiento superior para aquellos con nombres con este sonido traerá consigo pruebas únicas y situaciones de aprendizaje. Para que el conocimiento más elevado se manifieste será necesario para ellos poder probar de forma independiente su conocimiento e intuición, al tiempo que se le da a esto el respeto y la devoción apropiados.

Aprender a estar de acuerdo con las dudas y miedos es una lección de suma importancia para aquellos con este sonido. Afrontar supersticiones y negatividad, autoimpuesta o de otro tipo, ocurrirá a menudo en varios puntos en su vida. El conocimiento significa romper con los viejos patrones y afirmar la voluntad de uno para expresar ese conocimiento en una manera creativa. Para que esto ocurra, estos individuos a menudo tienen que darse cuenta que hay tanto por desaprender como por aprender.

Existe una necesidad para desarrollar un desapego de los deseos de la personalidad, y las lecciones que rodean los deseos con frecuencia son las más difíciles. Hacer lo que uno siente que debe hacer es parte de esta lección, incluso si esto significa desconectarse de la tendencia dominante de la sociedad. Aprender a desarrollar una confianza en el futuro con frecuencia también es una lección. Esta confianza se desarrolla mediante un conocimiento mayor. Aprender a no perderse en las miserias de uno y superar las dudas, la apatía, el miedo al futuro y la actitud de «saberlo todo» son algunas de las lecciones inherentes en este sonido.

Por otro lado, esto te permite abrir los niveles más profundos del subconsciente para así limpiar los miedos y los «demonios» internos. Esto puede darle a uno acceso al conocimiento de todas las acciones, tanto pasadas como presentes. Esto puede ser revelado y traído a la conciencia plena por aquellos dispuestos a hacer el esfuerzo. Le proporciona a uno una habilidad innata para utilizar el conocimiento para el beneficio o detrimento de uno mismo o de otros. La elección está siempre ahí. Proporciona una habilidad de sanación inherente que puede desarrollarse, en particular en relación con problemas emocionales. Esto nos da iluminación e intuición.

Este sonido en el nombre lo liga a uno con la fuerza de voluntad y la creatividad. Puede abrir los secretos de la generación y la regeneración. Puede abrirlo a uno al verdadero poder del sonido como una fuerza dinámica en el universo.

Los sonidos de la O

Todos los sonidos de la *O* tienen que ver con los tres chakras inferiores. Estos son centros poderosos y trabajan con la fuerza de vida básica en un grado o en otro. No son menos importantes o poderosos que los superiores. Superior e inferior denotan un desarrollo jerárquico pero en este caso denotan una ubicación en el cuerpo físico. El sonido largo está asociado con el chakra del bazo, y el sonido corto de la *o* está asociado con el chakra del plexo solar, el cual se ha mencionado en cierto grado en relación con el sonido «aw» de la *a*. Un tercer sonido de la *o* será explicado en la sección acerca de la *u* larga. Cuando dos *o*, o bien una *o* y una *u* están juntas en un nombre (como en Doone o Lou), la *o* adoptará el sonido de la *u* larga. Ver su descripción ayudará. Los nombres específicos con la vocal *o* y el sonido *u* serán explicados en la parte dos.

La O larga (como en Joseph, Rose)

Los nombres con el sonido de la *o* larga estarán trabajando con las energías, lecciones y potenciales del chakra del bazo. Esto implica todas las energías asociadas con el elemento del Agua, como se mencionó previamente. Esto incluye las emociones, el equilibrio de polaridades, el acceso al plano astral, la creatividad, la sensibilidad y la sexualidad.

Este chakra es nuestro centro de sensación, un centro para nuestras emociones y nuestras fuerzas de energía de reserva. Trae consigo lecciones acerca de la integración de emociones y su expresión en niveles más elevados. Trae oportunidades para sanar emociones y los problemas físicos agravados por ellas. Aquellos con este sonido con frecuencia tienen una fuerte habilidad de sanación instintiva.

En el cuerpo físico este sonido está relacionado con las glándulas suprarrenales y los órganos sexuales. Trabaja íntimamente con el sistema reproductivo y también con el sistema muscular. Afecta las funciones de todos los órganos que rodean el área del bazo en el cuerpo. Es un centro que trabaja para la desintoxicación del cuerpo. Cuando está abierta y equilibrada de forma apropiada, alivia las enfermedades sexuales y los problemas de infertilidad. También alivia las enfermedades artríticas que provienen de una deficiencia de proteína y el anquilosamiento general del sistema esquelético. Alivia todos los problemas relacionados con el estrés debido al enojo internalizado.

Aprender a equilibrarlo mediante la expresión creativa apropiada es parte de la lección para aquellos con este sonido en su nombre, junto con el desarrollo de la habilidad para integrar las emociones. La mayoría de las lecciones implican el equilibrio de las polaridades del cuerpo, la mente y el alma. Los doce pares de opuestos mencionados en relación con el glifo de la *o* generalmente son una parte de ello.

El egoísmo, la arrogancia, la soberbia y la superficialidad con frecuencia son una lección, ya sea con el individuo o en aquellos a su alrededor. Aun así se debe afrontar esto. Preocuparse acerca de lo que otros piensan es algo que puede surgir. Por lo general existe un intenso deseo de pertenecer a grupos y un gran gusto por el contacto social. Estos individuos pueden ser muy ostentosos y desconfiados.

Las energías sexuales por lo general son muy prominentes. Pueden ser muy intensas o pueden manifestarse con poco impulso sexual. Equilibrar esta polaridad es parte de la lección de este individuo. La posesividad, la introversión o extroversión, el exceso de emotividad, la impaciencia, la ociosidad y la impulsividad son todas lecciones que debe uno afrontar. La lujuria, la impureza y la energía sexual obsesiva también podrían necesitar ser solucionadas en algún momento por aquellos con este sonido en su nombre.

Por otro lado, este chakra da la oportunidad para manifestar poderosos dones y potenciales. Puede desarrollarse una sensación de independencia y conciencia de uno mismo. Son notables las sensaciones síquicas e intuitivas extremadamente fuertes. Los individuos con este sonido tienen una habilidad innata por trabajar y usar el estado de sueño para el conocimiento, la iluminación y la solución de problemas. También está presente la habilidad para las proyecciones astrales conscientes.

También hay con frecuencia un fuerte lazo con el reino natural. Aprender a trabajar con los duendes, hadas y espíritus de la naturaleza es algo para lo que tienen facilidad aquellos con este sonido, si están dispuestos a trabajar en ello. Existe con frecuencia una tremenda cantidad de aprendizaje que tiene lugar mediante las relaciones, y muchos individuos con este sonido tienen dificultad para equilibrar las relaciones hasta que encuentran el equilibrio en ellos mismos.

Por lo general hay disponible una energía artística muy fuerte, y cuando ellos son positivos y optimistas, esto tiene repercusiones en todos y en todo lo que está a su alrededor. Las energías de sanación son muy fuertes y la espontaneidad y la expresividad innata pueden hacer de la vida una aventura y un gozo para aquellos que se encuentran alrededor de tales individuos. Ellos pueden sentir los sentimientos de otras personas y pueden estimular el amor y el idealismo si así lo desean.

El sonido de la O corta (como en Bob, Donna)

El sonido de la o corta se relaciona con el chakra del plexo solar y las lecciones y habilidades asociadas con este. Como se mencionó con el sonido «aw» de la *a*, el plexo solar es un centro poderoso. Es el «pesebre» en el cual el Santo Niño dentro de nosotros puede nacer.

En el cuerpo físico se encuentra relacionado con el sistema digestivo, y aquellos con este sonido necesitan ser muy cuidadosos con respecto a una dieta. Afecta las funciones del páncreas, el hígado, la vejiga urinaria, etc. También está relacionado con las funciones del hemisferio izquierdo del cerebro, el lado lógico. Aquellos con este sonido pueden encontrar lecciones relacionadas con esta función del cerebro: ya sea que exista una desconfianza del lado intuitivo o que pueda haber una tendencia hacia la «ligereza», o la falta de sentido de la lógica o del sentido común.

El desarrollo del sentido común por lo general es una lección para aquellos con esta vocal. El plexo solar controla la clarividencia, nuestras percepciones síquicas, lo que generalmente se considera como el «sexto sentido». Sin embargo, este es un nombre erróneo. En realidad hay siete sentidos, los cinco sentidos físicos (gusto, tacto, olfato, oído y vista), y el sexto sentido, el sentido común, que es aprender a integrar lo que es aprendido a través de los otros cinco sentidos para el mejoramiento de nuestra vida. Esto entonces conduce al desarrollo del séptimo sentido, la intuición.

Muchas de las lecciones y habilidades asociadas con el sonido «aw» de la *a* como se mencionó previamente, también se aplican a la *o* corta. Junto con estas hay lecciones sobre impaciencia, ser demasiado crítico, ser alejado y siempre estar planeando pero nunca manifestando. Si se activa de forma apropiada, esto desarrolla habilidades maravillosas para el individuo.

Aquellos con este sonido pueden desarrollar una facilidad para el aprendizaje. Para estos individuos es importante un fuerte sentido de veracidad. Hay una habilidad innata para comunicar y se puede manifestar un intenso sentido de ser práctico. Existe el potencial de tomar incluso lo más abstracto y las ideas extrañas y hacerlas prácticas en algún grado.

Por lo general, hay un fuerte sentido de idealismo en algún área de la vida de esta persona. Al mismo tiempo con frecuencia se manifestarán lecciones relacionadas con lo que funciona para ellos como individuos pero no para otros. Generalmente tienen que darse cuenta de que lo que funcionó para ellos pudiese no funcionar para otros. Aquí está implicada la lección de reconocer que todos somos únicos y que debemos vivir nuestras vidas en formas únicas.

Hay una habilidad para prosperar mediante la visualización y el enfoque apropiado de la mente. Estos individuos tienen imaginaciones excelentes. En ocasiones, se van hasta los extremos con sus imaginaciones, pero es una habilidad maravillosa. Si se aplica correctamente puede poner en acción para ello las Leyes de la Manifestación. Tienen un conocimiento instintivo del funcionamiento de la Ley de Causa y Efecto. Con el poder de sus mentes, necesitan concentrarse en lo positivo, porque sus pensamientos intensifican y manifiestan todo aquello en lo que se concentran.

Hay una habilidad para una gran prosperidad mediante el conocimiento. También tienen una habilidad para permitirles a otros prosperar. Con frecuencia eligen vidas en las cuales puedan efectuar cambios y establecer oportunidades para familiares y amigos en y mediante las circunstancias normales de la vida. Con frecuencia eligen vidas en las que pueden ayudar a otros a dar nacimiento a su Niño Santo. Por consiguiente, quizá no parezcan llevar una vida muy glamorosa, pero el poder para afectar a otros está ahí, incluso si no se ha reconocido. A veces no necesitan aceptar la idea de que aunque pueden tener una visión muy amplia, ellos no siempre parecen tener. Cuando ellos no «tienen» por lo general es porque se están negando a ellos mismos. El optimismo es una característica importante de estos individuos. Tienen que llegar a ser catalizadores en las vidas de los demás, proporcionándoles oportunidades para cambiar sus vidas y dirigirse a nuevas direcciones. Al permitirles a otros transformarse, estos individuos se transforman ellos mismos al nivel del alma, lo cual inicia el proceso espiritual de encender el Cuerpo de Luz, el tejido del Traje de Bodas de Oro, que proporciona acceso a los planos espirituales.

Los sonidos de la U

El sonido de la U larga (como en Hugh, Ruth)

El sonido de la *u* larga está ligado con el chakra base y sus energías y lecciones. Aquellos que tienen este sonido en su nombre principal afrontarán estas lecciones de alguna forma o de otra. También existe la oportunidad para desarrollar el potencial de energía asociado con este chakra para mejorar nuestra vida.

El chakra base se localiza en el área del coxis, en la base de la espina dorsal. Está ligado a nuestra fuerza de vida básica, los testículos y los ovarios, y trabaja para la asimilación y distribución de nuestra fuerza de vida básica. También está relacionado con el sistema reproductivo y el sistema circulatorio. Afecta las energías de la pelvis, las caderas y las extremidades inferiores.

El chakra base es el mediador de la energía promotora de la vida. Es un centro muy relacionado a los talentos y habilidades desarrollados en vidas pasadas. Es el asiento del kundalini, la serpiente de la sabiduría que cuando es despertada produce iluminación. Los chakras fueron asociados primero con la diosa llamada Kundalini. Ella es descrita como una serpiente dormida enrollada tres y media veces alrededor del primer chakra en la base de la espina. Su nombre proviene de la palabra *kundala*, que significa enrollada.

«En la tradición hindú esta diosa, cuando es despertada, trepa hacia arriba, chakra tras chakra, hasta que alcanza el chakra de la corona en la parte superior de la cabeza. Conforme penetra cada chakra, produce un despertar al sujeto. Cuando se completa su jornada, se dice que el sujeto está completamente iluminado» (Anodea Judith, *Las ruedas de la vida*, pág. 36).

El chakra base da lecciones respecto al poder y la agresión. Esta puede ser en nosotros mismos o en otras personas. Cuando está desequilibrado, puede volverlo a uno agresivo, consciente de su poder, obsesivo sexualmente, impulsivo, manipulador y dominante. Pueden surgir lecciones que tienen que ver con el miedo, la preocupación, la ansiedad y la desorientación general, las cuales tienen que afrontar los individuos con este sonido.

La imprudencia y una incapacidad para reconocer las limitaciones también puede reflejar lecciones de este sonido. Estos individuos podrían buscar y necesitar la aprobación de los demás. Pueden estar enfocados totalmente en el presente y ser inconscientes del pasado o el futuro. El ser excesivamente práctico puede disipar la intuición natural de esta persona.

Por otro lado, si el sonido se utiliza de forma apropiada, puede estimular una mayor diferenciación y discernimiento. Esto producirá una mayor energía y vitalidad física. Puede despertar una fuerte habilidad y energía síquica. Se puede desarrollar una espontaneidad lo cual agregará colorido a sus vidas. Inherente en todos los individuos con este sonido está una impresionante habilidad para sanar. Si esta se desarrolla ellos pueden estimular su propia fuerza de vida y usarla para equilibrar la fuerza de vida física de los demás. Se puede usar para restaurar la homeostasis para el metabolismo de otros.

Es sencillo para aquellos con este sonido ser «uno» con la Tierra y sus elementos. Trabajar con elementos de la naturaleza es esencial para estos individuos. De hecho, lo mejor que pueden hacer para su salud y bienestar es pasar tiempo en la naturaleza en ambientes donde haya organismos que son verdes y están en crecimiento. Existe una relación natural entre ellos y el reino natural y sus seres. Esta relación puede ser, y con frecuencia lo es, el resultado de experiencias de vidas pasadas. Esto se puede desarrollar incluso en un grado mayor en esta vida, abriendo la comunicación y la fraternidad con los Reinos Dévico y Angélico.

El sonido de la U corta (como en Russell, Gus)

El sonido de la *u* corta (como en la *a, e, i* cortas) también se relaciona con una de las operaciones del chakra de la garganta. Aunque todos ellos tienen ciertas lecciones y habilidades en común, existen algunas diferencias. La información para cada una de las otras necesita ser revisada para este también.

El chakra de la garganta, como ya se ha mencionado, está relacionado con la expresión creativa y la apertura a un conocimiento superior. Este sonido también lo relaciona a uno a estas lecciones y potenciales, pero es un poco diferente. Con frecuencia los individuos con este sonido como su sonido principal han venido a establecer una nueva base al equilibrar el karma del pasado. Para muchos esto se hace en los primeros años, y por lo tanto los primeros años de las vidas de estos individuos parecen estar repletas con lecciones muy fuertes. Después de la edad de 30 años, estos individuos parecen verdaderamente florecer. Con frecuencia son considerados personas con un desarrollo tardío. Los primeros años se pasaron encargándose de asuntos de vidas pasadas de manera que el camino quedara despejado para lo nuevo.

La exploración de las vidas pasadas para estos individuos con frecuencia es benéfica en el sentido que pueden poner el presente en su perspectiva apropiada. Existe una necesidad de distinguir y no solamente aceptar todo a ciegas. Estos individuos han venido a aprender a integrar lo filosófico con lo práctico. Han venido a integrar el pasado con el presente para dar nacimiento a un futuro nuevo.

Existe una habilidad, para aquellos dispuestos a desarrollarla, para leer los Libros de Vida de los Registros Akásicos. Esto puede ayudarlos a integrar sus experiencias de vida normales con la evolución del alma. Aprender a escuchar esa voz interior es importante para estos individuos para que no repitan los viejos patrones que son nocivos. Por esta razón, los individuos con esta vocal como la vocal principal con frecuencia se ven repitiendo situaciones y encuentros hasta que prestan atención a esas insinuaciones internas. Las primeras impresiones son importantes y se necesita confiar en ellas. Esto les permite evitar situaciones que pueden crear conflictos. Su intuición es intensa y esto les permite ser excelentes jueces del carácter.

Se debe recordar que todos los centros de chakras y los sonidos del nombre interactúan y aunque se mencionan como centros y sonidos individuales, constituyen una unidad. Muchos nombres también tienen más de un sonido de vocal en ellos. Esta es una indicación de que has llegado a trabajar no solo predominantemente con uno, sino también con todos los otros reflejados en el nombre.

Entonando nuestros nombres

Cada átomo de nuestro ser es un resonador armónico. Cada uno tiene la capacidad de responder a los sonidos y tonos, en particular aquellos asociados con nuestros nombres. Si un área de nuestro cuerpo está desequilibrada, podemos usar tonos musicales o sonidos de vocales para restaurar su equilibrio. Todo lo que necesitamos es hacer vibrar o entonar el sonido, visualizarlo saliendo de esa área del cuerpo, restaurando la homeostasis. Trabajar con la entonación, en especial la entonación de los sonidos en nuestro nombre, nos regresa la habilidad y la responsabilidad para el cuidado y el mantenimiento de nuestra salud. La entonación puede ayudar en el proceso de sanación y abrirnos a una conciencia superior. La entonación es limpieza, armonización y estimulación para el crecimiento de nuevas células y el desarrollo de potenciales superiores.

¡La voz libera el poder! Lo libera en la dirección de nuestros pensamientos. Todos los demás usan nuestros nombres, para bien o para mal, y debido a que nuestros nombres están unidos a nosotros, la energía asociada con esa expresión de nuestros nombres también se unirá a nosotros. Necesitamos aprender a utilizar nuestros nombres —en afirmaciones y en el proceso de entonación— para activar las vibraciones más elevadas que sea posible alrededor de nosotros. Entonces otros que usen nuestros nombres en formas negativas serán incapaces de afectar nuestra energía. Esta será demasiado fuerte, vibrante y pura.

Los sonidos en el nombre son puestos a vibrar o son entonados en la mejor manera para el individuo. No hay una duración específica para mantener el tono, ni hay algún volumen específico. Permitimos a la voz hacer vibrar los sonidos en la mejor manera para ello. Uno puede incluso cantar los sonidos de las vocales. Utilizar la tabla 4 que se muestra un poco más adelante ayudará en este proceso. Comprar una flauta sencilla y económica en cualquier tienda de música te permitirá combinar con facilidad el sonido de la vocal con la nota musical apropiada.

Al descubrir el método o variación que es mejor para ti, liberas tu fuerza creativa, esa fuerza reflejada en tu nombre. Este potencial espiritual innato es extraído de los reinos etéreos y traído al plano físico mediante el uso de tu voz.

Los tonos destrozarán cualesquiera energías negativas que hayamos permitido que se impusieran en nuestros campos de energía. Harán añicos aquellas que hemos creado para nosotros mismos. Cuando el tono puede pasar libremente, limpiará todo el cuerpo y liberará las tensiones, los bloqueos y las restricciones en el flujo de nuestra energía, física o de otra índole.

TÉCNICA 1
ENTONACIÓN ESOTÉRICA DIRIGIDA

El propósito de la Entonación Esotérica Dirigida es restaurar el patrón de vibración del cuerpo (físico y sutil) a su patrón electromagnético perfecto para que la esencia espiritual pueda manifestarse más plenamente en nuestras vidas físicas.

Todos los aspectos de la entonación están relacionados con la respiración. La respiración se refiere a esa rápida inhalación o bocanada que lleva una imagen o pensamiento al subconsciente. La respiración es vida. Cuando nos volvemos conscientes de nuestros patrones de respiración, podemos tener un mejor control de nuestras energías de vida. Conforme trabajamos conscientemente con la entonación y la respiración, nos volvemos más equilibrados y nuestra respiración se vuelve más fluida, saludable y armoniosa.

1. Selecciona la vocal principal en tu nombre y revisa los significados de ella. Visualízala más grande que la vida, recubriendo tu cuerpo físico. Ayudará asumir las posiciones que se ilustran en el capítulo dos. Visualiza esto con sus colores apropiados.

TABLA 4: CORRESPONDENCIAS DE TONO

Chakra	Tono	Sonido/Vocal	Mantra	Color	Atributos	Propiedad de sanación
Raíz	Do (C)	u (ooo)	Lam	Rojo	Vitalidad, Kundalini, fuerza de vida	Circulación, presión baja, resfriados y shock.
Bazo	Re (D)	o (oh)	Vam	Naranja	Creatividad, energía de reserva, sexualidad	Músculos, reproducción, equilibrio emocional, sexualidad.
Plexo solar	Mi (E)	aw/ah	Ram	Amarillo	Inspiración, intelecto, sabiduría, siquismo	Digestión, laxante/estreñido jaquecas, suprarrenales.
Corazón	Fa (F)	a/ay	Yam	Verde	Amor/sanación, equilibrio, memoria akásica	Problema cardiaco, pulmones, úlceras, hipertensión, sangre/circulación.
Garganta	Sol (G)	e (eh) (a/uh)	Ham	Azul	Clariaudiencia, tranquilizante, relajante	Garganta, fiebres, asma, pulmones, tiroides, estimulación antiséptica.
Cejas	La (A)	i I e (ihlee)	Aum/Om	Índigo	Tercer ojo, clarividencia, espiritualidad	Purificador (sangre), obsesiones, coagulante, sinusitis, jaquecas, embolias.
Corona	Si (B)	e (ee)	Om	Violeta	Conciencia crística, inspiración	Tranquilizante de nervios, estrés, confusión, neurosis, insomnio, problemas óseos.
*Estrella del Alma transpersonal 8.° chakra	Do alto arriba del do medio		Om	Morado o magenta	Esa parte del alma ligada a la materia, ligada a nuestra verdadera esencia espiritual	Formación del cuerpo de luz, clave para consumir formas de pensamiento negativas que impiden la salud física y espiritual para los discípulos.

2. Cierra tus ojos y, mientras inhalas, haz sonar la vocal en silencio en tu mente. Imagínala haciendo eco en tu cabeza y a través de los reinos del espacio interior. Mientras lo haces, siente el color creciendo más brillante y más intenso a tu alrededor.
3. Mientras exhalas lentamente, haz vibrar o entona el sonido audiblemente. Hazla sonar lentamente, permitiendo que encuentre su propio volumen y duración. No intentes en un principio mantenerla en un tono específico. Mientras trabajas con ella encontrará su tono natural.
4. Repite la entonación. Inhala, haciéndola sonar en silencio. Exhala, haciéndola sonar audiblemente. Adentro, afuera. Silencio, audible. Adentro, afuera. Espiritual, físico. Este proceso activa los aspectos espirituales del nombre y los trae a la vida física. Enlaza y establece puentes entre los dos mundos. Los efectos son amplificados por la visualización de los colores intensificándose mientras los entonas audiblemente.
5. Repite por unos diez minutos. El sonido comenzará a asumir el mismo tono con cada entonación. El sonido silencioso, interior, conectará y se volverá inseparable del sonido audible, exterior. Este es un preliminar excelente para la siguiente técnica.
6. Esto es especialmente eficaz si también se enfoca sobre el chakra apropiado. Mientras inhalas, siente el chakra asociado con el sonido principal de tu nombre acumular y formar reservas de energía. Mientras exhalas, ve y siente esta energía rodeándote, llenando todo tu ser con su color y brillantez. Imagina toda tu aura llena con su brillante intensidad.
7. Al final, visualiza el aura encendida y el chakra del sonido de tu nombre fundido con la energía. En el centro del chakra, visualiza el glifo de la vocal irradiando energía eternamente hacia ti y para ti. Mientras trabajas con este ejercicio, todo lo que necesitas finalmente

hacer es cerrar tus ojos y visualizar el glifo brillando dentro del chakra, y esto activará la liberación de su energía en tu vida. ¡Has creado el talismán interno de luz y espiritualidad!

Haz una pausa y medita sobre sus energías y sobre todo lo que eres capaz de hacer, o que pronto serás capaz de hacer, como resultado de invocar tu verdadera esencia interna en esta forma. Has comenzado el proceso de integrar tu Yo Superior con el yo físico.

TÉCNICA 2
ENTONACIÓN Y AFIRMACIÓN

Hemos aprendido a crear una afirmación de tremendo poder con base en tu nombre y su significado. Esto en esencia se convierte en una poderosa oración y conjuro espiritual en su sentido más verdadero. Podemos combinar la entonación con la afirmación para proporcionar una mayor fuerza a la afirmación y para intensificar sus efectos.

Básicamente, estamos desarrollando las herramientas del mago, herramientas que son únicamente tuyas. Estas incluyen tu propio conjuro mágico y tu propio talismán mágico interior. Estas herramientas, en conjunto con tu visualización y simbología que construiste dentro de ellas, crea un cuerpo mágico, o un campo de energía a tu alrededor que finalmente te ayudará para permitir integrarte con las energías arquetípicas del universo. Con la práctica, este cuerpo mágico se desarrolla, transmutando tus energías inferiores y desplegando tus potenciales más elevados. Hace accesibles para ti otros planos, dimensiones y conciencias. Te abre a una comprensión, conocimiento y sabiduría superiores y es únicamente tan limitada como lo permitas ser.

1. Previo a llevar a cabo la afirmación, visualiza la vocal principal y lleva a cabo la entonación de esta como se describe en las técnicas precedentes.

2. A continuación, entona todo tu primer nombre, extendiendo en este el sonido de la vocal principal. Por ejemplo, si tu nombre es Fred, visualiza tu vocal principal, la *E*. Mírala en su color, irradiando energía a tu alrededor. Entonces haz la entonación esotérica del sonido. En este caso es el sonido de la *e* corta (eh). A continuación inserta el tono de nuevo en todo el nombre y entona todo el nombre: «Fr-ehhhhhh-d», «Fr-ehhhhhh-d», etc. En esta forma, el nombre se vuelve más energizado. También te sentirás más cómodo cuando usas tu nombre. Durante un periodo de tiempo, esto te hará más consciente de cómo otros usan tu nombre. Responderás con gran intensidad cuando otros mencionen tu nombre. Este es un indicador positivo de que has comenzado a reajustarte con tu esencia verdadera. Escuchar a otros usar tu nombre después de que este ha sido completado te proporcionará ideas sobre cómo estos individuos se sienten acerca de ti. Obtendrás una impresión definida cuando escuches tu nombre proveniente de los labios de otras personas.
3. A continuación, pasa a tu afirmación, utilizando tu nombre y su significado, (por ejemplo, «Soy Fred. Soy un hijo pacífico de Dios»). No olvides la visualización con la afirmación. Recuerda que estamos recreando nuestra verdadera esencia mágica y espiritual.
4. Haz esto tanto tiempo como sientas que es apropiado. No hay un número establecido de veces para repetir la entonación de las vocales, los nombres o las afirmaciones. Entonces tómate tu tiempo —al menos de tres a cinco minutos— para absorber la energía, meditar y contemplar acerca de los cambios que estás poniendo en movimiento. Escribe tus respuestas en un diario. Piensa en formas en que puedes expresar tu verdadera esencia creativa en las siguientes 24 horas.

TÉCNICA 3
SANANDO CON TU ENTONACIÓN

Esta es una técnica que se puede utilizar para sanarse a uno mismo y para incrementar la conciencia propia. Como en toda curación, la relajación es la clave, y en el proceso de entonación del sonido de tu vocal principal, la relajación ocurrirá como una parte natural del proceso. No puedes usar los sonidos sin que produzcan relajación y alivio del estrés.

Cuando este procedimiento te lo apliques a ti mismo, abrirá e incrementará la conciencia de cómo las energías actuarán sobre y dentro de nuestros vehículos físico y sutil.

1. Siéntate y cierra tus ojos.
2. Entona el sonido de la vocal principal en tu primer nombre con tu voz natural. Permite que esta encuentre su tono natural. Mantén el tono tanto tiempo como sea cómodo.
3. Abre tus ojos, presta atención a su efecto en ti. ¿Puedes sentir alguna parte del cuerpo en particular mientras repites la entonación? ¿Cuál es el efecto? ¿Es cómodo? ¿Es incómodo? ¿Agitado? ¿Energizante? Determina cuál es la sensación lo mejor que puedas. No te sientas desanimado si no puedes precisar lo que sientes. Este es un proceso de aprendizaje, y para muchas personas las puertas de la conciencia de ellos mismos han estado cerradas por mucho tiempo. Debido a esto podrías no tener patrones mediante los cuales determinar y catalogar los efectos. Esto pasará en poco tiempo. La conciencia de esta manera es maravillosa. Nunca nos abandona sin algunas indicaciones, algún barómetro mediante el cual comenzar a comprender y responder.
4. Mientras notas que parte del cuerpo es afectada más fuertemente por el sonido, piensa acerca del chakra que está relacionado con esa parte del cuerpo. Podría

no ser el chakra asignado normalmente. Recuerda que todos los chakras trabajan juntos y que hay una interrelación, incluso si nosotros no lo comprendemos en un principio.

5. Visualiza el chakra haciéndose más brillante, más fuerte y más equilibrado. ¿Qué clase de energía o fuerza parece agitar? ¿Agita energía extra? ¿Si es así, qué clase de energía? ¿Tranquiliza o altera? ¿Te lleva a la armonía? ¿Es curativa? Mientras prestas atención a cómo te afecta, comenzarás a comprender cómo los sonidos y los tonos se pueden usar como una fuerza curativa dinámica.
6. Concéntrate en tus energías emocionales y mentales mientras entonas. ¿Qué emociones son afectadas? Puede ser sutil y con frecuencia hay una tendencia a no dar el crédito debido a nuestros sentimientos. ¡Confía en tus impresiones! ¿Es una respuesta constante o parece disiparse mientras continúas trabajando con la entonación? ¿En general, cómo te hace sentir? Intenta definirlo. Trata de encontrar esa palabra o frase que incluye ese sentimiento.
7. Experimenta con las dinámicas de la entonación. Intenta diferentes tonos y tonadas musicales con el sonido de tu vocal. ¿Qué efectos tiene en ti? ¿Qué ocurre si suavizas el tono? ¿Qué ocurre si tu tono es más fuerte? ¿Qué ocurre si lo cantas? Juega con su ritmo. Mantenlo por periodos más largos y luego acorta los periodos. ¿Cómo cambia? Observa el tono. Mezcla los tonos. ¿Cuáles son las diferencias? Cada cambio en el tono crea cambios en cómo ese tono nos afecta. Mientras más aprendemos acerca de ello, más herramientas tenemos en nuestro armario mágico para causar un impacto en nuestras vidas.
8. Trabaja y combina el sonido de la vocal con las notas musicales. Utiliza el sonido de la vocal con cada nota de la escala musical. ¿El sonido de la vocal funciona

mejor o tiene un efecto más fuerte en ti con una nota en particular? Canta los sonidos. Juega con ellos, diviértete con ellos (sí, en el proceso de crecimiento tenemos que hacer un esfuerzo pero también podemos disfrutar ese esfuerzo).

9. Usa la entonación en una sanación de grupo: Coloca a un individuo en el centro del grupo y has que el grupo entone o cante su vocal principal. Esta es una excelente forma de armonizar a un grupo y amplifica el aspecto vivencial del proceso de entonación. Cada individuo del grupo puede tomar un turno para sentarse o acostarse en el centro del grupo previamente a la actividad del grupo.
10. Hacer este proceso antes de dormirse es muy poderoso y permite al subconsciente activar más tus energías más elevadas mientras duermes. Si se hace con regularidad, los sueños proporcionarán grandes ideas sobre cómo esos sonidos reflejan lecciones y potenciales.

TÉCNICA 4
EQUILIBRANDO LO MASCULINO Y LO FEMENINO

Hemos explicado el hecho de que todos somos una combinación de energías masculinas y femeninas. También hemos explicado cómo los sonidos de las vocales por lo general son asignadas a energías masculinas o femeninas. Los chakras a los cuales las vocales son asignadas no son ni masculinos ni femeninos y pueden manifestarse de una u otra manera. Pueden ser más eléctricos o más magnéticos, más activos o más receptivos en sus energías. Podemos aprender a controlar estos aspectos. Para ayudar en esto podemos usar la entonación para mantener las energías de nuestro chakra principal equilibrado.

1. Relájate y siéntate cómodamente.
2. Determina cuál es tu vocal principal y revisa sus significados.

3. Determina cuáles son los sonidos masculino y femenino para esa vocal (estos son los sonidos corto y largo. Revisa los significados de ambos).
4. Comienza con uno de ellos, el masculino o el femenino. Comienza el proceso de Entonación Esotérica Dirigida. Por ejemplo, la vocal *E*:
   a) Inhala, entona en silencio el sonido de la *e* larga (masculino).
   b) Exhala, entona audiblemente el sonido de la *e* larga.
   c) Repite todo el ciclo, tanto sonidos largos como cortos, dos veces más para un total de tres. Este es un número creativo, el número que refleja lo masculino y lo femenino uniéndose para dar nacimiento al tercero, el Santo Niño.
5. Pasa a efectuar tu afirmación con toda su visualización.
6. Comienza ya sea con el femenino o con el masculino, el que se adapte más a ti.
7. Ya que el femenino es el receptivo y el masculino el activo, una técnica poderosa consiste en usar el sonido corto o femenino en la inhalación en silencio y el sonido largo o masculino en la exhalación audible. Para ayudar en el proceso, debes visualizarte llenándote con energía hermosa con cada inhalación y ver esa energía vertiéndose y rodeándote a ti y a tu mundo con cada exhalación audibles. Estamos aprendiendo a controlar todos los aspectos de nuestra energía y a dirigirla a donde deseemos. Estamos aprendiendo a asimilar y acumular nuestra energía y expresarla y dispensarla con conciencia.

CAPÍTULO CUATRO

EL RITMO MÁGICO Y LA MÚSICA DE LOS NOMBRES

Dios nos ha dejado una memoria eterna de Él mismo,
nuestra música, que es el Dios viviente en nuestros senos.
De aquí que preservaremos nuestra música
y la guardaremos de todas las manos sacrílegas,
porque si escuchamos música frívola e insincera,
extinguimos la última luz que Dios dejó ardiendo en nosotros
para conducirnos por el camino que lleva a encontrarlo de nuevo.

—Richard Wagner

Toda la vida está imbuida con ritmo y música. El ritmo se encuentra en todo, desde el más diminuto átomo hasta los grandes movimientos estelares. Se encuentra en los protones y electrones de toda la materia, ya sea animada o inanimada. El ritmo, ya sea en un juego, la música, la danza o el nombre, es por su misma naturaleza parte de la constitución del hombre.

La tradición occidental en relación con el lenguaje y su significado oculto se puede rastrear hasta los antiguos griegos, quienes plantearon la pregunta de si existe algo esencial en las relaciones entre una palabra, un nombre, su sonido y los ritmos y eso que representa. Se preguntaron si los sonidos y los ritmos llevaban los significados o si los significados ya estaban inherentes.

El habla —en la forma de palabras, oraciones e incluso nombres— tiene ritmos. Estos ritmos reflejan los estados generales de ser y pueden ser indicadores de cualidades y energías que se pueden desarrollar. Pueden ser utilizadas para mejorar la tasa metabólica del cuerpo físico, su sistema rítmico natural. Un experimento excelente con el cual trabajar de vez en cuando es escuchar el habla de otra persona sin oír las palabras. Escucha el ritmo del habla, el volumen, los tonos y el timbre. Requiere algo de práctica hacer esto sin permitir que las palabras se entrometan, pero al aprender a escuchar la expresión musical y los ritmos de la voz, podemos iniciar el proceso de reconocer la música y los ritmos en nuestros nombres.

Todos tenemos la capacidad de experimentar y detectar la música y los ritmos de nuestros nombres. Expresa con suavidad tu nombre completo. Hazlo lenta y audiblemente. Considera tu nombre como una frase musical (más adelante en este capítulo aprenderás cómo traducir tu nombre en música). ¿Cómo fluyen juntos tus nombres? ¿Existe una fluidez entre tu primer y segundo nombre? ¿Y entre tu segundo nombre y tu apellido? ¿Y qué hay entre tu primer nombre y tu apellido? Intenta combinaciones diferentes para determinar qué combinaciones se oyen más rítmicas para ti. Date cuenta del ritmo, el tempo, la subida y la caída. Nota el número de sílabas o ritmos de tu nombre.

Técnica 1
Descubriendo los ritmos de tu nombre

1. En una hoja de papel, escribe tu nombre completo, tal como aparece en tu acta de nacimiento. Si usas un nombre diferente a tu nombre de nacimiento, esto indica que estás desarrollando un enlace con energías y fuerzas diferentes de las que viniste a hacer. Esto no es bueno ni malo. Es una demostración de libre albedrío, pero debemos mantener en mente que esto no cancela tu firma rítmica básica de nacimiento. Esta ahora se vuelve de alguna manera secundaria e influencia más sutilmente.
2. Divídelo en sílabas, tal como necesitas dividir las palabras en la escuela y súmalas. Para determinar el ritmo

silábico usaremos un método numerológico. Si el número de sílabas es mayor que nueve, debe ser reducido. Esto se consigue al agregar los dígitos en el número total. Por ejemplo, si hay 12 sílabas en tu nombre completo, agrega 1 + 2. Esto te da un ritmo del nombre de 3. El número de sílabas es la clave para tus energías rítmicas básicas.

3. Revisa el ritmo de tu primer nombre, tu potencial más creativo. ¿Con qué energías te alinea en el universo? ¿Cuáles son los aspectos positivos y negativos de esto? ¿Las formas en que esto puede manifestarse o expresarse en tu vida? Recuerda que los ritmos de energía que operan en nosotros son neutrales e impersonales. Se pueden manifestar ya sea de manera positiva o perjudicial. También pueden tomar formas alternativas de manifestarse. Nos ayudan a reconocer nuestro potencial de aprendizaje y poder. Utilizar un diario para registrar tus impresiones, como se sugirió con las vocales y sus sonidos, será de gran ayuda. Agrega también la información sobre los ritmos de tu nombre. Para este momento ya estarás formando una buena indicación de las energías, potenciales y lecciones en las que tienes que trabajar y que tienes que manifestar. Deberías estar llegando a conclusiones respecto a porqué algunas cosas te han sucedido en tu vida y lo que se suponía que te iban a enseñar.
4. Entona en un cántico suave tu nombre o incluso cántalo. Permite que encuentre su propio patrón natural. Mientras haces esto, notarás que tu nombre adquiere un ritmo. Después de unos pocos minutos te encontrarás cantando tu nombre en un patrón repetido. Este es un patrón que será escogido cada vez que hagas esto. Por lo general, después de una semana de trabajar con esto, el calentamiento previo para entrar en ese ritmo no será necesario. Se vuelve automático y natural pronunciar tu nombre en ese ritmo. Este es un indicador

positivo que has tenido acceso a tus ritmos de vida básicos. Esto sirve para restaurar el metabolismo del cuerpo físico a su patrón primario básico. Ayuda para armonizar y reintegrar lo físico con lo espiritual.

5. Entona en un cántico tu nombre como un preludio para la visualización y meditación sobre tu integración de las energías de los ritmos universales que se encuentran en la tabla 5. Aprender a ajustar tu nombre y sus ritmos para afinar y equilibrar mejor con las energías de las vocales y sus sonidos puede ayudar a facilitar nuestra vida. Los ritmos con números impares son masculinos, los ritmos con números pares, femeninos. Si tu vocal principal es masculina, experimenta con el ritmo del nombre para que esté más armonizado con la energía masculina de la vocal. Si es más femenino, ajústalo a un ritmo de un número par. Mantén ese nombre y su ritmo por al menos entre seis meses y un año, o al menos hasta que puedas determinar cómo te está afectando a ti y a tus situaciones de vida. ¡Habrá un efecto! Qué tan fuerte y rápido se manifieste variará según cada individuo. Efectuar este cántico todos los días durante un mes activará el nuevo ritmo mucho más rápidamente (se menciona un mes, ya que este es un ciclo del ritmo de la Luna. La Luna es un símbolo de nuestro subconsciente, que es lo que estamos tratando de activar en un mayor grado para que manifieste sus energías con mayor intensidad).

Esto también se puede hacer con las letras en el primer nombre. En lugar de contar sílabas, cuenta el número de letras en el primer nombre. Esto puede dar el ritmo potencial que se puede manifestar. En una época, muchas sociedades esotéricas invocaron energías mediante la pronunciación y la entonación de nombres, letra por letra. La armonización con las energías en la tabla de correspondencias rítmicas parece funcionar de manera más consistente con solo el primer nombre, en lugar de todo el nombre completo. El primer nombre es nuestra energía más creativa e individual. Experimenta con ambos si te sientes motivado a ello. Estas son las instrucciones mediante las que puedes comenzar el proceso de armonizarte con las energías arquetípicas.

TABLA 5: CORRESPONDENCIAS RÍTMICAS	
Ritmos	**Energías, efectos y lecciones**
1	Lo armoniza a uno con las energías masculinas arquetípicas, iniciador; fuerza de voluntad; diferenciación; inventiva; egocentrismo; negligencia; temeroso o valiente; lecciones y energías de confianza, búsqueda de respuestas; independencia y originalidad.
2	Lo armoniza a uno con los ritmos del plano astral, energía arquetípica femenina y sueño consciente; cooperativo; bondadoso; sensibilidad síquica, hipersensibilidad; puede ser disperso; necesita concentrarse en los detalles; indecisión y lecciones de discordia; pasión.
3	Lo armoniza a uno con los ritmos de los santos y las almas benditas; energías de arte e inspiración; creatividad; lecciones de despilfarro y represión; espiritualidad y el despertar del niño interno; expresividad (buena o mala); optimismo.
4	Lo armoniza a uno con los ritmos de los Devas y los Hombres Divinos; las energías de armonía/equilibrio; edificando con paciencia; restrictivo e insensible; estrecho de mente; impracticabilidad; solidaridad; integración de energías; aprendizajes de las cuatro esquinas de la Tierra.
5	Lo armoniza a uno con los ritmos de la Madre Naturaleza; despertar del microcosmos del alma; lecciones de libertad y pureza; versatilidad; dispersión; resiste el cambio e impone reglas; sanación; aventurero; liberándose de limitaciones; poderes síquicos.
6	Lo armoniza a uno con las energías maternales femeninas del universo; energías de crianza; sanación; energías de parto; ritmos en todos los niveles; ritmos del educador; lecciones de cinismo y preocupación; responsabilidad y confiabilidad.
7	Lo armoniza a uno con las energías de todas las personas y todos los planes; ritmos de curación para todos los sistemas; lecciones de conciencia de uno mismo y sobre la verdad; ritmos de intuición fuerte; lecciones de autocrítica; melancolía e inferioridad; sabiduría y conocimiento.

Ritmos	Energías, efectos y lecciones
8	Lo armoniza a uno con las energías de los dioses y las diosas como trabajaban en la naturaleza en el pasado; une los ritmos físicos del individuo con los espirituales; confianza; poder oculto; lecciones de descuido y autoridad; despierta el verdadero juicio de carácter.
9	Lo armoniza a uno con todas las energías y experiencias de sanación; ritmo de empatía y fuerzas de transición en el universo; lecciones de ser dañado y ser demasiado sensible; pesimismo e indiferencia; amor intuitivo; ritmos de expiación.

TÉCNICA 2
EQUILIBRANDO LOS RITMOS

En la tabla en las páginas siguientes, puedes identificar qué ritmos de energía tienes la capacidad de manifestar, así como cuáles lecciones pueden manifestarse en las circunstancias de vida de uno con esos ritmos. Si surge un problema, entonar un cántico con el nombre ayudará a restaurar el ritmo equilibrado. La energía que está alterando nuestras vidas refleja una disonancia en los ritmos. Cuando entonamos un cántico con nuestro nombre en su ritmo natural, esto establece la energía a nuestro alrededor de vuelta en su patrón equilibrado normalmente, suavizando sus ritmos, lo cual tendrá efectos positivos en nuestras vidas.

1. Toma unos momentos para entonar en un cántico tu nombre, asegurándote que le has permitido encontrar su ritmo natural.
2. Haz una pausa y reflexiona acerca de lo que ha alterado tu vida en relación con ese ritmo. Por ejemplo, si tienes un ritmo del nombre del tres, y sientes que has desperdiciado mucho tu tiempo y energía, reflexiona acerca de esto.
3. Lentamente vuelve a entonar el cántico de tu nombre. Visualiza el derroche deteniéndose y siendo reemplazado por una gran fertilidad. Esto se puede hacer con cualquier expresión de energía asociada con un ritmo en particular. Explorar los significados de la numero-

logía te dará incluso una mayor información sobre los potenciales positivos y negativos asociados con el número para el ritmo de tu nombre.

En esencia estamos usando el nombre, su sonido y su ritmo para desbaratar las expresiones negativas de energía. Las limpiamos y restauramos nuestro campo áurico a su patrón de energía primario, permitiendo que sus ritmos de energía trabajen para nosotros en lugar de contra nosotros.

TÉCNICA 3
LIMPIEZA DEL AURA

1. Siéntate y elimina todas las distracciones (desconecta el teléfono y los aparatos electrónicos, etc.).
2. Revisa algunos de los significados más importantes de tu nombre.
3. Con tus ojos cerrados, comienza la respiración rítmica. Inhala contando hasta cuatro, contén la respiración contando hasta cuatro, y exhala contando hasta cuatro (uno puede también usar el ritmo del nombre para determinar el conteo para la respiración. Si tu nombre tiene un ritmo de seis, inhala contando hasta seis, contén la respiración contando hasta seis y luego exhala lentamente contando hasta seis).
4. Mientras inhalas, haz sonar en silencio tu vocal principal. Visualízala atrayendo la energía del color apropiado dentro y alrededor de ti. Mientras contienes tu respiración, siéntela permeando tu cuerpo físico y convirtiéndose en una bola de luz de color a tu alrededor. Mientras exhalas, haz sonar audiblemente la entonación, viendo y sintiendo la energía vibrando con mayor intensidad. Repite al menos tres veces para asegurar que has invocado una buena cantidad de energía fuerte y pura.
5. Inicia un cántico rítmico lento con tu nombre. Visualiza la energía fluctuando, vibrando, masajeando todo tu

cuerpo y campo de energía. Es como si el cántico fuese un agente limpiador y pulidor. Invocamos la energía mediante la entonación, pero ahora la ponemos en movimiento para purificarnos y limpiarnos mediante los ritmos del nombre. Mírala disipando y disolviendo todas las emociones, actitudes mentales y problemas físicos negativos, dejándote saturado y rodeado con una esencia pura y refinada.

6. De nueva cuenta comienza a respirar y a efectuar tu entonación como lo hiciste antes del cántico. Esto invoca más energía para reemplazar la energía negativa que has disuelto. Estás llenando tu aura con una energía pura de luz y salud.

Puedes hacer esto dos o tres veces: Se recomienda que lo hagas al menos una vez por semana, pero repitiéndolo tantas veces como indique el ritmo de tu nombre. Si tienes un ritmo de tu nombre de ocho, repite este ejercicio ocho veces una vez a la semana.

Estamos colocando nuestra energía en un ciclo de lavado. Y pasamos por tantos ciclos de lavado como sea necesario para mantener limpia nuestra energía. Acumulamos muchas partículas indeseadas durante un periodo de una semana. Este procedimiento impide que se adhieran con demasiada fuerza y por lo tanto que se puedan fijar y provocar una resonancia mayor, manifestando problemas físicos y espirituales. Este procedimiento se puede usar para limpiar muchas partículas y basura que hemos acumulado durante toda nuestra vida. Con práctica, esto permitirá la oportunidad de limpiar los áticos llenos con miedos, dudas, emociones, etc., limitantes. Es comparable a uno de esos adornos con escenas de invierno que cuando se dan vuelta se ponen todos los copos de nieve en actividad. Estamos soltando y poniendo en libertad todo para que podamos limpiar y restaurar nuestros patrones y expresiones de energía natural.

La música en nuestro nombre

Una de las más poderosas formas de trabajar con nuestro nombre y activar su energía es mediante la música. Podemos asignar notas musicales a las letras del alfabeto y nuestros nombres pueden convertirse en una frase musical. Esta asignación es de alguna manera arbitraria, ya que hay varias formas de hacer esto. Trabajaremos con una de las más sencillas para proporcionarte un punto de partida. De nuevo, debemos tener en cuenta que estamos aprendiendo a explorar nuestra esencia desde nuevas perspectivas, y que mientras más significado podamos agregarle, más poder y magia despertará en nuestras vidas.

Cualquier instrumento musical se puede usar para tocar los nombres, siempre y cuando tenga una escala cromática (por ejemplo, en tanto pueda tocar los sostenidos y los bemoles). Hay sintetizadores y los teclados baratos y son fáciles de aprender a tocar, así que no se necesita un verdadero entrenamiento musical para esto. O si uno prefiere, puede comprar un diapasón, el cual puede hacer lo mismo.

La sociedad moderna considera la música básicamente en dos maneras: (1) como una forma de arte, y (2) como un producto comercial. La música necesita ser considerada en una tercera manera, en especial cuando se aplica a nuestro nombre. Es un *poder* o una *fuerza universal*. Es una fuerza que fue tratada con gran respeto en épocas antiguas. Los pueblos antiguos reconocieron que la música demostraba las leyes naturales de la física y la metafísica. Reconocieron que la «emisión física de un sonido era un agente exterior y audible de un Poder Trascendental interior». Sabían que toda música era una relación de un tono con otro, y que toda vida era la relación de un individuo con otro.

El poder de la música funciona debido a un contenido secreto que yace en la expresión del sonido. Este contenido secreto era el patrón de sonidos emitidos mediante varias técnicas. Por ejemplo, la inspiración y la intuición ocurren mediante una repetición de estructuras, tonos y patrones musicales regulares. Era el orden y ritmo de los tonos, combinándolos en sucesiones de melodía específicas, lo que era la fuente de la magia. Aprender a combinar tonos específicos para unificar energías del cuerpo para propósitos de sanación, para una intuición mayor, para iluminación por el sueño, para comunicarse con los espíritus o para invocar la presencia divina, todo formaba parte de las antiguas escuelas de misterios y de nuevo debe volverse parte de las enseñanzas modernas de los misterios.

Los antiguos reconocían que ciertas modalidades de música eran muy poderosas. Como regla general, las modalidades menores eran las transmisoras de una mayor fuerza y poder. Algunas modalidades y sus variaciones eran consideradas tan poderosas que fueron prohibidas por la Iglesia. Se derivaban de antiguas prácticas que utilizaban la música para invocar poder y seres invisibles.

La dificultad en la actualidad en volver a despertar mucho del antiguo conocimiento de la música y las poderosas aplicaciones de esta a nuestro nombre se encuentra en relacionar los viejos modelos con la conciencia moderna. Nuestra energía y expresión son muy diferentes de aquellas de hace 1,000 años. Este es el motivo por el cual debemos elaborar nuestros propios significados en nuestro nombre, sus símbolos y sus sonidos. Nosotros, como humanos, hemos evolucionado mucho, y así, lo que funcionó para nuestros antecesores no se adapta a nosotros en la actualidad.

Convirtiendo tu nombre en música

1. Escribe tu nombre de nacimiento completo.
2. Utilizando la siguiente tabla de conversión, escribe las notas musicales asociadas con cada letra de tu nombre. Esto está basado en una octava de notas, comenzando con el do medio (o do central).

do	do#	re	re#	mi	fa	fa#	sol	sol#	la	la#	si	do
A	B	C	D	E	F	G	H	I	J	K	L	M
N	O	P	Q	R	S	T	U	V	W	X	Y	Z

3. Comienza por tocar cada nombre por separado. Cada nombre —primero, segundo y apellido— es una frase musical. No obstante, recuerda que el primer nombre refleja nuestro potencial y esencia más creativos.
4. Experimenta con los sonidos. Toca todas las notas de tu primer nombre simultáneamente así como de manera separada. Toma las notas de tu primer nombre y mézclalas, tocándolas en varios órdenes y secuencias. Date cuenta cuál suena bien pero cuál no. Mientras tocas la música de tu nombre, estás llamando la atención de tu esencia superior.
5. Da a los tonos asociados con las vocales mayor fuerza. Sostenlas más tiempo que los tonos asociados con las consonantes. No te preocupes si el sonido parece discordante. Los sonidos de la música oriental suenan discordantes para muchos occidentales, pero sencillamente tienen su propio ritmo y valor tonal. Mientras más trabajas y te familiarizas con esto, más interesante, placentero y poderoso comenzará a sonar.

Aprender a combinar los tonos de una manera más armoniosa es parte del proceso alquímico. Estamos tratando de combinar nuestras energías en formas más armoniosas con toda la vida y todas las situaciones de la vida.

Solo tocar los tonos en tu nombre entre cinco y diez minutos equilibrará tus energías. Esto es especialmente efectivo al final de un día difícil. La forma más efectiva de restaurar el equilibrio es mediante el sonido y la música. Es parte de una lección y ejercicio espiritual que todos debemos afrontar en algún momento. En música se le conoce como el principio de «claves vecinas». Tal como los vecinos en el mundo físico, las notas en nuestro nombre están en contacto unas con otras. Algunos de estos tonos suenan bien cuando se tocan juntos, pero otros no. Mientras más los usamos, más familiares se vuelven. Conocemos a nuestros vecinos y los muros de la discordia se derrumban, porque ellos son parte del mismo vecindario. Trabajar con nuestros vecinos produce armonía y salud.

Cantando el nombre

Cantar es uno de los actos más creativos de la humanidad. Nos enlaza con nuestra sustancia y nuestro ser subyacente, y es un medio por el cual podemos entrar en relación con nuestros poderes y habilidades más ocultos. Los nombres por ellos mismos tienen poder, pero cuando esos nombres son colocados en una melodía, el poder se vuelve universal.

Cantar implica el uso completo de la voz —nuestro instrumento musical más creativo— y todo nuestro yo. Somos un instrumento de música y sonido. Cantar nos ayuda a respirar más completamente. Mejora la postura, mejora nuestra voz al hablar y ayuda a crear conciencia y satisfacción emocional. Nos ayuda en la entonación para una mayor salud y sirve como un mecanismo de conexión a tierra.

La música y el canto despiertan la creatividad reflejada en nuestro nombre. Libera nuestras tensiones y limitaciones. Hay muchas formas de usar el canto y tu nombre en una forma creativa para mejorar tu salud. Producimos sonido en la forma en que Dios produjo el mundo, pero nosotros hemos perdido el gozo de este proceso creativo. Cantar con nuestro nombre es una forma divertida de restaurar esa habilidad de niño para crear a voluntad. Sí, tenemos que hacer un esfuerzo en nuestro desarrollo, pero no hay una cláusula metafísica o una regla espiritual que prohíba gozar el proceso. Al aprender a usar nuestros nombres con una canción, podemos afectar todo en nosotros. La palabra de una canción es poderosa; nombra una cosa, se mantiene en el centro sagrado, llevando todo hacia este... La palabra desaparece, la poesía se va, ¡pero la forma imaginada persiste en la mente y trabaja en el alma! (Halifax, J., *Voces chamánicas*)

Técnica 1
Abriendo la canción del nombre

1. Escoge una melodía sencilla que disfrutabas cantando de niño.
2. Canta la canción, variando el volumen en diferentes partes de ella. Inserta tu nombre en la letra de la can-

ción mientras lo haces. No te preocupes si no tiene mucho sentido. No importa, solo estamos aprendiendo a cantar nuestro nombre.

3. Mientras cantas la canción, haz pausas dramáticas.
4. En lugar de la letra, canta únicamente tu nombre con la melodía de la canción. Ninguna otra palabra debe estar en ella.
5. Ahora pretende que estás cantando tu nombre en esa melodía para un ser amado o un amigo especial.
6. Canta tu nombre en esa melodía como si un cantante profesional lo estuviese haciendo. Cántala operísticamente.
7. Cántala como si fuera extremadamente vergonzosa. Cántala con confianza.
8. Cántala únicamente con el sonido de la vocal principal de tu nombre.
9. Encuentra formas de jugar con ella.

Esto inevitablemente produce risa, pero la risa es sanadora y limpiadora. Derrumba los muros que limitan la expresión de nuestra esencia verdadera.

Usar el tema del viejo Club de Mickey Mouse es uno que es efectivo, y uno que el autor usa. En lugar de «M-I-C-K-E-Y M-O-U-S-E», uso «T-E-D A-N-D-R-E-W-S». Cualquier nombre puede ser comprimido en esa melodía. No tiene que ajustarse exactamente. Simplemente estamos aprendiendo a usar nuestro nombre.

Esto aliviará el estrés y la tensión y facilitará el proceso de sanación de la entonación. Nuestras canciones y tonos de nuestro nombre pueden moderar nuestras pasiones y destruir energía a nuestro alrededor en cualquier grado que deseemos. Es una forma de limpiar la banda de energía etérica que nos rodea para permitir una mayor manifestación de nuestras energías espirituales en nuestros entornos físicos. Es como limpiar el filtro de una llave para que el agua fluya limpia y completamente en el vaso en el que beberemos.

TÉCNICA 2
CANTANDO LA CANCIÓN DEL NOMBRE

En las antiguas escuelas de misterios los estudiantes y los maestros cantaban para absorber sus propios sonidos y vibraciones. Una vez que sus pensamientos y sentimientos eran formulados, necesitaban conectarse a tierra o enfocarse en el reino físico. Cantar permitía que esto ocurriera. Sabían que los sonidos eran comunicados a la garganta por las energías del alma, y mediante el trabajo con los sonidos podían llevar más luz del alma hacia lo físico. Creían que la luz y la oscuridad del alma determinaba la calidad de la voz. Al trabajar con el sonido y los nombres y cantarlos por sus cualidades curativas, podían superar cualquier oscuridad en el alma.

Trabajaban para expresarse a ellos mismos y no seguían ninguna tradición o imitaban lo que encontraban agradable. Sabían que era posible para los humanos escapar a las tensiones y el estrés del mundo físico cantando. Podían equilibrarse a ellos mismos y por consiguiente no experimentar los efectos perjudiciales de su ambiente y/o asociaciones.

Somos por naturaleza completos. Cada uno somos una armonía, pero hemos aprendido a separar y crear combinaciones de tonos y energías que pelean una con otra. El poder de la música y los nombres puede ayudarnos a recrear las armonías. Ellas pueden permitirnos experimentar las cualidades de las energías de dioses y diosas específicos en el universo y, algo más importante, ¡pueden permitirnos experimentar las energías de la Divinidad en nosotros mismos!

1. Convierte tu primer nombre en notas musicales.
2. Comenzando con la primera letra, tócala en tu instrumento musical o en el diapasón, luego canta tu primer nombre en esa nota.
3. Continúa con la siguiente letra de tu nombre y su nota apropiada. Tócala y luego canta tu primer nombre en esa nota.

4. Continúa hasta que has completado tu primer nombre. Puedes repetir cada nota y el nombre cantado en esa nota varias veces. No hay reglas difíciles ni apresuradas con esto.
5. Repite el canto de tu nombre a través de toda la secuencia. Mientras trabajas con esto comenzarás a recordar la melodía de tu nombre, y después de varias semanas no tendrás que ir a través de cada nota, aunque puedes hacerlo si lo deseas.

Has comenzado a despertarte por tu canción nombre. Esto se puede emplear en varias formas. Cantarlo y tararearlo durante el día lo mantiene a uno equilibrado y energizado. Esto se puede usar como un preludio para la meditación, ya que facilita la inducción de estados alterados de conciencia. Alivia el estrés y fortalece el aura, promoviendo la salud en todos los niveles.

En todo el universo, y en casi toda sociedad desde el principio de los tiempos, ha habido lo que los pueblos antiguos han llamado La Canción del Absoluto o La Canción Triple. Como hemos mencionado, el tres en la numerología es el gran número creativo. Es el número del artista, del músico y el poeta. La Canción de lo Absoluto tiene tres aspectos que reflejan la manera en que los tonos musicales y el sonido dirigen las energías del universo.

1. Ritmo, de donde proviene todo el movimiento.
2. Melodía, de donde proviene la manifestación de la Divinidad hacia lo físico.
3. Armonía, de donde proviene el poder individual, que se manifiesta en todo el universo y se refleja en nosotros.

Nuestros nombres son formas miniatura de la Canción de lo Absoluto. Cada uno tiene una melodía, constituida por sus glifos, sonidos y notas musicales. Cuando todas son reunidas y enlazadas por el individuo, creamos una melodía que establece un puente entre nuestro físico y nuestra esencia espiritual. Los ritmos de nuestro nombre nos permiten emplear esa melodía, para subir y bajar el puente y para viajar a través de él en esta encarnación. Cuando empleamos todos los aspectos, cuando aprendemos a mezclar los ritmos con los sonidos y energías, creamos una armonía de vida. Dar vida a nuestras melodías a través de nuestros ritmos crea armonía. Creamos una jornada mágica, musical, durante nuestra vida. Recobramos nuestra divinidad innata y comenzamos a expresarla, ¡con un gozo por vivir y entre nosotros!

PARTE DOS

SEMILLAS SAGRADAS

¡Oh, pura de corazón! ¡No necesitas preguntarme
lo que esta intensa música en el alma puede ser!
¿Qué es y dónde existe?,
esta luz, esta gloria, esta hermosa neblina luminosa,
este bello poder que crea belleza.
¡Alegría, virtuosa señora! Alegría como solo a los puros se dio,
salve a los puros, y en su hora más pura,
la Vida y la emanación de la Vida, nube y lluvia al mismo tiempo.
¡Alegría señora! Es el espíritu y el poder
que la Naturaleza en nupcias nos da en dote
una nueva Tierra y un nuevo Cielo,
que no soñó el sensual ni el orgulloso.
Alegría es la dulce voz, alegría es la nube luminosa.
¡Nosotros mismos nos alegramos!
Y de ahí mana cuanto encanta al oído o la vista,
todas las melodías son ecos de esa voz,
todos los colores una difusión de esa luz».

—Samuel Taylor Coleridge
Abatimiento: una oda

«En el nombre de...»

Dos caminos divergían en un bosque y yo,
yo tomé aquel menos transitado,
y eso hizo toda la diferencia.

—Robert Frost
El camino no elegido

Y si el mundo fuese negro o blanco completamente
y todos los mapas fueran claros
en lugar de un vertedero loco de aguas feroces
un prisma de deleite y dolor,
podríamos estar más seguros a dónde deseábamos ir
o de nuevo podríamos estar simplemente
aburridos pero en la cruda realidad de que no existe
camino que es recto completamente.

—Louis MacNeice
Completamente

Todos buscan en la actualidad ese camino de realización. Muchos entran en los campos de la metafísica y la espiritualidad, creyendo que estos serán el sendero que los conduzca hacia arriba, a alguna clase de luz cegadora en la cual todos sus problemas se disiparán. El camino es mucho más que solo un «camino». Es un proceso de desarrollo, un proceso de develar, pulir y manifestar. Es la espiritualización de la materia, no buscar escapar de ella.

No es aquello que conduce a una luz que brilla sobre nosotros, sino es despertar la luz interior para que brille hacia afuera de nosotros.

Las antiguas escuelas de misterios tenían un solo precepto, «¡Conócete a ti mismo!». Si deseamos volvernos mejores de lo que somos ahora, si deseamos usar nuestras energías de forma creativa, si deseamos volvernos proactivos en nuestras vidas, en lugar de permitir que los acontecimientos nos manipulen, debemos descubrir los patrones y energías para hacerlo. Debemos de llegar a saber lo que somos capaces de manifestar. Debemos llegar a mirar más allá de lo inmediato y lo tangible. Debemos comenzar a comprender que hay energías más allá que pueden experimentarse físicamente. Es nuestro nombre el que puede proveer uno de los medios más seguros y fáciles para hacer esto.

Parte de nuestra responsabilidad en el proceso de crecimiento es aprender a aceptar lo que tenemos y construir a partir de ello, para volver a sintetizar las enseñanzas en la manera que mejor funcionan para nosotros como individuos. Esto requiere que finalmente debamos reconocer que nadie nos conoce mejor que nosotros mismos. Esto comienza con volver a despertar y volver a expresar la antigua reverencia de las ceremonias del nombramiento. Comienza con reconocer que hay energías y fuerzas activas en todo el proceso de nacimiento que se pueden usar para bendecir nuestras vidas y manifestar nuestros potenciales más grandes.

El Camino Bendito es un ejemplo de una ceremonia de nombramiento. Los seres amados se reúnen y crean y ofrecen una bendición, una invocación o una expresión de amor para ayudar a ese niño y abrir esa nueva alma bendita para una mayor manifestación de su propia divinidad. Esto proclama la santidad del nacimiento y la santidad del niño del nacimiento.

Esta ceremonia puede ser diseñada por el individuo. Aprender a hacerlo de nuevo es importante; debemos aprender a usar nuestras energías creativas para honrar el proceso creativo de nacimiento. Las ceremonias de memoria no son satisfactorias. Con frecuencia se recomienda llevarla a cabo en el momento de la luna creciente previa al parto. Este es un momento cuando la luna se encuentra creando sus energías y abriéndose. La luna creciente refleja la vida que llega desde la matriz de los cielos.

Es un momento en que el nombre escogido para el niño será anunciado entre aquellos seres amados presentes en la ceremonia. Es un momento para dedicar al niño a la sanación de la Tierra, al fortalecimiento de la familia y al despertar de lo Divino en toda la humanidad. Nos encontramos viviendo en una época poderosa y emocionante. Nos encontramos en la cúspide entre dos eras de gran importancia en la evolución de la humanidad, y en el nivel más profundo de nuestra conciencia está ocurriendo una transformación espiritual. Todos estamos siendo retados a dejar ir lo viejo y a crear lo nuevo. Los cambios son bendiciones. Hay señales muy notorias para crecer, pero para apreciar la bendición de un cambio hasta el grado máximo, debemos asumir responsabilidad por nuestras vidas individuales. Hacer esto significa abrir el poder infinito que reside en cada uno de nosotros sin excepción.

Aquellos que sirven de canales para que las nuevas almas lleguen al plano terrenal en este tiempo, necesitan reconocer esto todavía más. Si vamos a aprovechar las oportunidades disponibles para nosotros, debemos expandir nuestras conciencias de nuestras esencias y del mundo. Conforme incrementamos nuestras conciencias, estamos en una posición mejor para transmitírselas a aquellos para quienes podemos ser canales. Para que esto ocurra, debemos romper las limitaciones que nos hemos impuesto a nosotros mismos o que hemos permitido a la sociedad o a otros que nos impongan, y debemos abrir nuevas puertas y disfrutar maravillas a las cuales tenemos derecho.

En el infinito de Dios y la Vida, de los cuales todos somos manifestaciones, todo es posible. Conforme expandimos nuestras conciencias y destruimos las viejas limitaciones, esto se vuelve una realidad para nosotros y una bendición para nuestros hijos. Eso comienza contigo y la cantidad de amor que eres capaz de ofrecerte a ti mismo.

El pasado no puede ser cambiado, pero el futuro está siendo cambiado justo ahora por nuestros pensamientos actuales. Estamos aquí para trascender nuestras limitaciones, no importa de dónde vinieron, y para reconocer y utilizar nuestra propia magnificencia y divinidad. La Ley de la Energía Universal afirma que, «toda la energía sigue al pensamiento». Donde enfocamos nuestros pensamientos es adonde va la energía.

Debemos comenzar a buscar y a examinar con detenimiento las infinitas posibilidades, recompensas y bendiciones en nuestras vidas, en lugar de hacer esto en lo limitados que podemos ser. «Un hombre es lo que cree que es».

Solo existe un Poder en el universo. Y ese poder es Realización Perfecta, Abundancia Perfecta, Prosperidad Perfecta y Amor Perfecto. Todos y cada uno de nosotros somos una manifestación perfecta de ese Poder. Cada uno de nosotros tiene el derecho y la capacidad de reclamar y manifestar su propia realización, abundancia, prosperidad y amor individual. Es el reconocimiento y la utilización de esto lo que se encuentra en la magia creativa y la maravilla de nuestros nombres.

El proceso de análisis del nombre

1. Trabaja primeramente con tu primer nombre.
2. Escribe tu primer nombre de nacimiento completo, tal como aparece en tu acta de nacimiento. Este será utilizado no solo para analizar las vocales, los sonidos y el significado de tu primer nombre, sino también para proporcionar pistas para los ritmos de vida básicos, como se explicó en el capítulo cuatro.
3. Utilizando tu primer nombre —tu esencia creativa principal— determina su significado y escríbelo en tu diario para el nombre o debajo de donde hayas escrito tu nombre completo al trabajar en este análisis. Usa el diccionario de nombres que se da a continuación como ayuda. Si tu nombre no está en la lista, hay una lista de variaciones de nombres al final del diccionario. Muchos nombres son simplemente variaciones de otros, y todos ellos tienen más o menos el mismo significado. Esta lista te referirá al nombre que tiene

un significado similar o idéntico al tuyo (si tu nombre no está en ninguna de estas, consulta en tu biblioteca local para otras fuentes de nombres y sus significados. La bibliografía también tiene varias fuentes).

4. Escribe el significado de tu nombre y a su lado elabora una afirmación «Yo soy...» usando tu nombre y su significado como se describe en el capítulo uno. El diccionario de nombres provee ejemplos de afirmaciones, pero no tienes que usarlas. Con frecuencia es mejor si haces las tuyas.
5. Examina tu primer nombre y determina la vocal principal. Escribe esta vocal debajo de tu nombre.
6. Determina el elemento de tu vocal como se describe en el capítulo dos y escríbelo junto a la vocal. Vuelve a leer la información sobre este elemento y sus asociaciones con tu elemento astrológico. Anota las lecciones y los potenciales más importantes asociados con ambos, junto con cualquier incidente en la vida que has tenido que parece reforzar esto.
7. A continuación, revisa el simbolismo del glifo de tu vocal principal. Haz una lista de las debilidades y habilidades más importantes, los rasgos positivos y negativos asociados con las energías del glifo de la vocal. Esta es tu llave para tus lecciones primarias y tus potenciales inherentes (deja un espacio entre cada sección para que puedas regresar y agregar más información conforme esta se revela en el trabajo y las meditaciones futuras).
8. Ahora establece una sección basada en el sonido de esta vocal principal. Revisa el capítulo tres acerca de los sonidos de las vocales y las clases de energías que activan en la vida de uno. ¿Con cuál chakra has llegado a trabajar más mediante el sonido en tu nombre? ¿Cuáles son algunos de los rasgos positivos y negativos asociados con ese chakra? ¿Cuáles son algunos desequilibrios que se pueden manifestar en este chakra y cuáles son algunos de los potenciales? ¿Hay incidentes

en tu vida que parecen reflejar y reforzar esto? ¿Estas asociaciones explican en alguna forma algunos de los incidentes de tu vida?

9. Determina las vocales secundarias en tu nombre. ¿Qué elementos y energías estos elementos activan en tu vida? ¿Cómo el elemento secundario trabaja con el elemento de tu vocal principal? ¿Son compatibles? Usa la tabla de combinaciones de elementos en el capítulo dos como ayuda. La interacción de elementos no se refiere únicamente a los elementos astrológicos y a los elementos del nombre. Ellos se aplican a cualquier interacción de estos elementos en cualquier parte (o partes) de tu vida.
10. ¿Cuáles son los glifos secundarios y los rasgos positivos y negativos que serán activados en tu vida por ellos? ¿Hay alguno que parece fortalecer o mejorar los rasgos de la vocal principal? ¿Hay alguno que pueda obstaculizar los rasgos y energías de la vocal principal?
11. ¿Cuáles son los sonidos de las vocales secundarias? ¿Cuáles chakras activarán estos en tu vida? ¿Son los mismos o diferentes de los sonidos de la vocal principal? ¿Cómo difieren los chakras y sus energías? ¿Cómo funcionan juntos? Solo algo de meditación en esto generará muchas ideas.
12. Determina el ritmo de tu nombre de nacimiento. ¿Cuántas sílabas hay? Usando el capítulo cuatro, ¿cuál es el significado de este ritmo en tu vida? ¿Cuáles son los potenciales de este ritmo para desarrollar capacidades y para aprender lecciones específicas?
13. Determina el nombre que usas actualmente. ¿Cuál es su ritmo básico? ¿Cómo es diferente del ritmo de tu nombre de nacimiento? ¿Son los ritmos masculinos o femeninos (par o impar)? ¿Cómo se compara esto con las energías masculinas y femeninas de los sonidos de tu vocal (largos o cortos)?
14. Revisa el significado de tu nombre. ¿Cómo toda esta información acerca de tus vocales se relaciona con

aprender a expresar la esencia o el significado detrás de tu nombre?

15. Mira el diccionario de nombres y lee la meditación asociada con tu nombre o con el nombre que es una variación del tuyo. Esto proporcionará más ideas sobre la síntesis de la información y sobre encontrar formas para activar las energías y el propósito del alma de manera más completa.
16. Al final de tu análisis, toma un tiempo para hacer una lista de formas en las cuales puedes esforzarte por manifestar el poder y el potencial de tu nombre de manera más completa. ¿Cuáles son las cosas que puedes visualizar que estás haciendo, siendo y manifestando una vez que tus energías innatas están activadas completamente? Recuerda: Si puedes imaginarlo, puedes serlo. ¡Cambia lo que imaginas y cambiarás el mundo!

Tómate un tiempo todos los días para al menos afirmar y visualizar tu esencia en su potencial más completo y brillante. Usa los sonidos y los ritmos para sanarte y equilíbrate a ti mismo cuando sientas que te estás «derrumbando» con algo, incluso si es una actitud negativa. Debes saber que al trabajar con tu nombre te estás volviendo a armonizar con tu esencia más elevada. Has comenzado el proceso de integrar el potencial del alma con la vida física. Usa la canción de tu nombre como una varita mágica, ¡porque ella puede transformar cualquier calabaza en un carruaje dorado!

Hoja de análisis de muestra

Nombre de nacimiento completo:______________________

I. El primer nombre y su significado
   Afirmación basada en el primer nombre y su significado.
II. Vocal principal y su elemento
   Lecciones y potenciales más importantes de este elemento.
   Correspondencias con tu elemento astrológico.

Incidentes en la vida que refuerzan o afirman estas energías.

III. Símbolo/glifo de la vocal

Debilidad y habilidad más importantes asociadas con este glifo.

Lecciones, rasgos e incidentes principales que confirman las energías del glifo en tu vida en este punto.

IV. Sonido principal

El chakra que activa el sonido de tu nombre. Asociaciones en general del chakra.

Incidentes y formas en las cuales esto se ha reflejado en tu vida.

V. Vocales secundarias

Lecciones y potenciales más importantes de sus elementos.

Relaciones y energías de los elementos trabajando juntos (Ver la tabla 2).

Otros chakras afectados en tu vida y correspondencias y relaciones que puedes aprovechar.

VI. Ritmo del nombre

Ritmo básico del nombre completo de nacimiento.

Potenciales y energías asociadas con ese ritmo.

Ritmo de energía básico con tu nombre actual y su relación con el ritmo del nombre de nacimiento.

VII. Más meditaciones y correspondencias.

DICCIONARIO METAFÍSICO DE NOMBRES

Pero eres una raza escogida, un sacerdocio real,
una nación sagrada, un pueblo de Su pertenencia,
así que puedes proclamar las perfecciones de Él
quien te convoca fuera de la oscuridad hacia la Luz.

—I Pedro 2:9

Muchos nombres son simplemente variaciones de otros nombres. Estas variaciones (ver apéndice A) no se tratan de forma separada. El significado, la afirmación y las meditaciones serán las mismas. Difieren únicamente en las vocales y las lecciones.

N. B. La información de la meditación para cada nombre se usará en conjunto con las lecciones y potenciales asociados con el elemento y los sonidos de la vocal en el nombre. Esto se debe agregar a la información delineada en la primera parte del libro. Cualquier lección o habilidad mencionada bajo los nombres específicos son para complementar y proporcionar ideas sobre las energías discutidas previamente (por ejemplo, el elemento y los sonidos y chakras de las vocales).[4]

---

4 N. del T. Las pronunciaciones de las vocales en los nombres se analizan según su sonido en inglés. A los nombres en inglés se agregan sus traducciones en español cuando procede.

Aarón

Significado:	«El portador de luz»
Afirmación sugerida:	«¡Yo soy Aarón; yo soy el portador de luz!»
Vocal principal/elemento:	A / elemento del éter o akasha
Sonido principal/chakra:	«ay» / chakra del corazón
Otras vocales/elementos:	O / elemento del agua
Otros sonidos/chakras:	«uh» / chakra de la garganta

MEDITACIÓN

Aarón es un nombre que refleja energías que muchos han venido a manifestar en el periodo actual. Su vocal principal es la A, y esta corresponde al elemento del éter y al chakra del corazón. La vocal secundaria O es del elemento del agua (chakras del bazo y el plexo solar) pero manifestándose a través de la garganta, como se nota por su sonido. Durante la época atlante, muchos individuos se concentraban en el poder del chakra del plexo solar. Esto debe tener un puente hacia una expresión superior en nuestra época actual, lo cual es el trabajo del chakra del corazón. La doble A indica que aquellos con este nombre han escogido duplicar el esfuerzo para elevar sus energías desde el plexo solar hasta el corazón activo y la expresión de esta nueva luz del corazón a través del chakra de la garganta.

Aarón también es un nombre que tiene un ritmo de dos, lo que significa energías femeninas. Es lo femenino lo que da nacimiento al yo superior, de nuevo un reflejo de la tarea que el alma está procurando hacer: dar nacimiento a las nuevas energías y al poder de la luz en nuevos niveles, para ellos mismos y para otros.

ABNER

Significado:	«De luz, digno de confianza»
Afirmación sugerida:	«¡Yo soy Abner; yo soy la luz digna de confianza!»
Vocal principal/elemento:	A / elemento del éter o akasha
Sonido principal/chakra:	«ahh» / chakra de la garganta
Otras vocales/elementos:	E / elemento del aire
Otros sonidos/chakras:	«eh» / chakra de la garganta

MEDITACIÓN

Abner es un nombre que refleja trabajar con todos los elementos. Es un nombre que también refleja las lecciones de aprender a trabajar con todas las cosas, en especial aprender a sintetizarlas en una manera nueva y creativa y permanecer equilibrado (chakra del corazón) mientras se expresan las energías creativas de uno en una nueva manera (chakra de la garganta).

Abraham

Significado:	«Protector y padre de muchos»
Afirmación sugerida:	«¡Yo soy Abraham; yo soy el protector justo de Dios!»
Vocal principal/elemento:	A / elemento del éter o akasha
Sonido principal/chakra:	«ay» / chakra del corazón
Otras vocales/elementos:	A / elemento del éter o akasha
Otros sonidos/chakras:	«ah» chakra de la garganta «uh» chakra de la garganta

MEDITACIÓN

Abraham es un nombre muy poderoso, con frecuencia asociado con las cualidades del padre arquetípico. Consiste de tres A, lo cual es una abundancia de éter. Esto sencillamente significa que la persona con este nombre tiene el potencial de trabajar en abundancia con todas las cosas, de muchos niveles. Con frecuencia es lo que el buen «padre» debe también aprender a hacer. Es también un nombre que tiene sonidos asociados con dos chakras, la primera A para el corazón y la segunda y tercera A para la garganta. Esto indica que existe una necesidad para asegurar esa energía del corazón con mayor fuerza de voluntad (la garganta). Los padres a menudo tienen que mostrar su amor mediante un control fuerte y esfuerzo con trabajo.

Tiene un ritmo de tres, lo cual es masculino en su fuerza, pero el tres también es un número creativo, que da a luz. Para lograr el mayor equilibrio, es importante para este individuo encontrar formas creativas de trabajar con la paternidad y la vida, y asegurar esa energía creativa con fuerza de voluntad, que a menudo es una lección que tiene que ser aprendida. Una vez aprendida esto le imbuye a uno un gran poder.

ABRIL

Significado:	«La nueva apertura; nuevo nacimiento; nueva en la fe»
Afirmación sugerida:	«¡Yo soy Abril; yo vivo en la nueva fe!»
Vocal principal/elemento:	A / elemento del éter
Sonido principal/chakra:	«ay» / chakra del corazón
Otras vocales/elementos:	I / elemento del fuego
Otros sonidos/chakras:	«ih» / chakra de la garganta

MEDITACIÓN

Abril es un nombre que despierta durante esta encarnación la oportunidad para renacer. Activa las energías para cambiar los viejos patrones de la encarnación y establece nuevos de acuerdo con los deseos del corazón de las personas. Por lo general, aquellas mujeres con este nombre tienen una capacidad maravillosa para manifestar los deseos de sus corazones. Se debe aprender a hacer esto sin que sea a expensas de los demás.

Abril es el primer mes completo de la estación de primavera, un tiempo de frescura y nuevos inicios. En la Cristiandad esotérica es el tiempo de la resurrección del alma. La «muerte en la cruz» fue la implantación de la energía del Cristo en el plano etérico de la Tierra, para que en cada encarnación posterior, la chispa divina en el chakra del corazón se haga más viva. Esto se refleja y se activa más en las vidas de aquellas personas con este nombre. Hay una pasión y fuego para las expresiones de sus corazones, pero aprender a expresarlo en una forma equilibrada es algo que será puesto a prueba. Estas personas tienen la habilidad para influenciar intensamente a aquellos con los que entran en contacto. Si se concentran en la positividad, eso es lo que manifestarán. Si se concentran en lo negativo, eso también manifestarán. Deben aprender que lo que hacen afecta a los demás fuertemente.

ADA

Significado:	«Espíritu alegre, alguien con felicidad»
Afirmación sugerida:	«¡Yo soy Ada; yo soy la hija feliz de Dios!»
Vocal principal/elemento:	A / elemento del éter o akasha
Sonido principal/chakra:	«ay» / chakra del corazón
Otras vocales/elementos:	A / elemento del éter o akasha
Otros sonidos/chakras:	«uh»/ chakra de la garganta

MEDITACIÓN

Ada es alguien que ha venido a aprender un equilibrio positivo y alegre bajo todas las circunstancias. Aquellas personas con este nombre con frecuencia experimentan situaciones en la vida que ponen a prueba su habilidad para ser positivas, mientras que también atraen individuos que pueden ayudarlas a despertar su amor y luz del corazón en formas alegres y felices.

Una vez que ha aprendido a despertar la canción de felicidad en su corazón y a manifestarla en todas las situaciones, en ese momento por lo general sigue la oportunidad para ayudar a otras personas a aprender lo mismo. Esta es la importancia de la segunda A y su sonido. Por lo general manifiesta situaciones y muchas oportunidades para hacer felices a otros y para estimular un efecto dominó en sus vidas.

Ada tiene un ritmo de dos, la energía femenina. En este caso está despertando el aspecto de crianza en el corazón y aplicando esa crianza a sí misma. Aprender a amarse y a ser feliz con uno mismo es una lección importante, pero una vez aprendida desarrolla oportunidades para enseñar a otros acerca del poder del pensamiento positivo.

ADÁN

Significado:	«Un hombre de la tierra; creación de Dios»
Afirmación sugerida:	«¡Yo soy Adán; yo soy la creación de Dios para la Tierra!»
Vocal principal/elemento:	A / elemento del éter o akasha
Sonido principal/chakra:	«ah» / chakra de la garganta
Otras vocales/elementos:	A / elemento del éter o akasha
Otros sonidos/chakras:	«uh»/ chakra de la garganta

MEDITACIÓN

La Tierra tiene todos los elementos en ella y sobre ella, todo lo necesario para la realización de cualquier lección en cualquier grado. Esto refleja la esencia de uno con este nombre. Él tiene la oportunidad de manifestar en cualquier grado la afirmación de sus energías. Este es el motivo por el que la vocal A del elemento éter ha sonado asociada con el chakra de la garganta. El chakra de la garganta es conocido en ocasiones como el centro «cornucopia», ya que puede darle a uno la habilidad de manifestar cualquier cosa en cualquier grado. Aprender a afirmar la voluntad y las acciones creativas de uno apropiadamente es lo que aquellos con este nombre deben aprender. La manifestación, ya sea positiva o negativa, con frecuencia es muy fácil para estos individuos, de acuerdo como sean sus pensamientos. Mantenerse concentrado en lo positivo y en las metas asegura que lo positivo se manifestará. Aprender a manejar lecciones asociadas con la abundancia con frecuencia es parte de esto. «Ten cuidado con lo que pides, porque eso es lo que recibirás», debería ser considerado muy seriamente por todos los que tienen el nombre de Adán.

Adela

(Las variaciones de este nombre incluyen: Adelina, Adell, Adelle, Adelia)

Significado:	«Mujer de noble estima»
Afirmación sugerida:	«¡Yo soy Adela; yo soy la mujer de Dios de noble estima!»
Vocal principal/elemento:	A / elemento del éter o akasha
Sonido principal/chakra:	«uh» / chakra de la garganta
Otras vocales/elementos:	E / elemento del aire
Otros sonidos/chakras:	«eh»/ chakra de la garganta

MEDITACIÓN

Adela trae consigo lecciones interesantes asociadas con los chakras del corazón y la garganta. Las energías del corazón —la intuición y las sensibilidades de sanación— han venido a expresarse de una manera nueva. Han venido a ser discernidas y comprendidas desde una perspectiva del «conocimiento» (el elemento aire) en lugar de solamente una perspectiva de «corazonada». Aquellas personas con este nombre siempre tienen una intuición fuerte, pero a menudo esta no es comprendida. Parte de la lección es aprender a comprender cómo ese aspecto intuitivo funciona y encontrar formas de aplicarla prácticamente en nuestra vida. Aprender a afirmar el control de uno sobre esas «corazonadas» casi siempre es una lección para aquellas con este nombre, en conjunto con aquellas lecciones y habilidades asociadas con los elementos y los sonidos.

ADRIÁN

Significado:	«El de la tierra negra; el suelo y el corazón creativo»
Afirmación sugerida:	«¡Yo soy Adrián; yo soy el corazón creativo de Dios!»
Vocal principal/elemento:	A / elemento del éter o akasha
Sonido principal/chakra:	«ay» / chakra del corazón
Otras vocales/elementos:	I / el elemento del fuego A / el elemento del éter
Otros sonidos/chakras:	«ee» / chakras de las cejas y la corona «uh» / chakra de la garganta

MEDITACIÓN

Este es un nombre muy poderoso, que proporciona un gran potencial y valiosas lecciones. Su primera vocal y sonido es la A para el chakra del corazón. Su siguiente vocal más importante es la I, asociada con las energías del fuego, y debido a su sonido en su nombre, también está asociado con la cabeza. También tiene un tercer sonido, asociado con el chakra de la garganta. Esto indica que los individuos con este nombre han venido a enlazar el corazón con la mente para una mayor expresión creativa y una mayor afirmación de las energías únicas propias de uno. Esto puede significar que el individuo tendrá que superar otras imposiciones para expresarse o podría significar que ha logrado desarrollar esto al aprender a equilibrar la mente y las emociones. Cuando estas trabajan juntas, esto proporciona un poder tremendo. Esto también se refleja en el ritmo del nombre. Tres es el número creativo, su creatividad es el resultado de enlazar lo masculino y lo femenino, el corazón y la mente. La tierra negra es rica y fértil y esta fertilidad es inherente en aquellos con este nombre.

AGNES

Significado:	«Pureza o la que es pura»
Afirmación sugerida:	«¡Yo soy Agnes; yo soy la hija pura de Dios!»
Vocal principal/elemento:	A / elemento del éter
Sonido principal/chakra:	«ahh» / chakra de la garganta
Otras vocales/elementos:	E / el elemento del aire
Otros sonidos/chakras:	«eh» / chakra de la garganta

MEDITACIÓN

Inherente en las personas con este nombre se encuentra una habilidad para expresar y comunicar con los individuos de todos los caminos de la vida. En el aprendizaje para hacer esto, con frecuencia son puestas en contacto con una amplia variedad de personas. Esto se refleja mediante el elemento éter trabajando en el chakra de la garganta. Aprender a mantener el equilibrio mental con todas estas variantes con frecuencia también es una lección.

Debido a que estas personas a menudo son expuestas a un enorme espectro de individuos y energías, con una habilidad innata para tener resonancia o afinidad con ellos, es importante que la afirmación de esto sea desarrollada para que estas personas permanezcan puras e íntegras consigo mismas. Esto con frecuencia se refleja en la idea de ser «santo incluso en lugares impíos». También existe una gran habilidad para sintetizar enseñanzas en un sistema de crecimiento y expresión personales en la vida cotidiana.

AL

Significado:	«Alegre; de buen humor»
Afirmación sugerida:	«¡Yo soy Al; yo soy el hijo alegre de Dios!»
Vocal principal/elemento:	A / elemento del éter
Sonido principal/chakra:	«ah» / chakra de la garganta
Otras vocales/elementos:	—
Otros sonidos/chakras:	—

MEDITACIÓN

Los individuos con este nombre tienen una maravillosa habilidad para encontrar lo positivo en todas las cosas. En ocasiones su habilidad para ser positivos y alegres en todas las circunstancias desconcertará a los demás. El elemento del éter les da la habilidad de ver todos los lados de las cosas, para observar todas las situaciones desde todas las perspectivas. Para muchos, aprender a hacer esto realmente se vuelve la «piedra filosofal», la clave del proceso alquímico.

Casi siempre hay una habilidad innata para comunicarse con sencillez y aun así universalmente. Ellos pueden lograr que otras personas se sientan cómodas con ellas mismas, teniendo la capacidad de decir lo apropiado en el momento correcto. Pueden proporcionar alegría a las vidas de otros cuando siguen sus instintos y sus fuertes inspiraciones de sanación intuitiva. Pueden hacer que otros se sientan bien con ellos mismos.

ALAN

(LAS VARIACIONES INCLUYEN ALLAN, ALLEN)

Significado:	«De buen humor; armonioso, atractivo»
Afirmación sugerida:	«Yo soy Alan. ¡Yo vivo la armonía de Dios!»
Vocal principal/elemento:	A / elemento del éter
Sonido principal/chakra:	«ah» / chakra de la garganta
Otras vocales/elementos:	A / elemento del éter
Otros sonidos/chakras:	«ah» / chakra de la garganta

MEDITACIÓN

Aquellos con este nombre tienen una habilidad innata para comunicarse con todos. Tienen algo de importancia que decir y deberían trabajar para impedir cualquier inhibición en la comunicación. Por lo general, hay una habilidad para percibir y sintetizar la energía del grupo, así que pueden ser la clave para la verdadera armonía y esfuerzo de grupo.

La vocal secundaria y su sonido —en todas las variaciones de este nombre— están relacionados con el chakra de la garganta, y refuerzan aquellas energías y lecciones asociadas con este. Aprender a asimilar el conocimiento y expresarlo de forma única es importante. Aquellos con el nombre Alan no siempre pueden ser considerados tan inteligentes como realmente lo son, debido a que comunican de una manera ligera y alegre. Las actitudes sombrías y serias hacia el conocimiento que prevalecen en la sociedad tienden a ocasionar juicios erróneos acerca de estos individuos, quienes manifiestan los aspectos de la vida, el conocimiento y las circunstancias de vida de manera más ligera.

ALBERTO

(VARIACIONES: ALBERT, BERT, BETO)

Significado:	«Noble, industrioso, lleno de honor»
Afirmación sugerida:	«Yo soy Alberto. ¡Yo estoy lleno de honor y nobleza!»
Vocal principal/elemento:	A / elemento del éter
Sonido principal/chakra:	«ah» / chakra de la garganta
Otras vocales/elementos:	E / elemento del aire
Otros sonidos/chakras:	«eh» / chakra de la garganta

MEDITACIÓN

Los individuos con este nombre tienen un poderoso sentido del honor y la verdad y deben tener cuidado de expresarlo completamente en sus vidas. El deshonor y la vergüenza es lo que los lastima más profundamente. Tienen un instinto para expresar la esencia de los problemas y pueden revelar el honor de los lados opuestos de los problemas. Pueden ser muy cautelosos en sus puntos de vista sobre la vida y las situaciones del mundo.

Es importante para aquellos con esta energía trabajar y hacerlo en algo que produce efectos. Es importante aprender a estar orgulloso de los esfuerzos propios, a pesar de la importancia de las tareas. Cuando se aprende esta lección, muestran orgullo y son ejemplo del trabajo ético en su sentido más verdadero. La tarea de más baja categoría es mostrada como una tarea de honor. Hay una habilidad maravillosa para revelar y enseñar la nobleza que reside en toda la vida, todas las sociedades y todos los individuos.

ALEJANDRO

(VARIACIONES: ALEX, ALEXANDER, ALEC, ALEXIS, ALEXA)

Significado:	«El valiente, hombre protector; alma segura»
Afirmación sugerida:	«Yo soy Alejandro. ¡Yo soy el protector valiente de Dios!»
Vocal principal/elemento:	A / elemento del éter
Sonido principal/chakra:	«ah» / chakra de la garganta
Otras vocales/elementos:	E / elemento del aire
Otros sonidos/chakras:	«eh» / chakra de la garganta

MEDITACIÓN

Para estos individuos es importante trabajar, manifestar y utilizar la valentía apropiada. Son muy protectores de sus posesiones, familia y amigos, pero es importante para ellos aprender a no volverse excesivamente protectores. Tienen un poder que se manifiesta con mayor dinamismo cuando van a ayudar y/o proteger a alguien, pero puede haber una tendencia a no aplicar el mismo valor y energía respecto a ellos mismos. Si hay necesidad, pueden activar las energías del chakra de la garganta en una forma poderosa, asegurando una fuerza de voluntad y poderío que puede vencer con facilidad. Una lección importante es aprender a ejercer la voluntad en una forma creativa. Enseñar a otros a mantenerse fuertes es también una lección que pueden manifestar. Es importante para ellos tomar en cuenta la frase: «¡A los que matamos, los debemos revivir. A los que lastimamos, también los debemos sanar. Y a los que protegemos, los debemos hacer fuertes!». Desarrollar un nuevo sentido de seguridad en uno mismo y en otros será parte de su lección de vida.

ALICIA

(VARIACIONES: ALICE, ALLISON, ALYCE, ALYSSA)

Significado:	«Alguien confiable»
Afirmación sugerida:	«¡Yo soy Alicia. Yo soy la hija confiable de Dios!» o «¡Yo soy Alicia. Yo soy la portadora de la verdad!»
Vocal principal/elemento:	A / elemento del éter
Sonido principal/chakra:	«ah» / chakra de la garganta
Otras vocales/elementos:	I / elemento del fuego
Otros sonidos/chakras:	«ih» / chakra de la garganta, e muda / chakras de las cejas, la corona y la garganta

MEDITACIÓN

Este es un nombre poderoso que activa las energías y las lecciones del éter y el fuego en la vida del individuo. Estas lecciones se manifestarán en un mayor grado, ya que los sonidos de ambos elementos estimulan el chakra de la garganta, o el centro de la fuerza y manifestación de la voluntad. La E muda atenúa los fuegos del individuo de manera que las expresiones verbales no son demasiado intensas.

Las personas con este nombre deben ser cautelosas de sus palabras, ya que la habilidad para expresarse y tener esa expresión respondida es muy grande. Las palabras expresadas que son más amorosas serán sentidas más amorosas por los demás. Las palabras que son expresadas más agresivamente lastimarán más profundamente. A medida que estas personas crecen y maduran, existe una habilidad poderosa para utilizar expresiones para influenciar intensamente a aquellos en su vida. Estos individuos con frecuencia son fuertes catalizadores en las vidas de otros, con gran potencial para sanar e ilustrar mediante su peculiar manera de expresarse.

Alvin

Significado:	«Amigo de toda la gente; el amigo noble»
Afirmación sugerida:	«¡Yo soy Alvin; yo soy el amigo noble de todos!»
Vocal principal/elemento:	A / elemento del éter
Sonido principal/chakra:	«ah» / chakra de la garganta
Otras vocales/elementos:	I / el elemento del fuego
Otros sonidos/chakras:	«ih» / chakra de la garganta

MEDITACIÓN

Los individuos con este nombre tienen una capacidad maravillosa para relacionarse con otras personas. Sus habilidades de persuasión, si se desarrollan, son casi inigualables. Los sonidos en el nombre activan el chakra de la garganta, el centro para la expresión. Esta expresión puede ser llenada con fuego o se puede ajustar ella misma para toda situación en el individuo, ya que se refleja mediante el elemento del éter.

Aprender a hablar desde el corazón y mantenerse fuerte en todas las relaciones y amistades es lo más importante para estos individuos. Aprender a desarrollar la claridad de pensamiento en relación con situaciones personales que implican a otros a menudo es una tarea para aquellos con este nombre. La lealtad y la fortaleza de carácter deben ser lo más importante para estos individuos, y la falta de alguna de ellas, en ellos mismos o en otros, por lo general crea un enorme daño en sus vidas. Al madurar, sus auras a menudo asumen una apariencia noble, una de respeto tranquilo y fuerte.

AMANDA

(VARIACIONES: AMY, AMI)

Significado:	«Digna de ser amada; amada»
Afirmación sugerida:	«¡Yo soy Amanda; yo soy la amada de Dios!»
Vocal principal/elemento:	A / elemento del éter
Sonido principal/chakra:	«uh» / chakra de la garganta
Otras vocales/elementos:	A / elemento del éter
Otros sonidos/chakras:	«ah» / chakra de la garganta
	«uh» / chakra de la garganta

MEDITACIÓN

Las lecciones del corazón son predominantes en las vidas de aquellas personas con este nombre. Hay una abundancia de vocales A en el nombre, tres para ser exactos. El tres es un número creativo y por lo tanto aquellas con este nombre han venido a crear una nueva expresión de energías de amor y del corazón en algún lugar en sus vidas. Para muchos esto puede significar aprender a amarse a ellos mismos y ser capaces de expresar y demostrar ese amor a través de la apropiada elección de actividades y asociaciones en sus vidas. Esto también se podría manifestar con aprender cómo expresar el amor a una variedad mucho más amplia de personas, en un nivel superior a lo que se ha hecho antes, ya sea en esta vida o rompiendo el patrón de vidas anteriores. Por lo general existe una gran habilidad de sanación en las personas con este nombre, lo que usualmente se manifiesta primero mediante aprender a sanarse a uno mismo y a las experiencias de vida de uno. Para casi todas, vendrá una maduración y florecimiento del chakra del corazón en formas dinámicas, con muchas oportunidades para expresar amor por otros y ayudarlos a reconocer que ellos también son «dignos de ser amados».

AMOS

Significado:	«El que soporta el peso de los problemas; el espíritu de compasión»
Afirmación sugerida:	«¡Yo soy Amos; yo porto el espíritu de compasión!»
Vocal principal/elemento:	A / elemento del éter
Sonido principal/chakra:	«ay» / chakra del corazón
Otras vocales/elementos:	O / elemento del agua
Otros sonidos/chakras:	«uh» / chakra de la garganta

MEDITACIÓN

Este es un nombre poderoso, que le proporciona a quienes lo tienen el potencial de aumentar sus energías y las energías de otras personas a nuevas alturas. Los sonidos y los elementos de las vocales están todos relacionados con los tres chakras de en medio: el del corazón, el del plexo solar y el de la garganta. Esto indica que el alma ha logrado llevar sus energías a un nuevo nivel, para aumentar las energías y el poder del plexo solar a nuevas alturas de expresión. Hacer subir el poder desde niveles inferiores y expresarlo como un poder práctico y positivo de amor es lo que muchos de estos individuos han venido a hacer. Hay una habilidad para ver más allá de las fallas y sentir las necesidades.

Ayudar a otros a soportar el peso de sus problemas y aprender las lecciones de compasión es muy importante. El elemento del agua es muy poderoso, pero cuando se eleva como una fuerza de amor al nivel del corazón esto ocasiona una nueva vida. Expresar compasión por uno mismo y por toda la vida debe volverse una prioridad. A menos que la compasión se desarrolle, la amargura puede invadir nuestra vida. El don de la empatía es fuerte en estos individuos, y por lo general sienten una pasión por la vida.

ANA

(VARIACIONES: ANITA, ANN, ANNA, ANNE, ANNETTE)

Significado:	«Hija agraciada y amable»
Afirmación sugerida:	«¡Yo soy Ana; yo soy la hija amable de Dios!»
Vocal principal/elemento:	A / elemento del éter
Sonido principal/chakra:	«ah» / chakra de la garganta
Otras vocales/elementos:	E / elemento del aire
Otros sonidos/chakras:	Mudo / cualquiera de los chakras de la cabeza

MEDITACIÓN

Aquellas personas con este nombre han venido a realizar las energías del amor en algún área importante de sus vidas. Han venido a aprender las lecciones de la gentileza y la piedad en todas las circunstancias. La gentileza se puede aplicar a las habilidades físicas y también a la habilidad para trabajar con gente. Esto puede implicar gentileza y agilidad de mente, en particular aquellos cuyos nombres tienen una E secundaria en ellos.

Seguir el dictado de nuestro corazón con frecuencia puede ser difícil y puede implicarlo a uno en situaciones que son dolorosas, pero todas las situaciones nos ayudan a crecer. Es importante para todas aquellas personas con este nombre y sus variaciones seguir al corazón, para hacer lo que saben que es correcto para ellas, y suavizar todas las actividades con amor. En esta forma el corazón puede florecer y la persona puede crear una hermosa experiencia de sanación e influir en las vidas de aquellos con los que entra en contacto. La intuición de sanación florece con el corazón.

ANDREA

Significado:	«Femenina; mujer que es como un Dios»
Afirmación sugerida:	«¡Yo soy Andrea; yo soy la mujer divina!»
Vocal principal/elemento:	A / elemento del éter
Sonido principal/chakra:	«ah» / chakra de la garganta
Otras vocales/elementos:	E / elemento del aire A / elemento del éter
Otros sonidos/chakras:	«ee» / chakras de las cejas y la corona «uh» / chakra de la garganta

MEDITACIÓN

Las personas con este nombre tienen una energía que con frecuencia es más «madura» de lo que muchos creen. Incluso en la infancia hay un «conocimiento» maduro en estas personas. Ellas tienen una habilidad para absorber y asimilar información con facilidad, y por lo general solo se les tiene que mostrar algo una vez, en especial si es algo que les interesa. Les agrada el conocimiento y encuentran fácil sintonizarse con otros para obtener conocimiento de ellos. Deben ser cuidadosos de no darse «aires» de importancia porque el elemento aire es fuerte en ellas, y podrían ser arrastradas por sus propias ilusiones. Quizá tengan que aprender a mantener los pies en la tierra. Las personas con este nombre por lo general tienen un aura que atrae al menos a una persona, quien los sigue a todos lados, casi adorando el suelo que pisan, pero por lo general se encuentran en el centro de grupos. Los nombres de tres sílabas siempre eran considerados por las sociedades antiguas como ejerciendo gran poder. La mayoría de los nombres de arcángeles tienen tres sílabas. Quienes tienen este nombre, siempre tienen una cualidad etérea para su energía que atrae a la mayoría de las personas. No obstante, habrá lecciones para equilibrar lo ideal y lo práctico.

ANDRÉS

(VARIACIÓN: ANDREW, ANDY)

Significado:	«El fuerte; el varonil»
Afirmación sugerida:	«¡Yo soy Andrés; yo soy el hijo fuerte de Dios!»
Vocal principal/elemento:	A / elemento del éter
Sonido principal/chakra:	«ah» / chakra de la garganta
Otras vocales/elementos:	E / elemento del aire
Otros sonidos/chakras:	«oo» / chakra base

MEDITACIÓN

Los individuos con este nombre han venido a desarrollar fuerza en alguna faceta de su personalidad y su vida. Respecto a dónde se encuentra esta fuerza, esto varía, pero puede ser en más de una faceta, ya que el elemento del éter los afecta a todos. La fuerza de voluntad, el control de las emociones y la fuerza física son solo algunas formas en que esto se puede manifestar. También existe una relación entre los chakras de la garganta y el base, indicando que surgirá una oportunidad en la vida del individuo para atraer energías más grandes de ese centro para la fuerza de vida básica y para expresarla de una manera benéfica. Hay una lección de aprender a exhalar «aire» nuevo en esa fuerte fuerza de vida que prevalece en aquellos con este nombre. Se pondrá a prueba el aprender a expresar esa fuerza de vida en una forma creativa. El kundalini tiene la oportunidad de ser aumentado por el individuo para darle poder a su vida. Aprender a hacer esto será importante. Para aquellos en el sendero espiritual iniciático, esto implicará aprender los aspectos esotéricos de las energías sexuales y cómo usarlas para desencadenar el proceso alquímico.

ÁNGELA

(VARIACIÓN: ÁNGEL)

Significado:	«Mensajero de la verdad; el ángel»
Afirmación sugerida:	«¡Yo soy Ángela; yo soy el ángel de la verdad!»
Vocal principal/elemento:	A / elemento del éter
Sonido principal/chakra:	«ah» / chakra de la garganta
Otras vocales/elementos:	E / elemento del aire A / elemento del éter
Otros sonidos/chakras:	«eh» / chakra de la garganta «uh» / chakra de la garganta

MEDITACIÓN

Las personas con este nombre han venido a usar el chakra de la garganta para expresarse en formas nuevas y poderosas. Las tres vocales toman el sonido que activa este centro. Aprender a expresarse con simplicidad y veracidad es muy importante. Hablar con honestidad es una lección clave. En esta misma línea, las muestras de deshonestidad en la comunicación es lo que más los daña. Estas personas tienen el don de decir lo que es correcto en el momento apropiado, de la manera correcta. Aprender a conectarse e imitar las actividades de la jerarquía angélica es lo mejor que estos individuos pueden hacer. Los nombres de los ángeles por lo general tienen tres sílabas (el ritmo creativo), y este nombre, su ritmo y su significado reflejan aquellas mismas cualidades. La expresión creativa de alguna forma es esencial para la salud y el bienestar de estas personas. Ellas son por naturaleza sanadoras con su voz y pueden ser excelentes consejeras, por lo cual mucha gente se acerca a descargar sus problemas en ellos. También existe un fuerte lazo para trabajar con la naturaleza, ya sean flores, hierbas, piedras, animales, etc.

ANTONIO

(VARIACIONES: ANTHONY, TONY)

Significado:	«El que no tiene precio; de valor inestimable»
Afirmación sugerida:	«¡Yo soy Antonio; yo soy invaluable ante los ojos de Dios!»
Vocal principal/elemento:	A / elemento del éter
Sonido principal/chakra:	«ah» / chakra de la garganta
Otras vocales/elementos:	O / elemento del agua
	Y / elemento sin especificar (combinación de fuego y aire)
Otros sonidos/chakras:	«uh» / chakra de la garganta
	«ee» / chakras de las cejas y la corona

MEDITACIÓN

Los individuos con este nombre son multifacéticos. Son capaces de manifestar muchas habilidades y energías. También con frecuencia pasan por pruebas y aprendizajes muy extensos. La frase: «A aquellos a los que mucho se les da, mucho se les requiere», resulta ser verdad para aquellos con este nombre y sus variaciones. Aquellos con el nombre Antonio han venido a respirar aire fresco en sus corazones y emociones y en los corazones y emociones de otros, por eso la combinación única de vocales. Tienen un don para relacionarse con los demás, si es que deciden desarrollarlo.

Sin importar la clase de trabajo o vida que elijan, los Antonios tendrán un efecto sutil y poderoso en aquellas personas en sus vidas. Sienten lo que otros por una fuerte clarividencia, la cual deben aprender a equilibrar de forma apropiada. Equilibrar la mente y emociones es la clave para la realización de los deseos de su corazón. La mayoría de los Antonios tienen la capacidad para ser de tremendo valor en el crecimiento y maduración de aquellos cuyas vidas están en contacto con ellos, pero esto requiere primero un crecimiento y una maduración de su propio corazón y su mente.

ARLENE

(VARIACIÓN: ARLAND)

Significado:	«La promesa; el juramento; el que es leal»
Afirmación sugerida:	«¡Yo soy Arlene; yo soy la promesa de Dios!»
Vocal principal/elemento:	A / elemento del éter
Sonido principal/chakra:	«aw» / chakra del plexo solar
Otras vocales/elementos:	E / elemento del aire
Otros sonidos/chakras:	«ee» / chakras de las cejas y la corona muda / chakras de la cabeza

MEDITACIÓN

Aquellas mujeres con este nombre tienen una fuerza y poder innato para ser leales en todo pensamiento, palabra y acción. Son personas en las que se puede confiar. En ocasiones tienen dificultades para controlar a otros que no son tan leales, ya que esta es una parte intrincada de sus propias vidas. El chakra del plexo solar y el chakra de las cejas tienen una relación maravillosamente única. El plexo solar activa la clarividencia, las corazonadas intuitivas en un individuo. El chakra de las cejas es el lugar de concentración de la clarividencia y la visión intuitiva y espiritual. Aquellas personas con este nombre tienen la capacidad para trabajar tanto desde el aspecto de los sentimientos como desde el aspecto mental. Pueden incluso aprender a unir ambos, reuniendo lo masculino con lo femenino para formar una nueva unidad de fuerza. «Los dos serán como uno», es una frase que obtiene mucho poder y beneficio en la meditación para aquellas personas con este nombre. A las mujeres con el nombre de Arlene con frecuencia no se les da el crédito que merecen por sus habilidades mentales, lo cual se refleja en la E muda. Aprender a usar esa habilidad mental y permanecer firme en sus promesas son lecciones muy importantes para aquellas personas con este nombre.

ARNOLDO

Significado:	«Valiente y fuerte; fuerte como un águila»
Afirmación sugerida:	«¡Yo soy Arnoldo; yo soy el águila fuerte de la vida!»
Vocal principal/elemento:	A / elemento del éter
Sonido principal/chakra:	«aw» / chakra del plexo solar
Otras vocales/elementos:	O / elemento del agua
Otros sonidos/chakras:	«uh» / chakras de la garganta (en ocasiones pronunciada como «oh» —chakra del plexo solar)

MEDITACIÓN

Este es un nombre de gran fuerza y alto nivel, físico o de otra índole. Incluso aquellos individuos que no son tratados como si tuviesen algún nivel elevado encontrarán tal trato como incomprensible, porque muy en el fondo saben que hay una fuerza y una habilidad que algún día elevará su nivel. Aprender a manifestar esa habilidad individual en algún área de la vida será la tarea de aquellos con este nombre. Lograr alguna forma de nivel alto será importante, así que se debe aprender a buscar un nivel alto en todas las tareas y esfuerzos. Siempre existe la lección de reconocer que los únicos que determinan nuestra verdadera fuerza y nivel somos nosotros mismos. Por ello aprender a no ser influenciado adversamente por las opiniones de los demás será importante. Aquellos con este nombre tienen una gran previsión. Tal como el águila, pueden ver a grandes distancias. Ellos pueden ver a dónde irán al final, un año, diez años e incluso treinta años o más allá en el camino. Mantener la vista concentrada en esa imagen y visión es lo que moverá al individuo a través del fango de la vida diaria y abrirá y desarrollará la fuerza verdadera del alma para que la visión pueda ser usada para él mismo y para otros.

ARTURO

Significado:	«El oso; hombre noble; hombre de integridad»
Afirmación sugerida:	«¡Yo soy Arturo; yo soy un oso noble de la integridad!»
Vocal principal/elemento:	A / elemento del éter
Sonido principal/chakra:	«aw» / chakra del plexo solar
Otras vocales/elementos:	U / elemento de la tierra
Otros sonidos/chakras:	«uh» / chakra de la garganta

MEDITACIÓN

Los individuos con este nombre tienen la tarea de desarrollar un fuerte sentido de honestidad e integridad. Para muchos, ocurrirán circunstancias que revelarán lo opuesto en aquellos que los rodean. Para otros, aprender a superar lo opuesto será una prioridad. Las personas confían en aquellas personas con este nombre. Existe en ellos una cualidad de tener los pies en la tierra (U) que tiene resonancia con otras personas. Esta confianza desde luego puede ser beneficiosa o se pueden aprovechar de ella.

Estos individuos cuentan con una gran persuasión y debido a su confianza innata los demás parecen confiar en ellos. Pueden ser excelentes consejeros o bien excelentes estafadores. Como su sobrenombre, el oso, parecen moverse pesadamente, pero hay un poder y una fuerza que es abrumadora cuando se pone en movimiento. Los osos son bestias extremadamente rápidas y poderosas y se mantienen firmes en su carácter y sus patrones. El oso también era un tótem sagrado en muchas sociedades y aquellos con este nombre no pueden hacer algo mejor que asumir esto como parte de su vida. Este es un tótem de poder, agilidad, fuerza y protección.

AUDREY

(VARIACIÓN: AUDRA)

Significado:	«De fuerza noble; nobleza fuerte»
Afirmación sugerida:	«¡Yo soy Audrey; yo soy de fuerza noble!»
Vocal principal/elemento:	A / elemento del éter
Sonido principal/chakra:	«aw» / chakra del plexo solar
Otras vocales/elementos:	U / elemento de la tierra
	E / elemento del aire
Otros sonidos/chakras:	muda / base para las energías del corazón
	«ee» / chakras de las cejas y la corona

MEDITACIÓN

Audrey es el nombre que tiene resonancia con la nobleza interna que reside en el alma. Aquellas personas con este nombre han venido a aprender a manifestar esa nobleza en sus vidas y también a enseñar a otros a despertarla. Sin importar cuáles sean sus labores u ocupaciones en la vida, las personas con este nombre deben aprender a ver la nobleza al llevar a cabo una labor, simplemente por el propósito de hacerla bien.

Las personas con este nombre también tienen una habilidad innata para ver el lado más ligero del mundo cotidiano, y son capaces de ayudar a otros a respirar aire fresco en su propio mundo. Por eso algo del significado del elemento tierra (U) oculto en el nombre. Es esencial, tratar de desarrollar una habilidad para aligerar el mundo cotidiano mediante un nuevo conocimiento y nuevas perspectivas. Por lo general, existe un aura alrededor de estas personas que nos comunica de una realeza oculta. En algún nivel de su conciencia, saben que son hijas de lo Divino, y como tales deben reconocer que esto requiere ciertos comportamientos, expresiones y aprendizajes para ellas y para aquellos con los que entran en contacto.

Bárbara

(Variaciones: Barbie, Barb)

Significado:	«Extraña que llega con alegría; portadora de alegría»
Afirmación sugerida:	«¡Yo soy Bárbara; yo soy la portadora de alegría!»
Vocal principal/elemento:	A / elemento del éter
Sonido principal/chakra:	«aw» / chakra del plexo solar
Otras vocales/elementos:	A / elemento del éter
Otros sonidos/chakras:	«aw» / chakra del plexo solar «uh» / chakra de la garganta

MEDITACIÓN

Este nombre tiene energías importantes para la apertura del chakra del corazón. Los sonidos de las vocales corresponden a los chakras del plexo solar y la garganta, mientras que el elemento A triple corresponde al corazón. El corazón debe establecer un puente para que las emociones inferiores se conviertan en una expresión superior. Estas personas deben tener cuidado de no hacer o decir algo que conscientemente dañe a otro, ya que esta es la antítesis de lo que han venido a aprender. Han venido a ser portavoces de la alegría, y por eso deben buscar lo que les proporcione alegría a ellas mismas. Cuando esta habilidad se desarrolla abre los reinos de la naturaleza y de aquellos de las jerarquías dévicas y angélicas. También traen alegría a sus existencias y a las de los demás, y se sienten atraídas por aquellos que también tienen esa habilidad. El sufrimiento solo es bueno para el alma si nos enseña cómo no volver a sufrir. Las personas con este nombre tienen una energía que exige llenar sus vidas con alegría y una expresión creativa.

BARRY

Significado:	«Una lanza puntiaguda; arma valiente»
Afirmación sugerida:	«¡Yo soy Barry; yo soy una lanza de luz!»
Vocal principal/elemento:	A / elemento del éter
Sonido principal/chakra:	«ay» / chakra del corazón
Otras vocales/elementos:	Y / elemento del aire
Otros sonidos/chakras:	«ee» / chakras de las cejas y la corona

MEDITACIÓN

Los individuos con este nombre están relacionados con esa energía que se manifiesta en las oportunidades para llevar luz a áreas de su corazón. El corazón es el lugar de concentración del karma y aquellos con este nombre con frecuencia han venido a dar luz al pasado, y por ello a sacarlo de las sombras para afrontarlo de una vez por todas. Por lo tanto, es importante para ellos observar cada situación como importante e intrínseca a la evolución general. Deben aprender a tomarse un tiempo al final del día para evaluar las situaciones de ese día, con el fin de poner todo en su perspectiva apropiada. Los que llevan el nombre de Barry tienen un fuerte sentido de visión intuitiva, la cual se puede desarrollar con facilidad, pero que también requiere que esté equilibrada de manera que lo que se visualice no resulte ser una ilusión. Estos individuos necesitan despertar la luz interior en lugar de buscar una luz exterior. De esta manera se convierten en un canal o una lanza de luz para los demás.

Beatriz

(Variaciones: Bea, Beata, Beatrice)

Significado:	«Aquella que hace felices a otros y les da alegría; bendita y feliz»
Afirmación sugerida:	«¡Yo soy Beatriz; yo soy la bendita portadora de alegría!»
Vocal principal/elemento:	e / elemento del aire
Sonido principal/chakra:	«ee» / chakras de las cejas y la corona
Otras vocales/elementos:	A / elemento del éter
	I / elemento del fuego
	E / elemento del aire
Otros sonidos/chakras:	«uh» / chakra de la garganta
	«ih» / chakra de la garganta
	muda / chakra de la garganta o chakras de las cejas y la corona

MEDITACIÓN

Este es un nombre que puede activar las energías y las oportunidades para elevarse de una perspectiva terrenal. Su elemento principal es el aire, el cual rige las actividades mentales. Estas personas por lo general tienen un campo especial de conocimiento, o «saben» lo suficiente para conversar y sintetizar un amplio espectro de información. Por lo general saben la información apropiada para decir y saben cómo decirla. Instintivamente saben cómo relacionarse con otras personas. En ocasiones, en las etapas de crecimiento pueden ser más bien introvertidas. Reciben tantas señales —conocimientos intuitivos acerca de otras personas— que no pueden sintetizarlas o expresarlas. Por esto puede volverse algo sencillo retirarse. Es importante aprender a que se expresen ellas mismas y su conocimiento en cualquier campo. Estas personas a menudo son excelentes maestras y les resulta sencillo relacionarse con niños. Con frecuencia llevan a cabo sus tareas en una forma competente, lo cual las hace ser una bendición para los demás.

BENJAMÍN

(VARIACIÓN: BEN)

Significado:	«El hijo favorecido; hijo de la mano derecha»
Afirmación sugerida:	«¡Yo soy Benjamín; yo soy el hijo favorecido de Dios!»
Vocal principal/elemento:	E / elemento del aire
Sonido principal/chakra:	«eh» / chakra de la garganta
Otras vocales/elementos:	A / elemento del éter I / elemento del fuego
Otros sonidos/chakras:	«uh» / chakra de la garganta

MEDITACIÓN

Si alguien puede ser considerado afortunado, con frecuencia son los individuos con este nombre. Los sonidos y energías asociados con este nombre atan al individuo a la cornucopia de vida. Siempre hay abundancia en alguna forma. Si es abundancia positiva o negativa depende del individuo y su actitud. Los tres sonidos activan el chakra de la garganta, el centro de la fuerza de voluntad y la manifestación. Esto es una indicación de que los pensamientos y las palabras deben observarse con mucho cuidado, ya que los individuos tienen el poder y la habilidad innata para poner energía en movimiento de acuerdo con sus palabras y pensamientos. Existe un antiguo dicho de que uno debe ser cuidadoso de lo que pida, porque esto puede ser exactamente lo que reciba. Esto es clave para aquellas personas con este nombre. También existe una habilidad natural para hacer sentir a otros especiales y favorecidos. La expresión creativa siempre será importante, ya sea en el campo de los negocios o de las artes. Esto es esencial para el propósito de estas almas. Cualquier inhibición o un mal uso de esto ocasionará desaprobación. Si esto se aplica correctamente, sus energías pueden manifestar el toque del rey Midas, el cual puede ser transmitido a otros.

BERNARDO

(VARIACIONES: BERNIE, BERNARD, BERNARDETTE, BERNICE)

Significado:	«Valiente como un oso; fuerte y poderoso; victorioso»
Afirmación sugerida:	«¡Yo soy Bernardo; yo soy el oso poderoso de Dios!»
Vocal principal/elemento:	E / elemento del aire
Sonido principal/chakra:	«eh» / chakra de la garganta
Otras vocales/elementos:	A / elemento del aire
Otros sonidos/chakras:	«aw» / chakra del plexo solar

MEDITACIÓN

Los siete rayos de luz y energía que emanan de la Divinidad en toda vida en la Tierra, son filtrados hasta nosotros a través de la constelación conocida como el Gran Oso. Esto tiene mucha importancia para aquellos con este nombre o cualquiera de sus variaciones. Cuando podemos armonizarnos con nuestros rayos del alma, obtenemos nuestro verdadero poder y la expresión de este en esta vida.

Este nombre tiene sonidos que activan los chakras de la garganta y el plexo solar, dos centros de gran fuerza de voluntad en nuestras vidas. Estos individuos han venido a desarrollar y manifestar el uso apropiado de la fuerza de voluntad, para ellos mismos y para aquellos en sus vidas. Esto implica aprender que la fuerza y el poder también son muy amables. Estos individuos tienen su mayor fuerza cuando se defienden ellos mismos o defienden a otros. Siempre resulta tonto acorralar a un oso en una esquina, no importa qué tan pequeño sea. Es importante para aquellos con este nombre ejercer sus energías en algo constructivo, porque es entonces que el oso se eleva a su altura y poder completos.

BETH

(VARIACIONES: ELIZABETH, BETTY, BETSY, BESSIE)

Significado:	«Casa de Dios; consagrada a Dios»
Afirmación sugerida:	«¡Yo soy Beth; yo soy la consagrada a Dios!»
Vocal principal/elemento:	E / elemento del aire
Sonido principal/chakra:	«eh» / chakra de la garganta
Otras vocales/elementos:	——
Otros sonidos/chakras:	——

MEDITACIÓN

Las personas con este nombre y sus variaciones tienen una antigua forma de pensamiento de reverencia asociada con este. Aprender a dar la reverencia apropiada a todos los aspectos de la vida —tanto física como de otra índole— es importante y necesario para aquellas personas con este nombre. De alguna manera ellas han venido a consagrar sus vidas a nuevas expresiones de espiritualidad. Esto podría adoptar las formas religiosas tradicionales o podría ser una que no es tradicional. Con frecuencia es su ejemplo el que despierta un mayor respeto y reverencia en otros. Aunque son calladas, se le debe prestar atención a sus palabras, ya que existe una sabiduría innata que aparecerá. Tienen una habilidad única para evaluar situaciones e ir al grano de los problemas. Es importante aprender a prestar atención a esas visiones internas. Muchas de estas personas son capaces de desarrollar clariaudiencia y escuchar esa fuerte voz interior. Muchas entran a su encarnación física con los oídos internos ya conectados, y por ello los esfuerzos por «encender el interruptor» pueden parecer frustrantes. Necesitan darse cuenta que el enlace con lo superior es natural y silencioso. Es a esa voz interior calmada a la que deben prestar atención.

Beverly

Significado:	«Castor diligente; habitante de la pradera del castor»
Afirmación sugerida:	«¡Yo soy Beverly; yo soy la trabajadora diligente de Dios!»
Vocal principal/elemento:	E / elemento del aire
Sonido principal/chakra:	«eh» / chakra de la garganta
Otras vocales/elementos:	E / elemento del aire Y / elemento del aire o del fuego
Otros sonidos/chakras:	«eh» / chakra de la garganta «ee» / chakras de las cejas y la corona

MEDITACIÓN

El castor, de donde se deriva este nombre, es un trabajador diligente y un constructor. Los castores edifican un hogar fuerte, uno que puede sostenerse y detener el flujo de un arroyo o de un río. Pueden trabajar en el agua o en tierra. Todas las cualidades de este animal son signos tótem para las mujeres con este nombre.

Aquellas personas con este nombre deben aprender a afirmar apropiadamente su fuerza de voluntad y equilibrio. Deben ser capaces de nadar en las aguas emocionales que pueden rodearlos, en lugar de ser arrastrados por ellas. Deben construir un hogar —físico, emocional, mental y espiritual— para ellas mismas. Si se concentran de manera apropiada, esta encarnación establecerá nuevos cimientos y patrones para las vidas por venir. La ley de causa y efecto —ya sea para bien o para mal— es fuerte en sus vidas y tiene repercusiones que se extienden más allá de lo inmediato. Abrir las perspectivas es esencial para construir ese nuevo hogar. Una vez hecho, proporciona la visión de la promesa.

BONNIE

(VARIACIÓN: BONITA)

Significado:	«Dulce y buena; un buen corazón»
Afirmación sugerida:	«¡Yo soy Bonnie; mi vida está repleta de lo dulce y lo bueno!»
Vocal principal/elemento:	O / elemento del agua
Sonido principal/chakra:	«aw» / chakra del plexo solar
Otras vocales/elementos:	I / elemento del fuego E / elemento del aire
Otros sonidos/chakras:	«ee» / chakras de las cejas y la corona

MEDITACIÓN

Las personas con este nombre han venido a asegurar el dominio de la mente sobre las emociones y al hacer esto se abren a la visión espiritual más que a la visión síquica. El plexo solar es un heraldo de los sentimientos y las emociones fuertes, el elemento agua. Agregada al agua está el fuego de la vocal I, y juntas crean vapor, la generación de energía, parte del proceso alquímico. El vapor se eleva en el aire hacia los cielos, por ello la importancia de la vocal E.

Controlar las emociones y utilizarlas en formas creativas, como iluminadas por los fuegos de la mente, es una tarea que trae dulzura y luz a nuestra vida. Cuando la mente está unida con las emociones, el poder para crear maravillas en nuestra vida se hace manifiesto. Si esto no se hace, estas personas experimentarán un carrusel emocional, repitiendo las mismas situaciones, únicamente con diferentes apariencias. Estas personas son muy simpáticas y deben aprender a discernir entre sus sentimientos verdaderos y aquellos que han captado de otros. Cuando esto ocurre las aguas de su vida son repletas con aire vivificante, elevando las energías y la conciencia del alma a nuevas visiones.

Bradley

(Variaciones: Brad, Bradford)

Significado:	«De la pradera extensa; el buen proveedor»
Afirmación sugerida:	«¡Yo soy Bradley; yo proveo abundancia!»
Vocal principal/elemento:	A / elemento del éter
Sonido principal/chakra:	«ah» / chakra de la garganta
Otras vocales/elementos:	E / elemento del aire
Otros sonidos/chakras:	«ee» / chakras de las cejas y la corona

MEDITACIÓN

La abundancia y la provisión son las palabras clave de aquellos con este nombre. Estos individuos han venido a aprender acerca de la abundancia y la provisión de cosas para los demás. No obstante, en ocasiones deben experimentar las carencias con el fin de poder apreciar la abundancia. Cualquier carencia que haya en su vida sería solamente temporal, ya que tienen una habilidad única para manifestar oportunidades que pueden producir una mayor abundancia en sus vidas. Ya sea que elijan hacerlo así es un asunto del libre albedrío. Las praderas son lugares de paz, seguridad y tierra fértil. Estos individuos son como praderas. Tienen todo lo necesario para proveer todo para sus deseos y necesidades durante esta encarnación, si es que ellos lo aprovechan. Por lo general existe un fuerte impulso para compartir esta abundancia con otros. Y a menudo hay una lección de reconocer que existen clases de abundancia diferentes a la abundancia física y material.

BRENDA

(VARIACIONES: BRANDON, BRANT, BRENDON, BRENT)

Significado:	«De la colina de fuego; el faro; fuerte y entusiasta»
Afirmación sugerida:	«¡Yo soy Brenda; yo soy un faro para los demás!»
Vocal principal/elemento:	E / elemento del aire
Sonido principal/chakra:	«eh» / chakra de la garganta
Otras vocales/elementos:	A / elemento del éter
Otros sonidos/chakras:	«uh» / chakra de la garganta

MEDITACIÓN

Las personas con este nombre o sus variaciones, han venido para avivar los fuegos interiores. Las llamas arden más brillantes cuando está disponible el oxígeno, y el aire es el elemento principal. En ocasiones estas personas deben ejercitar la fuerza de voluntad (chakra de la garganta) para controlar su entusiasmo.

Estas personas por lo general son apasionadas en sus creencias y cuando hablan de ellas pueden encender esa misma pasión en los demás. Se pueden convertir en faros muy luminosos en una colina elevada, llevando a los demás hacia ellos. De hecho, usualmente atraen a una extensa variedad de individuos de una amplia gama de la sociedad. Pueden ser muy atractivas para toda clase de individuos. Para ellas es importante desarrollar el discernimiento, y a menudo tienen una habilidad para servir como canales para las comunicaciones espirituales, tanto consciente como inconscientemente. Sus palabras deben ser escogidas con mucho cuidado en la vida, ya que tienen un impacto mucho mayor en los demás de lo que ellos con frecuencia creen.

Brian

(Variación: Bryan)

Significado:	«Fortaleza; virtud y honor»
Afirmación sugerida:	«¡Yo soy Brian; yo soy fuerte en la virtud y el honor!»
Vocal principal/elemento:	I / elemento del fuego
Sonido principal/chakra:	«eye» / chakra del bulbo raquídeo
Otras vocales/elementos:	A / elemento del éter
Otros sonidos/chakras:	«uh» / chakra de la garganta

MEDITACIÓN

Brian, como su significado lo indica, es un nombre que implica el despertar de una mayor virtud y fortaleza. La I es el elemento principal, indicando que los fuegos de la virtud y el honor serán activados y desarrollados en esta vida. La A, cuyo elemento es el éter, está conectada al chakra del corazón. Por lo tanto, aquellos con este nombre han venido a encender fuegos nuevos, elevando las energías del corazón a nuevos niveles de expresión (el chakra de la garganta).

La mayoría de aquellos que se llaman Brian descubren que su fuerza de voluntad y su honor a menudo son puestos a prueba, así que es importante para ellos mantenerse fuertes, sin importar cómo otras personas podrían responder. En tanto ellos hagan lo que saben en sus corazones que es correcto, los acontecimientos finalmente tendrán el resultado esperado por ellos. Su ejemplo de vida puede encender fuegos de inspiración en otros. La virtud es lo que ellos más aprecian y es lo que más necesitan expresar. Al hacer esto, desarrollan una sabiduría y un conocimiento más allá del ámbito físico.

BRUNO

Significado:	«Habitante en la espesura; seguro»
Afirmación sugerida:	«¡Yo soy Bruno; yo soy seguro en la espesura!»
Vocal principal/elemento:	U / elemento de la tierra
Sonido principal/chakra:	«oo» / chakra de la base
Otras vocales/elementos:	E / elemento del aire
Otros sonidos/chakras:	Mudo

MEDITACIÓN

Incluso el suelo y la tierra requieren airearse para que crezcan los organismos, pero la actividad del aire en la tierra por lo general no es detectada. Esto refleja mucho en la vida y las actividades de aquellos con este nombre. Puede parecer que tienen muy bien plantados los pies en la tierra y ser prácticos, pero hay mucha actividad mental y energía que silenciosamente hace trabajar su influencia (la E muda influenciando la U).

Con frecuencia estos individuos guardan sus pensamientos para ellos mismos. A menudo esperan que sus acciones hablen por ellos. Esto es cierto en particular en asuntos del corazón. Es frecuente que caigan en la trampa de asumir que ya que ellos proveen el dinero para los gastos del hogar, su pareja en la vida sabrá cómo se sienten. Existe cierta fuerza en el silencio, esta también debe estar equilibrada. Aquellos con este nombre por lo general han venido a agregar un nuevo aire a las energías de su fuerza de vida, para poner en movimiento un nuevo crecimiento que se extenderá más allá de esta encarnación. Esto se refleja en el chakra base y la actividad silenciosa de la E. Es frecuente que estos individuos no reconozcan cuánto crecimiento nuevo y cuánta energía están poniendo en movimiento y por ello es esencial que puedan ampliar su perspectiva.

Burt

Significado:	«Buen ánimo; proveedor abundante»
Afirmación sugerida:	«¡Yo soy Burt; yo soy el proveedor abundante con buen ánimo!»
Vocal principal/elemento:	U / elemento de la tierra
Sonido principal/chakra:	«uh» / chakra de la garganta
Otras vocales/elementos:	—
Otros sonidos/chakras:	—

MEDITACIÓN

Los individuos con este nombre han venido a darle una nueva expresión a su habilidad para proveer. Con frecuencia eligen aceptar lecciones para proveer con la actitud apropiada. Aprender a ver la luz en todas las formas de provisión es algo que ellos deben asimilar. Aprender a proveer más que solo las necesidades físicas y terrenales también es parte de su tarea. Por ello la importancia del elemento tierra operando a través del chakra de la garganta.

Un verdadero proveedor proporciona cuidado físico, emocional, mental y espiritual y lo hace con un gran ánimo que ilumina y sana a aquellos con los que entra en contacto. Esta es la lección de aquellos con este nombre. Es esencial aprender a reconocer que no hay un onceavo mandamiento que declara: «¡Tú harás sin nada!». Como estos individuos reconocen hay una abundancia infinita disponible para ellos, la luz brilla sobre las oportunidades para manifestar esa abundancia.

Byron

Significado:	«Oso; lleno de fuerza»
Afirmación sugerida:	«¡Yo soy Byron; yo soy el oso fuerte de Dios!»
Vocal principal/elemento:	Y / elemento del fuego
Sonido principal/chakra:	«eye» / chakra del bulbo raquídeo
Otras vocales/elementos:	O / elemento del agua
Otros sonidos/chakras:	«uh» / chakra de la garganta

MEDITACIÓN

Aquellos con este nombre han venido a llevar a cabo la Búsqueda del Santo Grial, la búsqueda de nuestra verdadera esencia espiritual y la mejor manera de manifestarla en esta vida. El glifo de la Y es un símbolo para el cáliz y el nombre también tiene el elemento del agua, el elixir de la vida que el cáliz contiene. Cuando este elixir se enciende con el fuego (el sonido de la Y) entonces llega el tiempo de beber el líquido cargado y cruzar hacia el Castillo del Grial de la espiritualidad verdadera.

Aquellos con este nombre deben aprender a sintetizar los opuestos. Aprender a mezclar el fuego y el agua es solo un ejemplo. Esto implica aprender a trabajar con el principio hermético de la polaridad, aprender que lo caliente y lo frío son simplemente diferentes grados de lo mismo: temperatura. Unir la mente y las emociones —la Inteligencia del Corazón— es esencial. Esto es lo que será puesto a prueba y lo que traerá las más grandes recompensas.

«Todo es dual; todo tiene polos; todo tiene su par de opuestos; igual y desigual son lo mismo...» (*El kybalión*). Equilibrar estos conceptos proporcionará control sobre la vida.

CANDICE

(VARIACIONES: CANDY, CANDI, CANDACE)

Significado:	«Blanco brillante; mujer de honor y luz»
Afirmación sugerida:	«¡Yo soy Candice; yo soy la luz blanca brillante de Dios!»
Vocal principal/elemento:	A / elemento del éter
Sonido principal/chakra:	«ah» / chakra de la garganta
Otras vocales/elementos:	I / elemento del fuego
	E / elemento de aire
Otros sonidos/chakras:	«ih» / chakra de la garganta
	Mudo

MEDITACIÓN

Hay un sonido de suavidad en este nombre. Es uno de esos nombres cuyos estereotipos con frecuencia reflejan la energía. Su forma abreviada «Candi» a menudo es asociada con personas que son lindas y livianas de carácter. Quienes tienen este nombre necesitarán desarrollar cierta ligereza en sus actitudes y percepciones. Superar el deseo de tomar las situaciones demasiado seriamente puede ser opresivo para estos individuos. Aprender a tratar las emociones con más ligereza es también parte de su tarea. De esta forma, las aspiraciones superiores pueden evolucionar desde las emociones inferiores, convirtiéndolas en una luz para los demás. Hacer algo creativo que implica metas a corto plazo, en las que los resultados se pueden ver, ayuda a estas personas a llevar su luz a su fuerza máxima. Estas personas han comenzado el proceso de unir el corazón y la mente de una forma que resulta inmensamente feliz para ellas. Es importante para estas personas expresarse sin preocuparse de la respuesta o posible respuesta de los demás; en ocasiones esto puede parecer egocéntrico, por lo cual se deben de cuidar de ello. De esta forma se pueden convertir en un ejemplo para los demás, al expresar su luz interna con alegría.

CARL

Significado:	«Granjero; fuerte y varonil»
Afirmación sugerida:	«¡Yo soy Carl; yo soy el granjero de toda la vida!»
Vocal principal/elemento:	A / elemento del éter
Sonido principal/chakra:	«aw» / chakra del plexo solar
Otras vocales/elementos:	—
Otros sonidos/chakras:	—

MEDITACIÓN

Este es un nombre que puede darle gran poder al individuo que sabe cómo aplicar sus energías con gran poder. El chakra del plexo solar es un centro poderoso, que puede utilizarse para el bien o para el mal. Cuando está asociado con el elemento del éter, le proporciona a uno el potencial de activar el poder en todas las formas, afectando a todas las personas.

Para muchos con este nombre, existen reflejos de las encarnaciones atlantes en las cuales el poder podría no haberse usado para nada o no haberse usado de forma apropiada. En esta encarnación muchos han venido a volver a expresar ese poder para así beneficiar a otras personas en sus vidas.

Un granjero necesita todos los elementos para lograr que la cosecha crezca. Necesita buena tierra, agua fresca, oxígeno y luz solar, todo ello en la combinación apropiada. Cuando esto está presente, existe un potencial para producir una cosecha que alimentará a muchas personas. No obstante, se debe recordar que únicamente porque los elementos son buenos, no se asegura el buen resultado de las cosechas. El granjero debe cuidarlas todo el tiempo, manteniendo el equilibrio para asegurar los mejores frutos. El tallo del trigo —un antiguo símbolo de nutrición y abundancia— es un símbolo excelente para que estos individuos mediten.

Carla

(Variación: Carry, Karla)

Significado:	«Poco femenina; fuerte»
Afirmación sugerida:	«¡Yo soy Carla; yo soy la mujer fuerte de Dios!»
Vocal principal/elemento:	A / elemento del éter
Sonido principal/chakra:	«aw» / chakra del plexo solar
Otras vocales/elementos:	I / elemento del éter
Otros sonidos/chakras:	«uh» / chakra de la garganta

MEDITACIÓN

Las personas con este nombre o sus variaciones han venido a desarrollar una mayor fuerza en sus energías femeninas. Son las energías femeninas del universo que representan el alma iluminada o evolucionada, la única clase de alma capaz de dar nacimiento a lo Divino. Para que ocurra la iluminación, se debe activar una mayor fuerza de voluntad y se debe fundir con las energías del corazón, del amor y la luz. Entonces el individuo tendrá la capacidad de convertirse en una fuerza de sanación dinámica. Estas personas se vuelven una prueba viviente de que ser femenina y ser débil no son sinónimos. Dar nacimiento a las nuevas energías en todos los niveles es la tarea de estas almas —un nuevo nacimiento emocional (chakra del plexo solar), nuevo nacimiento de sanación (chakra del corazón) y un nuevo nacimiento en expresión creativa (chakra de la garganta). El nacimiento siempre tiene un periodo de gestación y un periodo de labor de parto previo a él, por ello la persona debe desarrollar paciencia y fuerza, así como no rendirse al desaliento.

CARLOS

(VARIACIONES: CHARLES, CHUCK, CHARLIE, CHARLEN, CHARLOTTE)

Significado:	«Fuerte; varonil / femenino»
Afirmación sugerida:	«¡Yo soy Carlos; yo soy fuerte en la vida!»
Vocal principal/elemento:	A / elemento del éter
Sonido principal/chakra:	«aw» / chakra del plexo solar
Otras vocales/elementos:	E / elemento del aire
Otros sonidos/chakras:	Mudo

MEDITACIÓN

Las personas con este nombre han venido a exhalar aire nuevo en el poder personal y en su expresión en su vida. El elemento del aire (E) es silencioso, y el aire es silencioso en sus operaciones. Es con lo que se conecta que le da su sonido y visibilidad. Aquellos con este nombre serán juzgados no por sus capacidades mentales, sino por la manera en que las utilizan. Serán juzgados de acuerdo a qué procedimientos y tareas empleen en ello. Estos individuos han venido a afirmar su energía externamente, demostrando su competencia y habilidad en cualquier campo que hayan escogido. Aprender a expresarse externamente será esencial. Esto significa sobreponerse a cualquier forma de introversión y humildad falsa.

Estos individuos han venido a exhalar una vida nueva en las actividades de poder en el mundo. Carlos tiene un estereotipo de estar relacionado con linajes y con los ricos y poderosos. Aprender a exhalar nuevo poder y vida en todas las actividades, para toda la gente, es la actividad del elemento éter en, y mediante, este nombre. Hacer esto sin perderse uno mismo en ese poder es la tarea. El poder no tiene que corromper, pero requiere un gran control y fuerza de voluntad (la actividad de la E muda trabajando a través del chakra de la garganta).

Carolina

(Variaciones: Carol, Carolyn, Carrie)

Significado:	«Femenina; canción; canción de alegría»
Afirmación sugerida:	«¡Yo soy Carolina; yo soy una canción de alegría!»
Vocal principal/elemento:	A / elemento del éter
Sonido principal/chakra:	«ay» / chakra del corazón
Otras vocales/elementos:	O / elemento del agua
Otros sonidos/chakras:	«uh» / chakra de la garganta

MEDITACIÓN

Las personas con este nombre y sus variaciones tienen un don único para despertar la canción interior de alegría en los demás, si lo desean. La «canción del nombre» existe en el chakra del corazón, el centro principal para las personas con este nombre. Ellas deben aprender a usar esa canción y expresarla en las vidas de otros y de ellos mismos para realizar las obligaciones y tareas de la vida con alegría y una actitud apropiada.

Estas personas tienen una habilidad para conectarse con las necesidades y problemas emocionales de los demás, y con frecuencia verán llegar a otros por ayuda y asistencia. Es importante para estas personas prestar la asistencia con alegría. Esto no significa que deben sacrificarse constantemente por los demás. En ocasiones, la mejor forma de ayudar a otros es no ayudándolos. De esta manera son obligados a asumir responsabilidad por ellos mismos. Las personas con este nombre tienen la habilidad para hacerles ver esto a otros con gran facilidad. Su habilidad para mantener sus emociones equilibradas será puesta a prueba, pero de esta manera la canción en el corazón se puede cantar con más claridad.

CATALINA

(VARIACIONES: CATHERINE, KATHY, CATHY, KATHRYN, KATHLEEN, KATIE, KAY, CATHI, KATHI)

Significado:	«Alguien de pureza»
Afirmación sugerida:	«¡Yo soy Catalina; yo soy la hija pura de Dios!»
Vocal principal/elemento:	A / elemento del éter
Sonido principal/chakra:	«ah» / chakra de la garganta
Otras vocales/elementos:	E / elemento del aire
	I / elemento del fuego
Otros sonidos/chakras:	«eh» / chakra de la garganta
	«ih» / chakra de la garganta

MEDITACIÓN

Las personas con este nombre tienen una simplicidad en ellas que les hace más fácil su vida y las de aquellos con los que están en contacto. Todas las energías están enfocadas arriba del chakra del corazón, lo cual por lo general es el caso de aquellos que tienen equilibradas la mayoría de los rasgos negativos de los chakras inferiores. Ahora estas personas han venido a dar expresión y concentración a los chakras superiores. Estas energías de los chakras superiores son tan poderosas como las de los inferiores, pero actúan sobre el individuo de manera mucho más sutil. Es importante que «estén siempre vigilantes», ya que las circunstancias son mucho más importantes de lo que podría apreciarse inicialmente. Estas personas han venido a despertar el significado subyacente de las experiencias de la vida. Por esto, la pureza de las percepciones es importante. Por lo general, tienen fuertes intuiciones, aunque a menudo no confían en ellas. Están muy ocupadas siendo racionales al respecto. Aprender a conectarse con su intuición fuerte y pura es parte de la tarea de su vida, ya sea para ayudar a cumplir con las obligaciones de la vida o para acelerar el crecimiento espiritual. La pureza es el punto clave en todo —ya sea física, emocional, mental o espiritual— y para ello se debe continuar haciendo un esfuerzo.

CINTIA

(VARIACIONES: CINDY, CYNTHIA)

Significado:	«La diosa de la luna; reflector de luz»
Afirmación sugerida:	«¡Yo soy Cintia; yo soy la diosa que refleja la luz para todos!»
Vocal principal/elemento:	Y / elemento del fuego
Sonido principal/chakra:	«ih» / chakra de la garganta
Otras vocales/elementos:	I / elemento del fuego A / elemento del éter
Otros sonidos/chakras:	«ee» / chakras de las cejas y la corona «uh» / chakra de la garganta

MEDITACIÓN

El Gran Cáliz (asociado con la Y) es un símbolo femenino. Es la copa de la vida, la matriz, la luna que refleja al sol. Las personas con este nombre o sus variaciones tienen un talento único para permitir a otros ver sus talentos. Reflejan las energías de aquellos a su alrededor. Son como camaleones en su comportamiento, resonando con la energía de cualquier entorno en el que puedan estar. Deben tener precaución al escoger a los amigos y los ambientes apropiados.

Ser un camaleón es difícil. Uno debe ser capaz de manifestar y controlar muchas emociones, actitudes, etc. Quienes tienen este nombre han venido a aprender a cambiar sus energías con más fuerza y creatividad, para traer la luz a ellos mismos y a los demás. Tienen excelentes habilidades de clarividencia y mediumnidad, pero deben aprender a controlarlas todo el tiempo. Una vez logrado esto, se convierten en la Luna, en las noches de todos aquellos con los que entran en contacto, llevando luz a la oscuridad.

CLAUDIA

(VARIACIONES: CLAUDE, CLAUDETTE, CLAUDINE)

Significado:	«De corazón humilde; humildad»
Afirmación sugerida:	«¡Yo soy Claudia; yo estoy rebosante con la humildad de Dios!»
Vocal principal/elemento:	A / elemento del éter
Sonido principal/chakra:	«aw» / chakra del plexo solar
Otras vocales/elementos:	U / elemento de la tierra E / elemento del aire
Otros sonidos/chakras:	Mudos

MEDITACIÓN

Las personas con este nombre y sus variaciones han venido a aprender a expresar humildad. Por lo general son muy talentosas en algún área, así que deben aprender a trabajar con humildad. Este nombre puede reflejar una vida pasada en la cual el individuo recibió grandes aclamaciones en algún área por su gran eficiencia y como resultado desarrolló una falta de humildad. Esta eficiencia quizá incluso haya sido expresada en la forma de obtener poder sobre otros.

Este nombre tiene varias vocales mudas, lo que indica una lección de importancia en la humildad: Dejar que otros te alaben, en lugar de hacerlo tú mismo. El chakra del plexo solar también está activado. Este es un centro de poder que es influenciado por el elemento del éter. Esto puede hacer a la persona talentosa en muchas áreas, tanto prácticas (la U y el elemento de tierra), como creativas (la E y la expresión creativa del elemento del aire). Estas personas tienen la habilidad para amoldarse con casi todas las multitudes. Pueden ser prácticas e intelectuales, según se necesite para la ocasión.

Clifford

(Variación: Cliff)

Significado:	«Del precipicio; vigilante»
Afirmación sugerida:	«¡Yo soy Clifford; yo soy el hijo vigilante!»
Vocal principal/elemento:	I / elemento del fuego
Sonido principal/chakra:	«ih» / chakra de la garganta
Otras vocales/elementos:	O / elemento del agua
Otros sonidos/chakras:	«eh» / chakra de la garganta

MEDITACIÓN

Desde un risco[5] una persona puede ver mucho de lo que se aproxima. Aprender a ver los patrones de los acontecimientos que están por desarrollarse, es una lección importante para aquellos con este nombre; aprender a ver el futuro, en lugar de vivir en el pasado. Los dos elementos son el agua y el fuego. El agua es el elemento de las emociones y el fuego es el elemento de la aspiración espiritual. El deseo puede ser transformado en aspiración solamente cuando se enfoca uno en el futuro. Aprender a no pensar y a no vivir en el pasado es importante para estos individuos. Al hacer esto, el pasado (agua) y el futuro (fuego) pueden reunirse en el presente. El individuo puede aprender a controlar los acontecimientos de la vida en lugar de ser controlado por ellos. Las personas con este nombre deben discernir el significado de todos los acontecimientos y las personas si se manifiestan revelaciones del futuro. Los sueños son importantes para estos individuos y el estado de sueño debería utilizarse en el proceso de autorrealización.

5 N. del T.: «Cliff» en el original en inglés significa «risco, precipicio, acantilado» en español.

CLYDE

Significado:	«Escuchado desde lejos; de buen corazón»
Afirmación sugerida:	«¡Yo soy Clyde; mi corazón es sentido cerca y lejos!»
Vocal principal/elemento:	Y / elemento del fuego
Sonido principal/chakra:	«eye» / chakra del bulbo raquídeo
Otras vocales/elementos:	E / elemento del aire
Otros sonidos/chakras:	Mudo

MEDITACIÓN

Las personas con este nombre han venido a unir el corazón y la mente para una mayor expresión y activación de la búsqueda espiritual. La Y es el Gran Fuego, el fuego del proceso alquímico. La expresión del fuego espiritual debe ser equilibrada con la mente espiritual, de otro modo la expresión del amor y el corazón probablemente sean separados, creando confusión interna. Esto puede resultar en desequilibrios físicos, mentales o emocionales. Tal como la Y une dos partes distintas en su glifo, aquellos con este nombre con frecuencia gastan gran energía tratando de enlazar y unir lo que quizá no necesite ser unido en esta encarnación. Aprender a reconocer que todo está unido y enlazado, a pesar de las circunstancias exteriores y físicas, es una lección para aquellos con este nombre. Esto requiere visión del futuro, algo que aquellos con este nombre pueden activar. Al mirar dentro de la copa del Grial, uno puede ver el patrón de acontecimientos que se extienden más allá de esta encarnación. Aprender a hacer esto mientras se está en esta encarnación facilitará las pruebas y mantendrá el corazón fuerte, permitiendo que el amor irradie con salud y luz para todo lo que rodea a estos individuos.

Connie

(Variaciones: Constance, Constanza)

Significado:	«Firmeza, constancia, devoción ferviente»
Afirmación sugerida:	«¡Yo soy Connie; yo soy constante en todas mis actividades!»
Vocal principal/elemento:	O / elemento del agua
Sonido principal/chakra:	«aw» / chakra del plexo solar
Otras vocales/elementos:	I / elemento del fuego E / elemento del aire
Otros sonidos/chakras:	«ee» / chakras de las cejas y la corona

MEDITACIÓN

Las personas con este nombre han venido a construir un nuevo puente para encargarse de sus emociones. Han venido a equilibrarlas con mayor actividad mental. Es importante para estas personas aprender a expresar sus emociones, o habrá la formación de fuegos internos que pueden resultar en desequilibrios. Aprender a no quedar atrapados en las emociones del pasado, aprender a liberar el pasado por el futuro y aprender a llenar sus vidas con actividades nuevas en una forma continua, es necesario para un mayor crecimiento.

Estas personas tienen excelentes habilidades síquicas y creativas. Su naturaleza emocional las hace muy agradables con otros. Si ocurre algún daño en sus primeros años de vida, esta empatía síquica podría ser expresada en los años posteriores mediante un desequilibrio. Por otro lado, si las situaciones del pasado son puestas en su perspectiva apropiada, estas personas son excelentes sanadores síquicos, clarividentes y médiums.

Craig

Significado:	«Fuerte, duradero; habita en el peñasco»
Afirmación sugerida:	«¡Yo soy Craig; yo soy fuerte en todo!»
Vocal principal/elemento:	A / elemento del éter
Sonido principal/chakra:	«ay» / chakra del corazón
Otras vocales/elementos:	I / elemento del fuego
Otros sonidos/chakras:	Mudo

MEDITACIÓN

Las personas con este nombre han venido a desarrollar fuerza en todas las actividades. Aprender a perdurar en algo, aprender a realizarlo, es parte de su tarea en la vida. Aprender a poner el corazón en todas las actividades, sin importar cuán trivial o insignificante puedan parecer, puede ser difícil, pero una vez logrado esto, fortalece todo el sistema de energía del individuo, física, emocional, mental y espiritualmente. Muchas veces con el fin de aprender estas lecciones, parecen ser maltratados por una diversidad de situaciones en la vida. Tal como un peñasco que mira a lo lejos el mar y que es maltratado por todos los elementos, siempre se mantiene fuerte e impresionante. Así es como aquellos con este nombre deben llegar a verse a ellos mismos. De esta manera, se vuelven una fuerza estabilizadora en su mundo, ayudando a otros y logrando que aquellos menos fuertes construyan nuevos cimientos para sus vidas. Esta es la esencia del chakra del amor y el corazón, y lo prepara a uno para las intensas tareas del discipulado en las vidas por venir.

Cristina

(Variaciones: Cristóbal, Christine, Christopher, Christine, Chris, Chrissie, Kristine)

Significado:	«La seguidora de Cristo; la portadora del Cristo»
Afirmación sugerida:	«¡Yo soy Cristina; yo soy una con el Cristo!»
Vocal principal/elemento:	I / elemento del fuego
Sonido principal/chakra:	«ih» / chakra de la garganta
Otras vocales/elementos:	I / elemento del fuego E / elemento del aire
Otros sonidos/chakras:	«e» / chakras de las cejas y la corona

MEDITACIÓN

Todos los nombres atan al individuo a ciertas energías arquetípicas en el universo. Este nombre y sus variaciones lo atan con el Maestro y Educador de toda vida en este sistema solar. En el Cristianismo oculto, uno aprende que el Cristo es el más elevado de los arcángeles. Las personas con este nombre y sus variaciones están enlazadas fuertemente con esa energía arcangélica, la cual sirve para influenciar a la humanidad con más fuerza, a través de los planos astrales y etéricos. Equilibrar las emociones y vivir una vida de sanación y amor abrirá la jerarquía angélica a las personas con este nombre.

Este es un nombre de fuego espiritual, al cual se le da expresión en la vida física. Estas personas por lo general tienen fuertes creencias en algo y deben aprender a expresarlas en la forma más creativa y benéfica que sea posible. Mantener las emociones equilibradas será lo más importante para la realización de la capacidad más elevada.

CHERYL

(VARIACIONES: CHERI, CHERISE, SHERIL, SHERI, SHERRY, SHERRI)

Significado:	«Alguien amado y apreciado»
Afirmación sugerida:	«¡Yo soy Cheryl; yo soy la hija apreciada de Dios!»
Vocal principal/elemento:	E / elemento del aire
Sonido principal/chakra:	«eh» / chakra de la garganta
Otras vocales/elementos:	Y / elemento del fuego
Otros sonidos/chakras:	«ih» / chakra de la garganta

MEDITACIÓN

Este es un nombre que activa la expresión del elemento femenino divino en la vida de la persona. Es a través de la energía femenina, el símbolo del alma iluminada y evolucionada, que uno puede dar nacimiento a nuevas expresiones (chakra de la garganta). Aquellas personas con la vocal Y reflejan más esta energía. Aquellas cuyo nombre tiene la vocal I han venido a dar fuego a las energías femeninas, para aprender a ejercerlas de forma más completa en sus vidas. Los dos dones predominantes del principio femenino son los de la intuición y la imaginación. Aprender a confiar y utilizar el aspecto intuitivo será parte de la vida de esta persona. Controlar y enfocar la imaginación de manera apropiada y realista, lo contrario de dejarla correr de forma salvaje y descontrolada, también será puesto a prueba. Las lecciones de reforzar la fuerza de voluntad y la expresión individual, a pesar de la influencia externa, es lo que permite a estas personas despertar más completamente la intuición y la imaginación superiores.

DALE

Significado:	«Aquel que habita en el valle; valiente»
Afirmación sugerida:	«¡Yo soy Dale; yo soy fuerte, valiente en la vida!»
Vocal principal/elemento:	A / elemento del éter
Sonido principal/chakra:	«ay» / chakra del corazón
Otras vocales/elementos:	E / elemento del aire
Otros sonidos/chakras:	Mudo

MEDITACIÓN

Las personas con este nombre han venido a expresar su valentía en nuevos ambientes. Con frecuencia hay una lección asociada con relacionarse con personas desde una nueva perspectiva. Alguien que se mueve en un valle[6] debe establecer relaciones y asociaciones nuevas. Esta es una energía que refleja la lección espiritual en diversos grados a aquellos con este nombre. Han venido a abrir sus corazones a experiencias nuevas que finalmente les permitirán la expresión del corazón en todas las actividades. Aprender a diferenciar en cuáles actividades involucrarse será parte de la lección. Aprender a amar con valentía y compromiso traerá recompensas y todos los frutos del valle a sus vidas.

6 N. del T.: «Dale» en el original en inglés significa «valle» en español (sinónimo de «valley»).

DANIEL

(VARIACIONES: DAN, DANNY, DANNI)

Significado:	«Dios es mi juez»
Afirmación sugerida:	«¡Yo soy Daniel y Dios es mi juez!»
Vocal principal/elemento:	A / elemento del éter
Sonido principal/chakra:	«ah» / chakra de la garganta
Otras vocales/elementos:	I / elemento del fuego
	E / elemento del aire
Otros sonidos/chakras:	«ee» / chakras de las cejas y la corona

MEDITACIÓN

Existe una gran cantidad de fuego en lo profundo de aquellos con este nombre. Este fuego puede interferir con el juicio, y esta es la lección predominante de aquellos con este nombre y sus variaciones. En algún punto en sus vidas, el discernimiento y la diferenciación —el juicio crítico— son puestos a prueba. Aprender a aceptar a otros como son, sin juzgarlos, es importante. Cuando esto se logra, se puede desarrollar el discernimiento síquico y espiritual superiores. Estas personas tienen la habilidad para mirar más allá de las fallas de los demás y ver sus necesidades, lo cual es el verdadero discernimiento amoroso. El dar expresión a lo que se ve siempre debe ser suavizado para sanar y cuidar, en lugar de dañar. Cuando esto ocurre, la persona se convierte en una fuerza de gran importancia en las vidas de los demás. La clarividencia es algo natural en la mayoría de los que tienen este nombre, aunque con frecuencia no se reconoce como tal.

Darío

(Variaciones: Darius, Darren, Darryl, Derryl)

Significado:	«Generoso; alguien grande que es amado»
Afirmación sugerida:	«¡Yo soy Darío; yo soy generoso en todo!»
Vocal principal/elemento:	A / elemento del éter
Sonido principal/chakra:	«ay» / chakra del corazón
Otras vocales/elementos:	E / elemento del aire
Otros sonidos/chakras:	«eh» / chakra de la garganta

MEDITACIÓN

Aprender las lecciones asociadas con la generosidad y la verdadera «santidad» es lo que aguarda a aquellos con este nombre. Para muchos esto podría tener que ver con comprender que la generosidad no es medida en objetos materiales o riqueza. Para otros esto puede girar alrededor de reconocer que existe una generosidad afuera en el mundo, de la que se puede abusar. No obstante, en cualquier caso, aquellos con este nombre y sus variaciones deben aprender a reconocer la abundancia de habilidad que tienen, la abundancia de amor que deben manifestar para ellos, y la abundancia de habilidad creativa. Los chakras del corazón y la garganta son centros de tremenda sanación y abundancia. Conforme nos sanamos de ideas y percepciones limitantes, nos abrimos a la abundancia que es nuestra por derecho.

Aquellos con este nombre y sus variaciones deben comprender que son parte de la abundancia, no están separados de ella. De esta manera, solo se vuelve un asunto de abrir el armario apropiado de la vida y escoger lo que se quiere o se necesita.

DARLENE

(VARIACIÓN: DARLA)

Significado:	«Pequeña querida; amor tierno»
Afirmación sugerida:	«¡Yo soy Darlene; yo estoy llena de amor tierno!»
Vocal principal/elemento:	A / elemento del éter
Sonido principal/chakra:	«aw» / chakra del plexo solar
Otras vocales/elementos:	E / elemento del aire
Otros sonidos/chakras:	«ee» / chakras de las cejas y la corona

MEDITACIÓN

Las personas con este nombre tienen la capacidad de expresar gran ternura en el amor. Los sonidos de la vocal predominante son asociados con el plexo solar, el lugar donde se concentra una gran emoción y poder, y con los centros de la cabeza, vida nueva y aire nuevo. Estas personas han venido a proporcionar aire nuevo a las viejas emociones, expresándolas desde un nivel superior a través del corazón y la cabeza en lugar de los centros de deseos inferiores. Quienes tienen este nombre poseen una sensibilidad tremenda que debe ser equilibrada todo el tiempo para evitar la manipulación emocional y las luchas por el poder. La mente controlando la emoción se convierte en la lección. Cuando esto se logra, la expresión de ternura que emana es de gran beneficio. El niño interior se desarrolla para cuidar y amar al niño en otros. La suavidad y la ternura son puntos claves para estas personas, pero deben recordar que existe gran fuerza en estas dos cualidades.

DAVID

(VARIACIONES: DAVE, DAVEY)

Significado:	«Alguien amado»
Afirmación sugerida:	«¡Yo soy David; yo soy el hijo amado de Dios!»
Vocal principal/elemento:	A / elemento del éter
Sonido principal/chakra:	«ay» / chakra del corazón
Otras vocales/elementos:	I / elemento del fuego
Otros sonidos/chakras:	«ih» / chakra de la garganta

MEDITACIÓN

Las personas con este nombre tienen una forma de pensamiento poderosa y antigua a la cual tienen acceso. David era amado en las escrituras bíblicas. Mató al gigante Goliat. Su corazón era tan fuerte y honrado que no tuvo miedo frente a este gigante. Al mismo tiempo, el corazón era tan puro que escribió y cantó muchos de los salmos. Esto indica la creatividad y la fuerza del fuego en aquellos con este nombre. Muchos realmente viven vidas que son paralelas a muchas de las actividades del David de las escrituras. Quienes tienen el nombre de David deben aprender a confiar en el hecho de que son «hijos de Dios», como todos los hombres y mujeres son «hijos e hijas de Dios». Aprender a expresar el amor en todas las cosas y a todas las personas es lo que más beneficia a estos individuos. Por lo general, siempre hay una persona o alguna cosa por la que tienen una gran pasión y amor. La mayoría de la gente con este nombre también tiene grandes energías intuitivas y de sanación.

DAWN

Significado:	«Nuevo día; alegría y elogio»
Afirmación sugerida:	«¡Yo soy Dawn; yo canto por el nuevo día!»
Vocal principal/elemento:	A / elemento del éter
Sonido principal/chakra:	«aw» / chakra del plexo solar
Otras vocales/elementos:	—
Otros sonidos/chakras:	—

MEDITACIÓN

El chakra del plexo solar fue llamado el «pesebre» por el grupo esotérico conocido como los Antiguos Esenios. Este era el punto en el cuerpo que daba nacimiento al yo inferior, el cual podía ser elevado hasta la expresión más alta posible. Las personas con este nombre han venido a dar nacimiento a sus energías. Este es un nacimiento que implica alegría y elogio, y debería incluir mucha meditación sobre la idea de que todo en el mundo físico es un milagro, como nosotros somos todos espíritu en esencia. Y cada día tenemos la oportunidad de dar nacimiento a nuevas actividades y nuevas expresiones de nuestras energías. Aquellos con este nombre necesitan mantener esto en mente porque tienen una maravillosa habilidad para permitirles a otros ver la gloria en un nuevo día, a pesar del pasado. Ellos han venido a elevar a aquellos con los que entren en contacto y a despertar la canción de un nuevo nacimiento en ellos.

Débora

(Variaciones: Debbie, Deb, Debra, Debby)

Significado:	«La abeja; buscadora»
Afirmación sugerida:	«¡Yo soy Débora; yo soy la abeja buscando la miel de la vida!»
Vocal principal/elemento:	E / elemento del aire
Sonido principal/chakra:	«eh» / chakra de la garganta
Otras vocales/elementos:	O / elemento del agua A / elemento del aire
Otros sonidos/chakras:	«uh» / chakra de la garganta

MEDITACIÓN

La abeja es un antiguo símbolo de la fertilidad. Tiene un aguijón y recolecta la miel de la vida, o las energías masculinas y femeninas que «polinizan» nuestras vidas. Aprender a equilibrar estas es parte de lo que estas personas han venido a hacer. Tienen una tremenda capacidad para influenciar a otros y posibilitarles encontrar su miel en la vida. Estas personas se encargan instintivamente de muchas de sus labores en la vida.

Quienes tienen este nombre o sus variaciones necesitan tener como modelo a las abejas. La abeja es un insecto que desde el punto de vista aerodinámico no debería ser capaz de volar. Desafían las leyes de la ingeniería, las leyes físicas y las leyes naturales. Nada es imposible o inalcanzable para estas personas. Pueden hacer que casi todo tenga éxito, si trabajaron de la manera apropiada para manifestar todo en sus vidas. Puede requerir algún tiempo, pero pueden hacer lo imposible y lo hacen de manera natural.

DENISE

(VARIACIÓN: DENNIS)

Significado:	«Seguidora de Dionisio; discernidora»
Afirmación sugerida:	«¡Yo soy Denise; yo soy una discernidora sabia!»
Vocal principal/elemento:	E / elemento del aire
Sonido principal/chakra:	«eh» / chakra de la garganta
Otras vocales/elementos:	I / elemento del fuego
	E / elemento del aire
Otros sonidos/chakras:	«ee» / chakras de las cejas y la corona

MEDITACIÓN

Los Misterios Dionisiacos son muy antiguos. Conectados intensamente a la naturaleza y a la uva había mucho simbolismo místico asociado con ello. Antes de que se degeneraran en los bacanales con los que ahora están asociados, había una tremenda iniciación y conciencia elevada mediante la armonización con las fuerzas de la naturaleza.

Las personas con este nombre o sus variaciones masculinas tienen una habilidad maravillosa para relacionarse con la naturaleza y los reinos de la naturaleza en su totalidad. La lección predominante es una de diferenciación y discernimiento. Demasiado vino ocasiona que uno pierda el juicio, por ello siempre se pone a prueba en estas personas el mantener un juicio apropiado.

La uva y la vid eran símbolos de los Misterios Dionisiacos y de los verdaderos Misterios Cristianos. La vid da frutos. Esos frutos se pueden convertir en un vino dulce o en vinagre, dependiendo cómo son cosechados. Meditar sobre esos símbolos revelará mucho acerca de su propósito en la vida.

Diana

(Variaciones: Diane, Dianne)

Significado:	«Alguien divino; viviendo en la gloria»
Afirmación sugerida:	«¡Yo soy Diana; yo soy la hija divina viviendo en la gloria!»
Vocal principal/elemento:	I / elemento del fuego
Sonido principal/chakra:	«eye» / chakra del bulbo raquídeo
Otras vocales/elementos:	A / elemento del éter
Otros sonidos/chakras:	«ah» / chakra de la garganta
	«uh» / chakra de la garganta

MEDITACIÓN

Las personas con este nombre han venido a redescubrir la gloria en sus vidas. Esto no implica que hayan venido a hacer algo de gran magnificencia, aunque este podría ser el caso. Significa que tienen que encontrar la gloria en ellas mismos. Deben aprender a realizarse y a ser por ellos mismos, no por otros o por actividades externas. Es importante para estos individuos descubrir que son seres plenos y creativos para ellos mismos, sin importar quién lo sabe.

Uno debe primero reconocer la divinidad interior antes de que uno pueda comenzar a expresarla. Aprender a estar en paz con ellos mismos y la vida es lo que los despertará más para esa realización. Cuando esto ocurre, entonces y solo entonces comenzarán a brillar con esa gloria en las vidas de otros, sin importar el entorno. Entonces se volverán ejemplos, enseñando a otros que todas las condiciones de la vida reflejan la operación y la gloria de Dios, si aprendemos a buscar esto.

DONALDO

(VARIACIÓN: DON, DONALD)

Significado:	«Gobernante poderoso del mundo; vencedor»
Afirmación sugerida:	«¡Yo soy Donaldo; yo soy poderoso venciendo al mundo!»
Vocal principal/elemento:	O / elemento del agua
Sonido principal/chakra:	«aw» / chakra del plexo solar
Otras vocales/elementos:	A / elemento del éter
Otros sonidos/chakras:	«uh» / chakra de la garganta

MEDITACIÓN

Las personas con este nombre han venido a trabajar con la lección de fuerza de voluntad. Aprender a imponer una fuerza de voluntad apropiada, y cuándo ser flexible es parte de esta lección. El chakra del plexo solar trabaja con las energías de la voluntad sensorial inferior, mientras que el chakra de la garganta es el centro para la voluntad divina superior. Encontrar formas de establecer un puente para ellos es importante para quienes tienen este nombre. Aprender a ejercer nuestra fuerza de voluntad sin volvernos dogmáticos y sin ignorar las voluntades de los demás con frecuencia es una prueba.

Este nombre le proporciona a la persona una tremenda habilidad para ser lo suficiente fuerte para superar cualquier obstáculo en el mundo físico. Estos individuos saben lo que se debe hacer respecto a sus intereses en la vida y deben seguir adelante para lograrlos. Quizá no se dirijan a lo que parece ser una vida glamorosa, pero a menudo personifican el precepto de que «no hay amor más grande que el del hombre que da su vida por otro». Estas personas por lo general han renunciado a vivir una encarnación de solamente estar enfocados en ellos mismos para que los demás a su alrededor puedan hacer lo que necesitan hacer.

Donna

Significado:	«Dama; carácter digno»
Afirmación sugerida:	«¡Yo soy Donna; yo soy dignificada por Dios!»
Vocal principal/elemento:	O / elemento del agua
Sonido principal/chakra:	«aw» / chakra del plexo solar
Otras vocales/elementos:	A / elemento del éter
Otros sonidos/chakras:	«uh» / chakra de la garganta

MEDITACIÓN

Las personas con este nombre han venido a demostrar dignidad en el carácter mediante el ejemplo de sus vidas. Demostrar la cualidad de ser una dama es importante. Una verdadera dama encarna las cualidades de fuerza, cariño, humildad, humor, comprensión y orgullo personal. La disciplina está por encima de todo esto. Aprender a ejercer estas cualidades es parte de la lección de vida para ellas. Estas personas tienen todas estas cualidades, pero pueden necesitar aprender a sintetizarlas para su propio beneficio y el beneficio de aquellos más cercanos a ellas.

Tal como los caballeros tenían su código de ética, las damas también. La verdad y la honestidad por encima de todo lo demás deberían ser las palabras guías para quienes tienen este nombre. Por lo general las mujeres con este nombre tienen una asociación de vidas pasadas con la época medieval, cuando los caballeros y las damas eran prominentes. Para algunas personas, esto podría reflejar que han venido a expresar esas mismas cualidades en este siglo. Para otras puede indicar que nunca obtuvieron ese «estado» y por ello han puesto esa energía en movimiento para ellos en esta encarnación, mediante su nombre.

DOROTHY

(VARIACIONES: DORA, TEODORA, DORIS)

Significado:	«Don de Dios»
Afirmación sugerida:	«¡Yo soy Dorothy; yo soy el don de Dios!»
Vocal principal/elemento:	O / elemento del agua
Sonido principal/chakra:	«oh» / chakra del bazo
Otras vocales/elementos:	O / elemento del agua Y / elemento del aire
Otros sonidos/chakras:	«uh» / chakra de la garganta «ee» / chakras de las cejas y la corona

MEDITACIÓN

Alguien que aprende a aumentar sus energías —siguiendo el sendero del kundalini— entonces puede manifestar esas energías en una multitud de formas como dones para los demás. De las aguas de la vida provienen todos los dones y todas las expresiones de energía. Este mismo elemento agua, es prominente en las vidas de las personas que tienen este nombre. Ellas tienen la habilidad de expresarse con la mayoría de la gente. Pueden trabajar en una diversidad de áreas; no están limitadas en su perspectiva.

Alguien que es un don de Dios toca las vidas de los demás en formas sutiles. La influencia, aunque no siempre se reconoce como debería ser, es muy grande. Estas personas traen alegría a las vidas de los demás, pero deberían tener cuidado de no hacer o decir nada para dañar a otros, ya que esta es la antítesis de su propósito. Tienen la capacidad de manifestar cualquier don «metafísico» en sus vidas: clarividencia, sanación, manifestaciones, etc.

DOUGLAS

(VARIACIÓN: DOUG)

Significado:	«Del agua negra u oscura; buscador de la luz»
Afirmación sugerida:	«¡Yo soy Douglas; yo busco y encuentro la luz en todas las cosas!»
Vocal principal/elemento:	O / elemento del agua
Sonido principal/chakra:	«uh» / chakra del plexo solar
Otras vocales/elementos:	U / elemento de la tierra A / elemento del éter
Otros sonidos/chakras:	«uh» / chakra de la garganta

MEDITACIÓN

Este nombre literalmente significa «del agua oscura». Esto es importante en las vidas de aquellos con este nombre. Estos individuos tienen lecciones que implican ver la luz en todas las situaciones, lo que significa aprender a encontrar la «luz de la esperanza». El negro, tal como el blanco, tiene toda la gama de colores en él, pero debe ser buscada.

Las aguas oscuras son un símbolo antiguo o una metáfora para la matriz y las aguas de la vida. De la oscuridad de la matriz vino la vida nueva. Estas personas han venido a dar un significado e importancia nuevos a su vida y sus expresiones de vida. Esto también puede indicar vidas pasadas cuando la energía no estaba enfocada en la luz y por ello tenían que venir a enfocarla con más fuerza en esta vida. Nada está totalmente sin luz, y por ello estos individuos siempre tienen un talento por encontrar la luz. Alguien llega a sus vidas en el momento apropiado, etc. Por esta razón, con frecuencia parecen tener suerte. En esencia están aprendiendo que siempre hay una luz en el mundo para ellos.

DUANE

Significado:	«Canción; de corazón alegre»
Afirmación sugerida:	«¡Yo soy Duane; yo soy la canción del corazón alegre!»
Vocal principal/elemento:	A / elemento del éter
Sonido principal/chakra:	«ay» / chakra del corazón
Otras vocales/elementos:	U / elemento de la tierra
	E / elemento del aire
Otros sonidos/chakras:	Mudo

MEDITACIÓN

Tal como hay vocales mudas en este nombre, permitiendo que la vocal predominante para el corazón suene con mayor fuerza, así es la vida de aquellos con este nombre. Estos individuos deben aprender a silenciar la mente y retirarse en ocasiones del mundo físico para escuchar la canción en el corazón. Se ha dicho que los ángeles cantan para nosotros todos los días, pero para escuchar el canto de los ángeles uno debe primero escuchar el canto en su corazón.

Aquellos con este nombre han venido a despertar la canción de la «alegría» en las vidas de los demás. Tienen una habilidad para elevar el ánimo de los demás si deciden desarrollar esto. Pueden tocar los corazones tanto de los individuos más terrenales como de los más intelectuales. La música no tiene límites, ni tampoco aquellos con este nombre. Comprender esto y emplearlo para su beneficio es lo que desarrollarán en el transcurso de su vida.

Eduardo

(Variaciones: Ed, Eddie, Edgar, Edwin, Edith, Edmundo, Edna, Edward)

Significado:	«Próspero; guardián amigable y alegre»
Afirmación sugerida:	«¡Yo soy Eduardo; yo soy el guardián próspero de todo!»
Vocal principal/elemento:	E / elemento del aire
Sonido principal/chakra:	«eh» / chakra de la garganta
Otras vocales/elementos:	E / elemento del éter
Otros sonidos/chakras:	«uh» / chakra de la garganta

MEDITACIÓN

Aquellos con este nombre y sus variaciones, tienen una tremenda habilidad para dar aire fresco y tranquilizador a las vidas de los demás. Tienen un talento para las oportunidades de prosperidad, si lo desarrollan. Los vientos del este (elemento del aire) traen vida nueva, prosperidad y abundancia con ellos.

Aprender a aprovechar esa abundancia y usarla para compartirla con otros y protegerlos, es parte de la lección para quienes tienen este nombre. Encontrar el valor para ejercer la energía de uno para la abundancia, es algo que será puesto a prueba. Esta es la energía del chakra de la garganta, imposición de la voluntad para la manifestación de la cornucopia. Alguien que sirve para cuidar y proteger a otros necesita una cierta cantidad de prosperidad para hacerlo de la manera más completa. Puede ser prosperidad material o puede ser una abundancia de amor que debe manifestarse. Es importante para estos individuos aprender a reconocer, que a quienes se les da mucho, también se espera mucho de ellos.

EILEEN

(VARIACIONES: ELINORE, ELEANOR)

Significado:	«Luz»
Afirmación sugerida:	«¡Yo soy Eileen; yo soy la luz de Dios!»
Vocal principal/elemento:	I / elemento del fuego
Sonido principal/chakra:	«eye» / bulbo raquídeo
Otras vocales/elementos:	E / el elemento del aire
Otros sonidos/chakras:	«ee» / chakras de las cejas y la cabeza

MEDITACIÓN

El elemento del fuego es el elemento predominante. El fuego provee calor, luz y confort. Quema los desechos. Aleja las sombras. Nos guía e ilumina nuestros caminos para que podamos ver a donde vamos. Y necesita aire en la forma de oxígeno para arder con fuerza. Todos estos aspectos son importantes tenerlos en mente si uno tiene este nombre o cualquiera de sus variaciones.

Estas personas necesitan encender la mente. Necesitan estar involucrados en alguna forma de educación, o sentirán que su camino por la vida no tiene ninguna dirección. Estas personas también tienen intuiciones muy fuertes que si son desarrolladas pueden generar una iluminación espiritual dinámica.

ELAINE

Significado:	«La doncella de los lirios; la brillante»
Afirmación sugerida:	«¡Yo soy Elaine; yo soy el lirio brillante de Dios!»
Vocal principal/elemento:	E / elemento del aire
Sonido principal/chakra:	«ee» / chakras de las cejas y la cabeza
Otras vocales/elementos:	A / elemento del éter
	I / elemento del fuego
	E / elemento del aire
Otros sonidos/chakras:	«ee» / chakras de las cejas y la cabeza

MEDITACIÓN

Este es un nombre muy poderoso. Está asociado con el lirio, un símbolo muy antiguo y místico. El lirio está asociado con el arcángel Gabriel, la Madre María y los Misterios Cristianos del Solsticio de Invierno. Mediante la purificación, uno se abre a los reinos celestiales y a aquellos seres que sirven a la humanidad iniciada, la jerarquía angélica.

Existen dos clases de nacimiento: el primero, el nacimiento del «pesebre» inferior, donde las bestias se alimentan y que finalmente puede conducir al nacimiento del segundo, el pesebre superior. El pesebre superior es puente de la glándula pineal y la pituitaria (los chakras de las cejas y la corona) para dar nacimiento al Santo Niño interior. Esto solamente se logra purificando la mente (elemento del aire) y el corazón (elemento del éter). Esta es la tarea de aquellas personas con este nombre. Los Misterios Cristianos Femeninos les servirán bien a ellas.

Elena

(Variación: Helen)

Significado:	«Luz; antorcha; alguien que brilla»
Afirmación sugerida:	«¡Yo soy Elena; yo soy la antorcha brillante de Dios!»
Vocal principal/elemento:	E / elemento del aire
Sonido principal/chakra:	«eh» / chakra de la garganta
Otras vocales/elementos:	E / elemento del aire
Otros sonidos/chakras:	«eh» / chakra de la garganta

MEDITACIÓN

Las personas con este nombre han venido a aprender a dar la luz interior. Deben aprender la lección de no buscar por una luz exterior. Con frecuencia deben aprender que el camino de la espiritualidad no es aquel que conduce a una luz divina en la cual nuestros problemas se desaparecen. Estas personas deben aprender a encontrar la luz interior y aprender a dejarla brillar, en lugar de buscar una luz que brille sobre ellos. Aprender a ejercer nuestra fuerza de voluntad será parte de la tarea. Estas personas con frecuencia encuentran que otras personas, debido a sus voluntades fuertes, pudiesen tener la tendencia a dominarlos y controlarlos. Esto puede llegar al punto de que están constantemente cediendo o vacilando. Decidir qué es lo correcto en la situación y apegarse a ello debe convertirse en un proceso diario. De esta manera su propia luz interior puede brillar y traspasar cualquier muro exterior para iluminar también las vidas de otros. Involucrarse en alguna actividad creativa facilitará más ese proceso.

ELLEN

(VARIACIÓN: ELLA)

Significado:	«Alguien brillante»
Afirmación sugerida:	«¡Yo soy Ellen; yo soy la mujer brillante de Dios!»
Vocal principal/elemento:	E / elemento del aire
Sonido principal/chakra:	«eh» / chakra de la garganta
Otras vocales/elementos:	E / elemento del aire
Otros sonidos/chakras:	«eh» / chakra de la garganta

MEDITACIÓN

Las personas con este nombre por lo general tienen que tomar decisiones importantes en sus vidas acerca de cómo expresar mejor sus energías. Las dos E están separadas por dos L, casi como si formaran un muro entre la expresión superior de la energía creativa y la inferior. Aprender a ejercer apropiadamente la voluntad de uno sin entrometerse en la voluntad de los demás, y sin permitir a los demás que impongan las suyas en uno, será parte de la lección de vida. También implicado con esto estará aprender a escalar algunas nuevas alturas, fuera de las sombras de las paredes, para que la luz de uno se manifieste con fuerza. Por ello es importante para estas personas encontrar su propia descarga creativa. Mientras se trabaja en esto, otros dones se manifestarán; la clariaudiencia y «escuchar» a los espíritus serán algunos. El sonido se transporta a través del aire a menos que sea obstruido. Aprender a mantener la mente tranquila para que el sonido de la voz interior se pueda escuchar abrirá una gran expresión creativa.

EMILIA

(VARIACIONES: EM, EMILY, EMMA, EMIL, EMA)

Significado:	«Trabajadora, diligente y cariñosa»
Afirmación sugerida:	«¡Yo soy Emilia; yo soy la hija trabajadora y cariñosa de Dios!»
Vocal principal/elemento:	E / elemento del aire
Sonido principal/chakra:	«eh» / chakra de la garganta
Otras vocales/elementos:	I / elemento del fuego
Otros sonidos/chakras:	«ih» / chakra de la garganta
	«ee» / chakras de las cejas y la corona

MEDITACIÓN

Las personas con este nombre o sus variaciones tienen una cualidad callada y cariñosa. Los demás se sienten seguros a su alrededor y encontrarán sencillo hablar y trabajar con ellas. Puede haber una tendencia en otros a depender demasiado fuertemente en ellos porque son muy diligentes en sus actividades. El consejo firme y sólido es su fuerte en muchas de ellas, y todas tienen una tendencia a decir lo correcto en el momento apropiado.

Estas personas responden bien a las palabras que otros les dicen. Lo que se les dice de manera amorosa se siente más amoroso. Una voz expresada en tono fuerte puede destrozar su corazón. El chakra del corazón está activo en ellas y por ello la «palabra» tiene un gran impacto e importancia. Deben aprender a desarrollar cierta reticencia en el habla, y tienen un don para expresarse en forma hablada o escrita, sin importar qué tan ásperas sean. Tienen un corazón y un alma poéticos con todas sus sensibilidades inherentes.

Enrique

(Variaciones: Henry, Henrietta, Hank)

Significado:	«Dirigente de un hogar o un estado; industrioso»
Afirmación sugerida:	«¡Yo soy Enrique; yo soy el dirigente de mi vida!»
Vocal principal/elemento:	E / elemento del aire
Sonido principal/chakra:	«eh» / chakra de la garganta
Otras vocales/elementos:	Y / elementos del fuego y el aire
Otros sonidos/chakras:	«ee» / chakras de las cejas y la corona

MEDITACIÓN

Estos individuos han venido a aprender a trabajar con dedicación y ahínco en alguna actividad o actividades. Desde luego, esto implica lecciones de disciplina y fuerza de voluntad. Aprender a tomar control de sus vidas, con total responsabilidad, es la tarea. Con frecuencia estos individuos han venido a esta encarnación a aprender un aspecto nuevo de la responsabilidad. Quizá no asumieron su responsabilidad totalmente en el pasado o no aprendieron todo lo que había al respecto. Aprender a tomar decisiones y mantenerse firmes en ellas, a pesar de las consecuencias, será muy importante, y así es como ellos aprenderán con mayor eficacia. Con el fin de ayudarse en esto tienen una habilidad mental innata para enfocarse y concentrarse. A medida que aprenden a sostener esa concentración en actividades que disfrutan y encuentran creativas, ya no estarán más a merced de las circunstancias de la vida. Ellos controlan la vida, en lugar de que la vida los controle a ellos. Conforme esto se desarrolla la sensación interna de «no pertenecer verdaderamente a ninguna parte» se disipará y encontrarán que pueden pertenecer a cualquier lado y desarrollar afinidad con cualquier persona. Seguir sus propios fuegos e impulsos interiores —el aspecto intuitivo que es intenso en ellos— facilita este proceso.

ERIC

(VARIACIÓN: ÉRIKA)

Significado:	«Siempre poderosos; poder divino; siempre el dirigente»
Afirmación sugerida:	«¡Yo soy Eric; yo soy siempre poderoso en la vida!»
Vocal principal/elemento:	E / elemento del aire
Sonido principal/chakra:	«ay» / chakra del corazón
Otras vocales/elementos:	I / elemento del fuego
Otros sonidos/chakras:	«ih» / chakra de la garganta

MEDITACIÓN

Este es el nombre de alguien que tiene una fuerte energía áurica, alguien que será notado en algún nivel. Estas personas están siempre recibiendo atención en alguna forma, ya sea positiva o negativa. Encontrar la expresión apropiada es, desde luego, la tarea. Aprender a no ceder ante las situaciones de la vida es lo que a menudo los pone a prueba. Estos individuos han venido a la Tierra a aprender que tienen un poder que puede ser expresado en todos los aspectos de la vida.

Estos individuos son capaces de enlazar la mente y el corazón para una mayor manifestación de realización, abundancia, prosperidad y amor en sus vidas. Encontrar la mejor forma de hacerlo así por lo general crea una clase de movimiento hacia adelante y hacia atrás durante los primeros años. Mientras más se cristaliza un enfoque individual, más ocurre lo mismo con sus caminos en la vida. Deben aprender a hacer lo que saben en sus corazones que es correcto para ellos. Entonces manifestarán su verdadero poder y regirán sobre sus circunstancias de vida.

Esteban

(Variaciones: Stephen, Stephanie, Steve, Steven)

Significado:	«Alguien que está coronado»
Afirmación sugerida:	«¡Yo soy Esteban; yo estoy coronado con luz!»
Vocal principal/elemento:	E / elemento del aire
Sonido principal/chakra:	«ee» / chakras de las cejas y la corona
Otras vocales/elementos:	E / elemento del aire
Otros sonidos/chakras:	Mudo

MEDITACIÓN

Alguien que está coronado es una persona un poco especial. Estar coronado lo hace a uno destacarse un poco más que los demás, y estos individuos lo hacen con frecuencia. Desde luego, esto los hace susceptibles de atención, lo cual puede ser positivo o negativo. Los chakras son los chakras de las cejas y la corona, los cuales son centros femeninos y masculinos, respectivamente. Cada vez que lo masculino y lo femenino se enlazan, hay una oportunidad para un nuevo nacimiento. Cuando se unen, estos centros de la cabeza crean el «puente del arcoíris», un puente de luz, una corona. Por ello la intuición y la imaginación son fuertes en estos individuos. Hay fuertes energías masculinas y femeninas, la sensibilidad y la imposición que deben estar equilibradas y empleadas de acuerdo con las circunstancias del momento. Estas personas tienen una gran capacidad mental y no importa qué tan mundana sea la tarea en la que están involucrados, sus mentes siempre están en intenso movimiento. Tienen una gran sensibilidad, la cual debe ser protegida en ocasiones (de nuevo la influencia de lo masculino y lo femenino), pero ambos aspectos son lo que mantienen vivo al «niño» en el interior y que despiertan al mismo niño en otras.

EVELIN

(VARIACIONES: EVE, EVA, EVAN)

Significado:	«Luz; vida o lleno de vida»
Afirmación sugerida:	«¡Yo soy Evelin; estoy llena de la luz de la vida!»
Vocal principal/elemento:	E / elemento del aire
Sonido principal/chakra:	«eh» / chakra de la garganta
Otras vocales/elementos:	E / elemento del aire
	Y / elemento del fuego
Otros sonidos/chakras:	«eh» / chakra de la garganta
	«ih» / chakra de la garganta

MEDITACIÓN

Las personas con este nombre y sus variaciones han venido al mundo físico a estimular la luz interior a mayor intensidad. Esto se va a llevar a cabo mediante la educación. El aprender, tanto de manera formal como informal, nunca debe cesar para estas personas. La educación proporciona la luz en nuestro mundo moderno. Nos permite ver quiénes somos y dónde encajamos en todo el panorama completo.

Este es el nombre para la acumulación de conocimiento nuevo y la asimilación del antiguo. En la Cábala hebrea, el conocimiento es el nivel de conciencia invisible que influencia todos los niveles de conciencia. A medida que aumentamos en conocimiento en cualquier área, este abre más caminos y oportunidades. Aprender a aplicar nuestro conocimiento para el beneficio de uno mismo y de otros es algo que será puesto a prueba en algún punto. Esto significa que uno puede tener que aprender a ejercer la voluntad propia, incluso si esto va en contra del pensamiento o la manera de actuar de aquellos con autoridad. Al no rehusarte, aprendes a llenar tu vida con luz y también a establecer nuevos fuegos de luz e inspiración para otros.

FAITH

(VARIACIONES: FAY, FE)

Significado:	«Creencia en Dios; lealtad; confianza»
Afirmación sugerida:	«¡Yo soy Faith; yo soy leal en todas las cosas!»
Vocal principal/elemento:	A / elemento del éter
Sonido principal/chakra:	«ay» / chakra del corazón
Otras vocales/elementos:	I / elemento del fuego
Otros sonidos/chakras:	Mudo

MEDITACIÓN

Las personas con este nombre y sus variaciones han venido a introducir más fuego en sus corazones y a expresarlo en sus vidas. La A es la energía del chakra del corazón, pero está ligada a la I, los fuegos silenciosos en el corazón. Estas personas han venido a aprender lecciones asociadas con la expresión apropiada de las pasiones y las aspiraciones. Tienen la tarea de aprender a ser leales a sus corazones, haciendo lo que saben en sus corazones que es correcto para ellos. Con frecuencia esto es difícil, ya que ellas sienten con facilidad lo que otros «sienten» y por ello puede ser necesario ejercer una mayor fuerza para no sacrificarse a ellas mismos y para no dañar los sentimientos de los demás. Cuando trabajan y viven de acuerdo con sus corazones, pueden ser unas sanadoras excelentes y comprensivas, y se vuelven leales a las energías del corazón, en lugar de serlo a las emociones inferiores. El corazón es el lugar donde se concentra mucho karma, y estas personas han venido a aprender a sostener sus creencias y por consiguiente limpiar el corazón y el alma para expresiones más nuevas y elevadas.

FEDERICO

(VARIACIONES: FRED, FREDERIC, FREDERICK)

Significado:	«El dirigente pacífico; alguien que está en paz»
Afirmación sugerida:	«¡Yo soy Federico; yo soy el dirigente pacífico de mi vida!»
Vocal principal/elemento:	E / elemento del aire
Sonido principal/chakra:	«eh» / chakra de la garganta
Otras vocales/elementos:	E / elemento del aire I / elemento del fuego
Otros sonidos/chakras:	«eh» / chakra de la garganta «ih» / chakra de la garganta

MEDITACIÓN

Las personas con este nombre tienen una inteligencia maravillosa, si se permiten expresarla. Esta es la energía del chakra de la garganta a su máximo. Para estas personas, la educación y ser capaz de llegar a estar de acuerdo con la vida y las presiones de la vida es lo más importante. Estas personas tienen una perspectiva única y pueden tomar el conocimiento y la información vieja y sintetizarla en una manera que puede exhalar nueva vida en ellas. Su encanto sencillo generalmente es una influencia tranquilizadora que calma las mentes y las emociones de los demás. Aprender a no volverse dogmático en sus creencias será importante para su equilibrio. La flexibilidad de mente y actitud es lo más esencial. La comunicación de cualquier tipo será una prioridad y un poder. Estas personas pueden ser excelentes consejeros y vendedores cuando se abren para escuchar y expresar esa voz interior que siempre es intensa en ellas. Cuando mantienen su paz mental, esa voz sonará fuerte para ellas.

Felipe

(Variaciones: Phil, Philip, Phillip)

Significado:	«Fanático de los caballos; fuerte como espíritu»
Afirmación sugerida:	«¡Yo soy Felipe; yo soy fuerte como espíritu!»
Vocal principal/elemento:	I / elemento del fuego
Sonido principal/chakra:	«ih» / chakra de la garganta
Otras vocales/elementos:	E / elemento del aire
Otros sonidos/chakras:	«ih» / chakra de la garganta

MEDITACIÓN

Las personas con este nombre tienen fuegos intensos de inspiración. Estos fuegos deben ser restringidos con un juicio apropiado, una habilidad mental equilibrada. Implicado en la idea de «fanático de los caballos» está el concepto de que tal persona es capaz de hacer juicios confiables acerca de las virtudes y debilidades de los caballos. Serían capaces de discernir la fuerza de espíritu en los caballos. El caballo es un antiguo símbolo del Sol y aquellas personas con este nombre pueden encontrar mucho significado en los antiguos relatos y mitos de los dioses del Sol. Pero deben tener en mente que los relatos de los dioses del Sol son lo mismo que el relato del Hijo de Dios. Con frecuencia los caballos desempeñan un papel importante en los sueños periódicos de estas personas y se les debe dar un significado especial. Es mediante la fuerza del caballo que la humanidad alguna vez fue capaz de viajar grandes distancias, y es mediante la fuerza del espíritu (simbolizada por el caballo) que estas personas pueden hacer un tremendo progreso en su vida.

FERN

Significado:	«Vida y crecimiento abundantes»
Afirmación sugerida:	«¡Yo soy Fern; yo crezco con abundancia todos los días!»
Vocal principal/elemento:	e / elemento del aire
Sonido principal/chakra:	«eh» / chakra de la garganta
Otras vocales/elementos:	—
Otros sonidos/chakras:	—

MEDITACIÓN

Las personas con este nombre han venido al mundo físico a aprender acerca de crecer con mayor abundancia. Tienen un don para atraer la abundancia hacia ellas en algún área de la vida en la cual están enfocadas. También tienen la habilidad para influenciar de manera similar a otras personas, estimulando también en ellas abundancia y crecimiento. Estas personas deben recordar que la abundancia no es cantidad, es cualidad. Es darse cuenta de que no hay carencia o escasez en el mundo. Aprender a compartir la abundancia de sus vidas servirá para incrementar la abundancia en esto, física, emocional, mental y/o espiritual. Así como no le diríamos a otra persona que no respirara porque deseamos una bocanada de aire, aquellas personas con este nombre deben reconocer que hay abundancia para todos. El chakra de la garganta es el centro de la fuerza de voluntad, la cornucopia, así que quienes tienen este nombre deben aprender a ejercer sus voluntades para manifestar la abundancia que es su derecho divino.

Florencia

(Variaciones: Flo, Flora, Florence)

Significado:	«Floreciente; una flor; el espíritu fragante; floreciendo»
Afirmación sugerida:	«¡Yo soy Florencia; yo soy la flor de Dios!»
Vocal principal/elemento:	O / elemento del agua
Sonido principal/chakra:	«oh» / chakra del bazo
Otras vocales/elementos:	E / elemento del aire
Otros sonidos/chakras:	«eh» / chakra de la garganta

MEDITACIÓN

Tal como una flor, estas personas deben aprender a florecer en su vida. Utilizar una flor, cualquier flor, como un símbolo para la meditación y el desarrollo personal, será benéfico. Estas personas son flores, y una flor tiene sus raíces en la tierra y su tallo eleva su cabeza hacia el cielo. Una flor necesita agua fresca en la cantidad apropiada (emociones equilibradas), y necesita aire fresco en la temperatura apropiada o se puede enfermar. La mayoría de las personas con este nombre o sus variaciones llevan vidas que tienen un paralelismo con el ciclo de crecimiento de las flores perenes. Aprender a reconocer y trabajar con sus ciclos personales facilitará su crecimiento. Todas estas etapas son importantes para quienes tienen este nombre: germinación de la semilla, desarrollo de las raíces, crecimiento del tallo hacia arriba a través de la tierra, retoñar, florecer, etc.

Las flores son dones de luz y belleza de la jerarquía angélica para la humanidad. No son solo hermosas e inspiran emociones (el elemento agua), sino que también ayudan a producir oxígeno (el elemento aire). En esta analogía se encuentra mucho significado para quienes tienen este nombre y para sus propósitos en esta encarnación actual.

FRANCES

(VARIACIONES: FRANCIS, FRAN, FRANK)

Significado:	«Viviendo en libertad; el individuo libre»
Afirmación sugerida:	«¡Yo soy Frances; yo soy libre de vivir al máximo!»
Vocal principal/elemento:	A / elemento del éter
Sonido principal/chakra:	«ah» / chakra de la garganta
Otras vocales/elementos:	E / elemento del aire
Otros sonidos/chakras:	«eh» / chakra de la garganta

MEDITACIÓN

Estas personas han venido a la vida a aprender lecciones asociadas con la libertad. Aprender a ser libre en el más verdadero de los sentidos se convierte en la tarea más importante. Para ser verdaderamente libre, uno debe aprender a concentrarse y no dispersarse. La vida presentará muchas oportunidades para involucrarlo a uno en un gran número de actividades, tanto positivas como negativas, y por ello será puesto a prueba el ejercer el buen juicio y el autocontrol apropiados (chakra de la garganta). Estas personas aprenden a experimentar la vida y a las personas en formas hermosas, y tienen todas las herramientas necesarias para trabajar con esto en la vida. Este nombre les otorga ideas y gran energía, las cuales deben ser disciplinadas. Estas personas tienen la capacidad de inyectar literalmente vida nueva a otras personas y a su entorno. Este nombre tiene una energía de aventura, entusiasmo y versatilidad que puede fácilmente tener un efecto en las vidas de los demás. Aprender a no abusar de las libertades inherentes a uno o las libertades de otros, con frecuencia es la tarea principal en la vida de quienes tienen este nombre.

GABRIEL

(VARIACIÓN: GABE)

Significado:	«Hombre de Dios»
Afirmación sugerida:	«¡Yo soy Gabriel; yo soy el hombre de Dios!»
Vocal principal/elemento:	A / elemento del éter
Sonido principal/chakra:	«ay» / chakra del corazón
Otras vocales/elementos:	I / elemento del fuego E / elemento del aire
Otros sonidos/chakras:	«ee» / chakras de las cejas y la corona «eh» / chakra de la garganta

MEDITACIÓN

Las personas con este nombre tienen como su homónimo al gran arcángel Gabriel. Gabriel es el arcángel del sector occidental de la Tierra y el guardián de la estación de invierno y las energías asociadas con esta. El solsticio de invierno da origen a un periodo cuando las energías femeninas de amor y crianza se pueden manifestar. Es un tiempo para despertar a una mayor iluminación, intuición e imaginación. Aquellos con este nombre tienen tres sílabas, el número creativo, el número asociado con el nacimiento del Santo Niño en nosotros.

Este es un nombre que requiere que uno dé nacimiento a un mayor amor, ternura y compasión. Requiere pureza de expresión. Cuando esto es logrado, entonces los reinos celestiales se abren y se establece un contacto con la jerarquía angélica que supervisará mucho de la iniciación de la humanidad en la era por venir. Equilibrar las emociones y encontrar alegría en toda la vida será la mayor de las tareas.

GAIL

(VARIACIÓN: GAYLE)

Significado:	«Alegre; viva; una fuente de alegría y contento»
Afirmación sugerida:	«¡Yo soy Gail; yo soy una fuente de alegría para los demás!»
Vocal principal/elemento:	A / elemento del éter
Sonido principal/chakra:	«ay» / chakra del corazón
Otras vocales/elementos:	I / elemento del fuego
Otros sonidos/chakras:	Mudo

MEDITACIÓN

Las personas con este nombre tienen un gran corazón, el cual comparten fácilmente con otros. Debido a su gran corazón, pueden verse lastimadas en el proceso. Será importante para ellas no permitir tales circunstancias e impedir que entreguen de nuevo sus corazones.

Estas personas han venido a aprender a introducir nuevos fuegos en el corazón, para ellas mismas y para otros. Tienen una intuición maravillosa acerca de las necesidades de otros y pueden usarla para darles auxilio y alegría. Su habilidad para diferenciar y discernir es aquello que es puesto a prueba con más frecuencia. Aprender a no apresurarse en los «asuntos del corazón» será importante. Aprender a permitir que el corazón se desarrolle como una flor despertará una gran energía de sanación y desarrollará los potenciales del chakra del corazón, lo cual establecerá un curso de evolución que afectará las vidas por venir.

GARY

Significado:	«La lanza; lancero; lealtad»
Afirmación sugerida:	«¡Yo soy Gary; yo llevo la lanza de la lealtad a todos!»
Vocal principal/elemento:	A / elemento del éter
Sonido principal/chakra:	«ay» / chakra del corazón
Otras vocales/elementos:	Y / elemento del fuego
Otros sonidos/chakras:	«ee» / chakras de las cejas y la corona

MEDITACIÓN

Las personas con este nombre han venido a expresar la energía del chakra del corazón como una verdadera lanza de luz en las vidas de otros. Tienen una tenacidad y lealtad sin paralelo en las relaciones. Muchos han venido a despertar el aspecto del amor más allá de un nivel solo físico o emocional. La Y es el glifo para el Santo Grial, el Cáliz. Estos individuos con frecuencia vienen a esta vida para descubrir este Cáliz como una copa de amor que implica mucho más que solo una persona o idea. Aprender las lecciones de lealtad será muy importante y esto puede significar que aprenderán que uno puede ser leal tanto a los principios espirituales como a las experiencias de vida y energías físicas, simultáneamente. Esto implica aprender que no siempre tenemos que sacrificar uno por el otro. Hay maneras de ser leales y fuertes en los asuntos espirituales y físicos. Esto solamente ocurre cuando el amor es fuerte y verdadero. Desarrollar tal amor para toda la vida será la tarea de estos individuos.

Gene

(Variaciones: Eugene, Geneva)

Significado:	«Alguien que es de buena cuna; noble y puro»
Afirmación sugerida:	«¡Yo soy Gene; yo soy el hijo noble y puro de Dios!»
Vocal principal/elemento:	E / elemento del aire
Sonido principal/chakra:	«e» / chakras de las cejas y la corona
Otras vocales/elementos:	E / elemento del aire
Otros sonidos/chakras:	Mudo

MEDITACIÓN

Aquellos que son nobles y de buena cuna se comportan de una manera que refleja esto, pero el comportamiento no es un resultado del nacimiento. Es el resultado de la actitud mental apropiada. La pureza y la nobleza no están en la sangre, están en la mente. Esta es la lección para aquellos con este nombre. Ellos deben desarrollar la actitud mental de nobleza y pureza, comportándose de acuerdo con esto. No obstante, debe recordarse que ello también requiere un sentido de humildad. Uno no hace alarde de su condición en la vida. Por esto podemos ver la importancia de la E muda en el nombre. Será importante para esta persona superar las imágenes de sí misma que sean negativas y la tendencia a soñar despierto y a creer ilusiones. Una vez logrado esto, despertarán y se darán cuenta de que son los hijos y las hijas de Dios, nacidos con nobleza. Esto abre la imaginación creativa y el poder de transformación que puede aplicarse en cualquier área de sus vidas. Inspira una sensación contagiosa de maravilla ante el mundo, y ocurre una visión del futuro, desarrollando una comprensión de habilidades escondidas.

Gerardo

(Variaciones: Gerald, Geraldine, Gerard, Gertrude)

Significado:	«Lanza; el guerrero poderoso; valiente»
Afirmación sugerida:	«¡Yo soy Gerardo; yo soy el guerrero valiente de Dios!»
Vocal principal/elemento:	E / elemento del aire
Sonido principal/chakra:	«eh» / chakra de la garganta
Otras vocales/elementos:	A / elemento del éter
Otros sonidos/chakras:	«uh» / chakra de la garganta

MEDITACIÓN

Aquellos con este nombre tienen que aprender a expresar su más grande fuerza de voluntad y valentía. A menudo se ven en la posición de no tener más opción que mantenerse fuertes, asumir la responsabilidad y hacer lo que sea necesario. Con frecuencia se ven teniendo que permanecer solos en diferentes periodos de su vida, con el fin de aprender cómo atraer de manera más completa la fuerza y el valor interiores, a los cuales tienen gran acceso. Ellos son más fuertes cuando se trata de defender a otros. Deben tener cuidado de no acosar a los demás, ya que esta es la antítesis de lo que han venido a hacer en esta vida. Estos individuos por lo general permiten que sus acciones hablen por ellos. Aprender a desarrollar disciplina en pensamientos, palabras y acciones permitirá que esa fuerza y valentía interiores se manifiesten en la forma más equilibrada. Hasta que esto se desarrolle, el acoso, el sarcasmo, la timidez y una voluntad débil podrían dominar. Será importante aprender que la fuerza y la valentía verdaderas son amables en todas sus expresiones.

GLEN

(VARIACIONES: GLENN, GLENDA, GLENNA)

Significado:	«Habitante en el valle; alguien próspero»
Afirmación sugerida:	«¡Yo soy Glen; yo comparto en el valle próspero!»
Vocal principal/elemento:	E / elemento del aire
Sonido principal/chakra:	«eh» / chakra de la garganta
Otras vocales/elementos:	—
Otros sonidos/chakras:	—

MEDITACIÓN

Las personas con este nombre han venido a aprender que tienen todo lo que necesitan para tener éxito y prosperar en la vida. Aprender a reconocer esto puede requerir cierto tiempo e implicar circunstancias de aprendizaje fuertes, pero una vez que esto se logre toda la cornucopia de la vida se derramará para ellos. Con frecuencia estas personas deben aprender primero a reconocer sus talentos y habilidades antes de que puedan compartir la prosperidad y la realización que desean tan intensamente. Aprender a reconocer que ellos están completos a pesar de lo que reflejen las circunstancias físicas es la tarea. A medida que esta actitud se desarrolla, sus vidas se vuelven como un valle lleno con personas y beneficios para complementar y mejorar sus vidas personales. Cada cosa pequeña es solamente un «bono», ya que tienen todo en ellos. Desarrollar este sentido de abundancia, darse cuenta que no existen límites excepto aquellos que se imponen ellos mismos, es el comienzo. Una vez aprendido, estos individuos tienen una habilidad única para ejercer sus energías en cualquier dirección y tener éxito.

Gloria

Significado:	«Gloria; alguien glorioso»
Afirmación sugerida:	«¡Yo soy Gloria; yo soy la hija gloriosa de Dios!»
Vocal principal/elemento:	O / elemento del agua
Sonido principal/chakra:	«oh» / chakra del bazo
Otras vocales/elementos:	I / el elemento del fuego A / el elemento del éter
Otros sonidos/chakras:	«ee» / chakras de las cejas y la corona «uh» / chakra de la garganta

MEDITACIÓN

Las personas con este nombre han venido a vivir una vida que encarna las glorias de la vida. Los elementos predominantes son el fuego y el agua. Ellos no se anulan el uno al otro, juntos generan vapor, una fuente poderosa de energía. Estos individuos han venido a expresar sus energías. Tienen emociones fuertes a las que pueden darle una expresión poderosa, usándolas como una fuente de poder en su vida. Estas personas han venido a aprender acerca de la Palabra Creativa. Aprender a utilizar la Palabra como una herramienta creativa —ya sea para sanación o para manifestación— será la tarea. Hay un fuego intenso en estas personas al que se le debe dar expresión. Son intuitivos por naturaleza, en especial en discernir los estados de ánimo y las emociones de otros, y tienen la habilidad para trabajar y desempeñarse en una enorme cantidad de actividades, y con sus ejemplos, le muestran a otros la gloria de las experiencias de la vida.

GRACIELA

(VARIACIÓN: GRACE)

Significado:	«Gracias; gracia; el espíritu agradecido»
Afirmación sugerida:	«¡Yo soy Graciela; yo soy el espíritu amable y agradecido!»
Vocal principal/elemento:	A / elemento del éter
Sonido principal/chakra:	«ay» / chakra del corazón
Otras vocales/elementos:	E / el elemento del aire
Otros sonidos/chakras:	Mudo

MEDITACIÓN

Las personas con este nombre tienen un verdadero sentido de la gracia y la amabilidad. La gracia no solo implica la gracia física. Implica un sentido de equilibrio mental y emocional. Las personas con este nombre han venido a aprender nuevas formas de mantener el equilibrio en todas las situaciones. Aprender a relacionarse con todas las personas y todas las situaciones será parte de la tarea. Una vez que se logra eso, existe la habilidad para hacer sentir a otros cómodos y en paz con ellos mismos. Esta es la expresión del chakra del corazón. El chakra del corazón es el centro de equilibrio y, por consiguiente, equilibrar la mente y las emociones, lo racional y lo intuitivo, lo físico y lo espiritual, será parte de la lección de vida. Una vez logrado esto, el contacto de sanación que se puede manifestar a través de estos individuos es magnífico, ya sea que ese contacto sea mediante la palabra, el pensamiento o la mano.

Gregorio

(Variación: Gregory, Greg)

Significado:	«Vigilante; aquel que vigila; observador»
Afirmación sugerida:	«¡Yo soy Gregorio; yo soy el hijo observador de Dios!»
Vocal principal/elemento:	E / elemento del aire
Sonido principal/chakra:	«eh» / chakra de la garganta
Otras vocales/elementos:	O / elemento del agua Y / elemento del fuego
Otros sonidos/chakras:	«oh» / chakra del bazo «ee» / chakras de las cejas y la corona

MEDITACIÓN

Las personas con este nombre aprenden mucho mediante la observación. Son muy receptivas a las influencias de sus entornos. A pesar de que la vocal principal es la E, la Y al final tiene una influencia fuerte. La Y es la Copa del Grial, esta contiene las experiencias de vida que darán forma y moldearán el crecimiento. Aquellos individuos con este nombre o sus variaciones retienen todas las experiencias. Tienen una memoria excelente, así como una manera de moldear esa memoria en una expresión personal. Su naturaleza de sentimientos es moldeada fuertemente por las experiencias externas. El control del entorno y la atmósfera síquica, en especial en la infancia, determina intensamente la expresión creativa del alma durante el resto de la vida. Estos individuos tienen una forma creativa maravillosa de expresarse. Esto puede tener la forma de una conversación, mediante una actividad artística o mediante un diversidad de otras formas. Su tarea es observar y sintetizar las experiencias de la vida para obtener conclusiones y comprensiones nuevas para ellos y para aquellos con los que están en contacto. Tienen una capacidad para inculcar en otros la maravilla de ver el mundo como nuevo.

GUADALUPE

(VARIACIÓN: GUADA, LUPE, LUPITA, PITA)

Significado:	«Río de amor»
Afirmación sugerida:	«¡Yo soy Guadalupe; soy el río de amor donde navega Dios!»
Vocal principal/elemento:	U / elemento de la tierra
Sonido principal/chakra:	«uh» / chakra de la garganta
Otras vocales/elementos:	A / elemento del éter
Otros sonidos/chakras:	«ee» / chakra de las cejas y la corona

MEDITACIÓN

Este es un nombre muy poderoso, lleno de simbolismo, elementos y significado. En la tradición cristiana, la virgen de Guadalupe es muy venerada, convirtiendo la Basílica de Santa María de Guadalupe en México en la más visitada del mundo, por encima de la de san Pedro en el Vaticano. Existen tres versiones de su etimología: la más aceptada es la que proviene de la frase árabe *wad al hub*, río de amor; la segunda se refiere a la combinación del árabe y el latín, *wuad* (río) y *lupus*, latín para lobo, río de lobos; y la tercera a la raíz náhuatl *coatlaxopeuh*, que significa aquel que aplasta la serpiente.

Contiene cinco vocales, siendo este número el del equilibrio y la armonía por situarse justo a la mitad de los nueve primeros números. Es un nombre propio de hombre y mujer, y el cinco también es uno de los números andróginos por excelencia por ser impar y masculino, y a la vez contener una parte femenina y par al sumarse 3+2. El corazón es el elemento del éter y al tener dos A son personas muy espirituales, capaces de fluir con el agua que es vida y bañar con ella de esperanza a los que los rodean, además de enseñar, guiar y ser maestros por su doble sonido de chakra en la garganta. Al ser muy espirituales en ocasiones se pierden en su mundo y olvidan manifestar el amor, por lo que vienen a aprender que el amor, al ser la fuerza más dinámica sobre la Tierra, debe demostrarse siempre.

Guillermo

(Variaciones: Bill, Will, William, Willie, Willard, Wilma, Billy)

Significado:	«Decidido, valiente y protector; espíritu seguro»
Afirmación sugerida:	«¡Yo soy Guillermo; yo soy el protector valiente!»
Vocal principal/elemento:	I / elemento del fuego
Sonido principal/chakra:	«ih» / chakra de la garganta
Otras vocales/elementos:	I / elemento del fuego E / elemento del éter
Otros sonidos/chakras:	«ee» / chakras de las cejas y la corona «uh» / chakra de la garganta

MEDITACIÓN

Las personas con este nombre han venido a aprender a ejercer los fuegos de la voluntad para ellas mismas y para otros. El fuego es el elemento predominante, pero sus fuegos deben ser contenidos y dirigidos. El fuego es tanto destructivo como creativo; consume la basura para que el oro pueda brillar a través. Este oro debe ser protegido, porque es el oro del sol interior, la chispa de lo Divino. En estas personas, la fuerza de voluntad será puesta a prueba, ya sea al no permitir a otros ejercer las suyas y controlarlos, o al no permitir que la propia se convierta en una fuerza de acoso y control. El equilibrio es la clave. Hacer lo que saben que es correcto y que se apeguen a ello sin importar la manera en que otros respondan, con frecuencia es difícil, pero esto desarrollará un potencial mayor en quienes tienen este nombre. Este potencial recorre toda la gama desde la intuición e inspiración superiores, los fuegos creativos y artísticos, hasta la sensibilidad síquica y la sanación. Estos individuos deben volverse seguros respecto a ellos mismos, y entonces, sin importar en que campo de actividad se encuentren, tendrán éxito.

HAROLD

(VARIACIONES: HARRY, HARRIET, HARVEY, HARLEY, HARLAN)

Significado:	«Dirigente en el ejército; líder fuerte»
Afirmación sugerida:	«¡Yo soy Harold; yo soy el líder fuerte en la vida!»
Vocal principal/elemento:	A / elemento del éter
Sonido principal/chakra:	«ay» / chakra del corazón
Otras vocales/elementos:	O / elemento del agua
Otros sonidos/chakras:	«uh» / chakra de la garganta

MEDITACIÓN

Las personas con este nombre han venido a fortalecer las expresiones del corazón, ya sea de una manera física, emocional o espiritual. Estos individuos tienen la capacidad de dirigir y controlar sus vidas, pero deben aprender a imponer sus energías y su autoridad con más fuerza. Por ello la importancia de la influencia del chakra de la garganta. Los líderes deben ser equilibrados e impedir que sus emociones se salgan de control. En el ejército, alguien que está desequilibrado puede ocasionar que otros resulten lesionados. Aquellos con este nombre en una posición de autoridad deben aprender a equilibrar las emociones por el beneficio de todos. Se debe superar cualquier tendencia a ser débil de voluntad, a autoengañarse y a ser muy reservado. La generosidad y la tolerancia fortalecerán el corazón y la vida de estos individuos, haciendo que se incremente una fuerte voz interior, una mayor apertura y una verdadera fuerza de voluntad.

HEATHER

Significado:	«Flor o arbusto del brezo; espíritu alegre»
Afirmación sugerida:	«¡Yo soy Heather; yo soy la flor de la alegría!»
Vocal principal/elemento:	E / elemento del aire
Sonido principal/chakra:	«eh» / chakra de la garganta
Otras vocales/elementos:	A / elemento del éter E / elemento del aire
Otros sonidos/chakras:	Mudo «eh» / chakra de la garganta

MEDITACIÓN

Las personas con este nombre tienen el don de la palabra, y si no la están expresando, por lo general hay mucho que desearían poder decir. Existe una luz en este nombre, una simplicidad y una belleza tal como la flor del brezo. Heather es un nombre que debería provocar alegría en el corazón, dando una mayor expresión a este a medida que uno envejece. En la infancia muchas personas con este nombre son como las hadas en apariencia y actividad. Existe un lazo natural con el reino natural, con aquellos seres que conocemos como las hadas y los duendes, por parte de cualquier persona cuyo nombre suene como la naturaleza y sus plantas. Aprender a calmar la mente será la tarea más importante de estas personas. Ellas están constantemente pensando y repensando, bajando y subiendo de nuevo, las ruedas mentales girando constantemente. Al aprender a calmar la mente, la voz interior puede salir y las expresiones tienen un mayor impacto. Aconsejar es algo natural para aquellas personas con este nombre. A las otras personas les resulta fácil hablar con ellas. Aprender a expresarse en la forma más creativa y benéfica será importante. Esto implica lecciones de fuerza de voluntad así como cuándo hablar y cuándo no.

HOWARD

(VARIACIÓN: HOWIE)

Significado:	«Jefe; guardián; alguien razonable»
Afirmación sugerida:	«¡Yo soy Howard; yo soy el guardián de la vida!»
Vocal principal/elemento:	O / elemento del agua
Sonido principal/chakra:	«ow» / chakras del bazo y del plexo solar
Otras vocales/elementos:	A / elemento del éter
Otros sonidos/chakras:	«uh» / chakra de la garganta

MEDITACIÓN

Las personas con este nombre tienen una energía que requiere que desarrollen un equilibrio para encargarse de las emociones y las energías de la vida básicas. Estos individuos tienen un don para ver el lado práctico de las cosas, y también pueden ayudar a otros en esto. Aprender a expresar este lado práctico y razonable es esencial para su crecimiento. Y a menos que el lado práctico esté equilibrado con el emocional, sin anularlo, podrían surgir conflictos emocionales y/o mentales. Es esencial que aprendan a ser seguros de ellos mismos, sin caer en el autoengaño. Cuando esto se logra, estos individuos tienen la capacidad de expresar tolerancia en todas las cosas, además de valentía, fe, y verdadera conciencia de ellos mismos. Hay un espíritu despierto y combativo, con la habilidad para cambiar su suerte y su futuro en cualquier grado que desee. Estos individuos están en su mejor momento cuando tienen a alguien a quien cuidar.

Hugo

(Variación: Hugh)

Significado:	«Alguien de la mente y la razón»
Afirmación sugerida:	«¡Yo soy Hugo; yo vivo la razón de Dios!»
Vocal principal/elemento:	U / elemento de la tierra
Sonido principal/chakra:	«oo» / chakra base
Otras vocales/elementos:	—
Otros sonidos/chakras:	—

MEDITACIÓN

Los individuos con este nombre han venido a expresar la fuerza de vida básica a través de la vida razonable y el equilibrio. Estos individuos tienen de manera natural un fuerte entusiasmo por la vida. La fuerza de vida pulsa con intensidad en ellos. En el periodo actual de la evolución de la humanidad, ellos han venido a expresar esto en una forma razonable y consciente. Asegurar que todos los pensamientos, palabras y acciones sirven a un propósito es esencial para estos individuos, de otra manera existe la posibilidad de que haya una gran agitación mental durante algunos periodos de sus vidas. Se deben cuidar de la imprudencia y de reaccionar en exceso. El desarrollo de la diferenciación y el discernimiento en todo es esencial para su bienestar. De esta manera la prosperidad y la confianza en ellos mismos abundarán en una forma que hará que otros se sientan a gusto. Estos individuos son extremadamente instintivos e intuitivos. Muestran una gran espontaneidad y pueden descubrir mucho acerca de ellos mismos y sus vidas mediante sus sueños tan vívidos. Hay una fuerte energía síquica en ellos.

IAN

Significado:	«Don amable de Dios»
Afirmación sugerida:	«¡Yo soy Ian; yo soy el don amable de Dios!»
Vocal principal/elemento:	I / elemento del fuego
Sonido principal/chakra:	«ee» / chakras de las cejas y la corona
Otras vocales/elementos:	A / el elemento del éter
Otros sonidos/chakras:	«uh» / chakra de la garganta

MEDITACIÓN

Estos individuos han venido a dar mayor expresión a las energías del corazón en sus vidas cotidianas. Han venido a aprender a equilibrar el corazón y la mente, dando una expresión mayor a ese equilibrio. Cada vez que la I y la A se unen en el nombre, hay una tremenda fertilidad y creatividad en el individuo. Esto puede expresarse en lo físico o en lo espiritual. Ellos han venido a despertar fuegos más grandes en el corazón. Esto significa que hay lecciones respecto a superar la inseguridad y las dudas en ellos mismos, junto con un orgullo falso. Cuando esto ocurre, exhiben y manifiestan una seguridad que les permite ser una fuerza de protección en las vidas de los demás. Y dan nacimiento a una gran compasión y sanación, enfocada a través de un fuerte idealismo y una verdadera devoción.

IRENE

Significado:	«Paz; espíritu pacífico»
Afirmación sugerida:	«¡Yo soy Irene; yo soy un espíritu pacífico!»
Vocal principal/elemento:	I / elemento del fuego
Sonido principal/chakra:	«eye» / bulbo raquídeo
Otras vocales/elementos:	E / elemento del aire
Otros sonidos/chakras:	«ee» / chakras de las cejas y la corona

MEDITACIÓN

Irene es un nombre que activa esas energías arquetípicas que le permiten a uno manifestar una mayor sensación de paz. El bulbo raquídeo es un centro cerebral que proporciona claridad al pensamiento. Cuando nuestras emociones están equilibradas con un pensamiento claro, la preocupación y las dudas se disipan, dejando paz mental. El fracaso en reconocer las habilidades propias puede ser el obstáculo más grande para las personas con este nombre. Es casi como si tuvieran una visión bloqueada. Esto se puede manifestar como intranquilidad o una indisposición para aprovechar las oportunidades de crecimiento o incluso un desequilibrio emocional. En su nivel más alto, puede liberar energías de aliento, sabiduría y formas superiores de comprensión. Se puede manifestar un verdadero reconocimiento del potencial, junto con una energía artística dinámica, mejorada por una inteligencia expandida.

Iris

Significado:	«El arcoíris; promesa divina»
Afirmación sugerida:	«¡Yo soy Iris; yo soy el arcoíris divino de promesa!»
Vocal principal/elemento:	I / elemento del fuego
Sonido principal/chakra:	«eye» / bulbo raquídeo
Otras vocales/elementos:	I / elemento del aire
Otros sonidos/chakras:	«ih» / chakra de la garganta

MEDITACIÓN

Este es un nombre que lo conecta a uno con las fuerzas de sanación de la luz y la vida. El arcoíris tiene toda la gama de colores en sí, y por ellos estas personas pueden encontrar una gama completa de experiencias de vida que debe ser sintetizada para una expresión individual más grande a manifestar. En esencia, muchas de estas personas han venido a completar sus experiencias de vida para que posteriormente puedan ayudar a otros a que pasen por unas similares. Aprender a mantener las situaciones en su perspectiva apropiada y discernir las lecciones subyacentes en los sucesos externos es esencial para la paz mental y el crecimiento futuro. El fuego es el elemento de este nombre, y mientras que puede quemar, también puede proporcionar calor, calidez y luz para aliviar, nutrir e inspirar el alma.

Isaac

Significado:	«Risa; fe fuerte y alegre»
Afirmación sugerida:	«¡Yo soy Isaac; yo estoy lleno de risa y fe!»
Vocal principal/elemento:	I / elemento del fuego
Sonido principal/chakra:	«eye» / bulbo raquídeo
Otras vocales/elementos:	A / elemento del éter
Otros sonidos/chakras:	«uh» / chakra de la garganta

MEDITACIÓN

Aquellos con este nombre han venido a aprender a ver la vida y sus acontecimientos desde una nueva perspectiva. Aprender a levantar el manto de la fatalidad en nuestra vida puede ser difícil, pero es aquí que la medicina sanadora de la risa puede mostrar sus mejores resultados. No tomarse las cosas demasiado seriamente le permite a uno mantener la vida y sus elementos de sorpresa en una perspectiva apropiada. Estas personas con este nombre deben aprender este proceso. Hay mucho fuego y mucho para estimular este fuego en las vidas de estos individuos. Aprender a controlar y dirigir las llamas y los fuegos interiores para así expresarlas en la vida como una chimenea cálida es difícil, pero una vez que se logra, proporciona oportunidades para sanar el alma y para iluminar de nuevo el sendero espiritual. Estos individuos también encontrarán una variedad más extensa de circunstancias de vida. «Si esto le puede ocurrir a cualquiera», se puede decir que le ocurrirá a estas personas. Esto no es algo malo, porque hay el potencial para interactuar con un gran número de personas y por ello convertirse en un catalizador, avivando las llamas de las brasas internas.

IVONNE

(VARIACIONES: YVONNE)

Significado:	«Corazón y alma valiente; la heroína»
Afirmación sugerida:	«¡Yo soy Ivonne; yo soy la guerrera poderosa de Dios!»
Vocal principal/elemento:	Y / elemento del aire y del fuego
Sonido principal/chakra:	«ee» / chakras de las cejas y la corona
Otras vocales/elementos:	O / elemento del agua; E / elemento del aire
Otros sonidos/chakras:	«aw» / chakra del plexo solar Mudo

MEDITACIÓN

Cualquier nombre cuya vocal predominante es una Y tiene el símbolo personal y mandala del Santo Grial. El cáliz dorado de la vida y la búsqueda de este, implica encontrar la verdadera esencia espiritual en estas personas, y cómo manifestarla de la mejor manera en sus vidas. Las personas con este nombre son grandes sanadoras. Con el entrenamiento apropiado, tienen la habilidad de agradar y pueden ver en los corazones, las mentes y las almas de los demás. Aprender a ejercer su fuerza y valentía interiores, a pesar de las presiones externas, desarrollará su potencial. Con frecuencia deben aprender a seguir sus corazones para reconocer que nunca se nos da una esperanza, un deseo o un sueño sin darnos también oportunidades para hacerlos realidad. Lo único que puede destruir esa posibilidad es comprometerse a estar de acuerdo con menos. Es el persistir para alcanzar el ideal lo que demuestra la verdadera valentía del corazón y lo que manifiesta esos sueños.

JACOBO

(VARIACIONES: JACK; JACKIE; JACQUELINE; JACOBO; JAKE; JAMES; JAMIE)

Significado:	«El reemplazador; confiable; noble en verdad»
Afirmación sugerida:	«¡Yo soy Jacob; yo soy noble en verdad!»
Vocal principal/elemento:	A / elemento del éter
Sonido principal/chakra:	«ay» / chakra del corazón
Otras vocales/elementos:	O / elemento del agua
Otros sonidos/chakras:	«uh» / chakra de la garganta

MEDITACIÓN

Este es un nombre hebreo muy antiguo del que provinieron muchas derivaciones. En las escrituras bíblicas, Jacob fue moldeado en su carácter por el amor del corazón de Dios. Los individuos con este nombre o sus variaciones han venido a moldear sus vidas de nuevo. La energía del chakra del corazón les da fuertes aspiraciones para crear sus vidas de acuerdo con el amor. Descubrir lo que es el amor, con frecuencia es la parte más difícil de la vida para estas personas. Ellas disfrutan muchas cosas, pero es como si estas fuesen simplemente reflejos de un amor o actividad mayor que aún no ha nacido. Aún es la palabra clave. En tanto estas personas se mantengan leales a sus corazones y aspiraciones, darán nacimiento a aspectos nuevos en sus vidas. Con frecuencia se requiere que ellos se salgan de los patrones viejos y se metan en algo que quizá no parezca práctico a los demás, pero si el amor por ello está ahí, vendrán el éxito y la abundancia. Esto entonces sirve para enseñar a los demás y despertar inspiraciones sinceras en ellos.

JANET

(VARIACIONES: JAN, JANE, JANICE, JEAN, JEANETTE, JOAN, JOANNE, JOANNA)

Significado:	«Dios es gentil; el regalo gentil de Dios»
Afirmación sugerida:	«¡Yo soy Janet; yo soy el regalo gentil de Dios!»
Vocal principal/elemento:	A / elemento del éter
Sonido principal/chakra:	«ah» / chakra de la garganta
Otras vocales/elementos:	E / elemento del aire
Otros sonidos/chakras:	«eh» / chakra de la garganta

MEDITACIÓN

Estas personas encarnan el concepto de los regalos verdaderos. Como cualquier presente o regalo sorpresa, por lo general es envuelto para no dar a conocer su contenido. Entonces, como una caja dentro de otra caja, cada capa de envoltura hace descubrir nuevas sorpresas y maravillas. Estas personas reflejan este aspecto. A medida que crecen y maduran, desarrollan cada vez más maravillas y habilidades. Y lo que hace a estas personas más agradables es que también están igualmente sorprendidas de lo que son capaces de dar. Cada capa y experiencia de vida saca más de su verdadera esencia, una esencia que es sanación y cuidado para todos aquellos con los que entra en contacto. Aprender a expresar sus habilidades y dones interiores —desde la intuición y la clarividencia, hasta una maravillosa forma de expresarse (hablada y escrita)— será importante. Pueden necesitar en ocasiones un empujoncito para iniciar actividades nuevas, pero es importante que expandan constantemente sus horizontes, porque es entonces cuando son los más capaces de vivir la vida de alguien que es un regalo gentil de Dios.

JASON

Significado:	«El sanador; alguien que sana»
Afirmación sugerida:	«¡Yo soy Jason; yo soy el sanador!»
Vocal principal/elemento:	A / elemento del éter
Sonido principal/chakra:	«ay» / chakra de la garganta
Otras vocales/elementos:	O / elemento del agua
Otros sonidos/chakras:	«uh» / chakra de la garganta

MEDITACIÓN

Existen muchas formas de sanación —física, emocional, mental y espiritual— y hay técnicas para trabajar con cada una de estas. También hay formas en las cuales podemos ser una influencia sanadora en las vidas de los demás, mediante lo que decimos y hacemos al vivir una existencia positiva y creativa. Las personas con este nombre serán sanadoras en las vidas de aquellos con los que entren en contacto de alguna manera, ya sea que estén conscientes de ello o no. Estas personas tienen una habilidad natural para las asociaciones amistosas con otros. Este es el elemento agua en ellas. El agua se amolda a todo lo que la contiene y por ello las energías y manifestaciones sanadoras amoldarán su expresión a las circunstancias de la vida del individuo. Aprender a equilibrar sus emociones será parte de la tarea, en especial distinguir entre sus propios sentimientos y los sentimientos de los demás. Una vez logrado esto, la capacidad para influenciar y sanar a numerosas personas aumenta tremendamente.

Jeffrey

(Variaciones: Geoffrey, Jeff)

Significado:	«Divinamente pacífico; alguien que está en paz»
Afirmación sugerida:	«¡Yo soy Jeffrey; yo estoy en paz con todo!»
Vocal principal/elemento:	E / elemento del aire
Sonido principal/chakra:	«eh» / chakra del corazón
Otras vocales/elementos:	E / elemento del aire
Otros sonidos/chakras:	«ee» / chakras de las cejas y la corona

MEDITACIÓN

Aquellos con este nombre tienen una energía mental muy fuerte. Sus mentes están constantemente dando vueltas. Esto tiene sus ventajas como sus desventajas. Si hay la disciplina apropiada, en especial en las áreas de fuerza de voluntad, la energía mental puede estimular una habilidad poderosa para ver la vida y sus circunstancias en una perspectiva equilibrada. Para ayudar en esto, es importante para aquellos con este nombre expandir la mente mediante alguna forma de estudio filosófico o metafísico. Si no hay una fuerza de voluntad apropiada, se puede manifestar una imaginación excesivamente activa que no puede ser aplicada de forma práctica. Esto puede crear agitación mental y puede limitar a estos individuos en su habilidad para manifestar lo que necesitan en sus vidas. Los centros de chakras de la cabeza, si están equilibrados, tienen la capacidad de manifestar grandes ideas y abundancia física. Aprender a hacer esto será la tarea y la recompensa para aquellos con este nombre.

Jenifer

(Variación: Jenny)

Significado:	«Ola blanca o fantasma; la bella dama»
Afirmación sugerida:	«¡Yo soy Jenifer; yo soy la bella dama de la vida!»
Vocal principal/elemento:	E / elemento del aire
Sonido principal/chakra:	«eh» / chakra de la garganta
Otras vocales/elementos:	I / elemento del fuego E / elemento del aire
Otros sonidos/chakras:	«eh» / chakra de la garganta

MEDITACIÓN

Este es un nombre que lo liga a uno con las energías y las formas de pensamiento de las leyendas y mitos galeses, en especial aquellos de la gente pequeña y el reino de la naturaleza. Con frecuencia estas personas tienen un aspecto como de hadas, ya sea en su apariencia o en sus gestos. Estas personas también están conectadas o lo estuvieron en vidas anteriores, con aquellos seres conocidos como las Damas Blancas. Las Damas Blancas de las tradiciones populares son lo que ahora conocemos como las hadas madrinas. Son seres de gran antigüedad y sabiduría y otorgan muchas bendiciones. Las personas con este nombre tienen una habilidad para abrir las comunicaciones con los seres de luz del reino de la naturaleza, pero se recomienda precaución. Hay una gran necesidad en aquellas personas con este nombre de desarrollar primero buenos conocimientos básicos y una fuerza de voluntad apropiada, de otra forma se permite que sean «hechizados» y de alguna manera engañados. Apegarse a estas palabras: «Prueba todas las cosas y rápidamente mantente apegado a lo que es verdad», es necesario para un equilibrio y crecimiento apropiados, en especial en relación con las enseñanzas y el desarrollo síquico, metafísico y espiritual.

JEREMY

(VARIACIONES: JEROME, JERRY, JEROLD)

Significado:	«Nombrado por Dios; de corazón devoto; de corazón consagrado y poderoso»
Afirmación sugerida:	«¡Yo soy Jeremy; yo estoy nombrado por Dios!»
Vocal principal/elemento:	E / elemento del aire
Sonido principal/chakra:	«eh» / chakra de la garganta
Otras vocales/elementos:	Y / fuego y aire E / elemento del aire
Otros sonidos/chakras:	«ee» / chakras de las cejas y la corona «eh» / chakra de la garganta

MEDITACIÓN

Aquellos con este nombre han venido a desarrollar un nuevo propósito en la vida. Como resultado, con frecuencia tienen periodos en sus vidas cuando parecen ir sin rumbo fijo, sin saber completamente qué hacer o a dónde ir para descubrir lo que es mejor hacer. En lo profundo de todos ellos hay una sensación de que debe haber algo más allá para ellos. La educación es donde todo comienza, donde los fuegos de la revelación serán encendidos. Los centros de chakras de la cabeza son activados muy fuertemente en las personas con este nombre. Esto implica la necesidad de actividad mental y expresión. Estar abiertos a todas las clases de oportunidades educativas, tanto formales como informales, será importante. Los fuegos de la imaginación son intensos en estas personas, y cuando son aplicados a algo en lo que pueden poner sus corazones, manifestarán un producto, una actividad o una vida que motivará a otros y les permitirá también volverse lanzas de luz y vida. Juntos manifiestan una visión aplicable a todos los aspectos de la vida.

JESSICA

(VARIACIONES: JÉSICA, JESSIE, JESSE)

Significado:	«Alguien rico y bendecido; Dios existe»
Afirmación sugerida:	«¡Yo soy Jessica; la bendición de Dios vive en mí!»
Vocal principal/elemento:	E / elemento del aire
Sonido principal/chakra:	«eh» / chakra de la garganta
Otras vocales/elementos:	I / elemento del fuego
	A / elemento del éter
Otros sonidos/chakras:	«ih» / chakra de garganta
	«uh» / chakra de la garganta

MEDITACIÓN

Las personas con este nombre y sus variaciones tienen un don para manifestar lo que necesitan cuando lo necesitan, ya sea en la forma de personas, dinero, etc. Han venido a aprender que existe una abundancia de riqueza y prosperidad para ser poseídas, pero esto requerirá ejercer la voluntad en una forma que haga saber al universo que ellas son las herederas de todo lo que hay en él. La energía del chakra de la garganta es la energía de imponer la fuerza de voluntad y la energía creativa para aprovechar la cornucopia de la vida. En el nombre Jessica también hay tres vocales, siendo el tres el número creativo y de nacimiento. Aquellas personas con este nombre han venido a dar nacimiento a los deseos creativos en ellas mismas. Aprender a no permitir a otros dominar, controlar o inhibir su expresión creativa será lo más importante. Quienes tienen este nombre tienen mucho que expresar al mundo o a aquellos en su área del mundo. Esta expresión no debe ser inhibida sino que se le debe permitir crecer, dando como resultado una manifestación de riqueza física y espiritual.

JILL

Significado:	«Aquella que es joven; el corazón joven»
Afirmación sugerida:	«¡Yo soy Jill; yo soy de corazón joven!»
Vocal principal/elemento:	I / elemento del fuego
Sonido principal/chakra:	«ih» / chakra de la garganta
Otras vocales/elementos:	—
Otros sonidos/chakras:	—

MEDITACIÓN

Los individuos con este nombre han venido a aprender a expresar al niño en ellos en todas las situaciones. Esto no es inmadurez, aunque podría ser algo que tiene que superarse por parte de estas personas. Más bien, refleja un surgimiento a una juventud madura. Esta es una habilidad para ver toda la vida, las situaciones y las personas con ojos de juventud, frescos y aventureros. Estas personas tienen un fuego y un entusiasmo por la vida que si son expresados de forma apropiada encenderán nuevos fuegos de vida en aquellos con los que entren en contacto. Los fuegos de sus pasiones internas, si se encienden de forma apropiada, aumentarán en cualquier momento, superando barreras y obstáculos e inspirando iluminación y una gran comprensión interior. Si esto se mantiene en un nivel puramente emocional, puede reflejar una naturaleza tempestuosa que crea fuegos que quemarán a los que están a su alrededor.

Jodi

(Variaciones: Jodie, Jody)

Significado:	«Alabada de Dios»
Afirmación sugerida:	«¡Yo soy Jodi; yo soy la hija alabada de Dios!»
Vocal principal/elemento:	O / elemento del agua
Sonido principal/chakra:	«oh» / chakra del bazo
Otras vocales/elementos:	I / elemento del fuego
Otros sonidos/chakras:	«ee» / chakras de la cabeza

MEDITACIÓN

Los individuos con este nombre han venido a proporcionar un nuevo fuego y expresión a sus emociones. Los elementos involucrados son el agua y el fuego, y cada vez que el agua y el fuego se juntan hay lecciones en la transmutación de energía, el proceso alquímico. Esto implica aprender a reconocer todas las situaciones y sucesos de la vida como elementos de pulido para el alma. Aprender a elevar las emociones a una forma superior de aspiración mediante procesos creativos será importante. Cuando el agua es calentada por el fuego, el vapor se eleva (elemento del aire), y por esto la educación llegará a estas personas en sus vidas con más fuerza en respuestas emocionales para otros y de otros. Si se examina en las perspectivas apropiadas, la vida se convierte en una aventura emocionante de aspiraciones y creatividad.

JOEL

Significado:	«El señor es Dios; declarante de Dios»
Afirmación sugerida:	«¡Yo soy Joel; yo soy el que proclama a Dios en toda vida!»
Vocal principal/elemento:	O / elemento del agua
Sonido principal/chakra:	«oh» / chakra del bazo
Otras vocales/elementos:	E / elemento del aire
Otros sonidos/chakras:	«eh» / chakra de la garganta

MEDITACIÓN

Los individuos con este nombre han venido a enlazar y usar dos de los centros creativos de energía, los chakras del bazo y la garganta. Estos son centros de gran fuerza creativa que se manifiestan más fuertemente a través del desarrollo de dos características, la pureza y la autodisciplina. La fuerza de voluntad que le permite a uno activar conscientemente la expresión creativa en el mundo físico, ya sea mediante un proceso creativo o mediante actividades artísticas. En su nivel más elevado, las energías de este nombre pueden volverlo a uno una gran fuerza creativa de luz en el mundo, una luz que será notada por todos. Por otro lado, el mal uso de las energías creativas puede agotar la fuerza de vida del individuo, disminuyendo con el tiempo los efectos en el mundo. Estos individuos tienen un potencial para trabajar con (y alterar) las aguas de la vida en otras personas mediante prácticas esotéricas que implican la purificación de la sangre. Los secretos de la sangre de la vida pueden ser develados, enseñando la «elevación de la serpiente de fuego» de la espiritualidad.

JORGE

(VARIACIÓN: GEORGE, GEORGIA)

Significado:	«Industrioso; trabajador o granjero»
Afirmación sugerida:	«¡Yo soy Jorge; yo soy el trabajador de Dios!»
Vocal principal/elemento:	O / elemento del agua
Sonido principal/chakra:	«oh» / chakra del bazo
Otras vocales/elementos:	E / elemento del aire
Otros sonidos/chakras:	Mudo

MEDITACIÓN

Las personas con este nombre han venido a edificar cimientos nuevos en su evolución. Para que algo crezca, se debe airear de forma apropiada la tierra y el agua, que son los elementos asociados con este nombre. Estas personas han traído la tierra y las herramientas para trabajar el suelo. Deben aprender también a echar agua y a airear. La unificación de la mente y las emociones será una parte de la tarea. Mantener las emociones equilibradas y constantes, en lugar de permitirles fluctuar de un momento al otro con cualquier viento que sople, será la otra parte.

Una vez que esto se logre, la energía y la disposición al trabajo sorprenderán a muchos. Cualquiera que sea la tarea en la vida, debe haber una unión emocional y mental en ella para que este individuo tenga éxito. Las rutinas son difíciles para estos individuos a menos que haya alguna variedad y estimulación emocional y mental. Cuando esto ocurre, no hay nada que pueda impedir el éxito. Ellos tienen la capacidad de hacer que todo crezca en sus vidas, en tanto tengan la motivación apropiada.

JOSÉ

(VARIACIONES: JOE, JOEY, JOSEPH, JOSEPHINE)

Significado:	«Alguien que agrega; incremento de lealtad»
Afirmación sugerida:	«¡Yo soy José; yo añado cada vez más lealtad en el mundo!»
Vocal principal/elemento:	O / elemento del agua
Sonido principal/chakra:	«oh» / chakra del bazo
Otras vocales/elementos:	E / elemento del aire
Otros sonidos/chakras:	«eh» / chakra de la garganta

MEDITACIÓN

Estos individuos han venido a aumentar sus experiencias de vida mediante abrirse a percepciones más grandes de la interacción divina en el mundo físico. En épocas antiguas, la naturaleza era la forma en que Dios le hablaba a la humanidad. Aprender a interpretar los ritmos de la naturaleza era parte de la enseñanza de los templos de misterio. Esto significaba enseñar que tenemos tanto un aspecto material como un aspecto espiritual, reflejados mediante una conciencia despierta y una conciencia dormida. Tal como el José de fama bíblica integró los sueños con la vida real, aquellos con este nombre también deben aprender a hacerlo así. El reconocimiento de que existen reflejos de energías espirituales sutiles en acción en la vida de uno incrementa la fe en lo divino. Estas personas tienen sueños vívidos muy intensos y deberían aprender a trabajar con ellos. Ambos centros de chakras están asociados con la actividad de los sueños, y los estados de sueño de estas personas reflejan con precisión lo que está ocurriendo en otros niveles alrededor de ellos, emocional, mental y espiritualmente. Aprender a discernir esto facilita el proceso de vida para estos individuos.

JOSHUA

(VARIACIÓN: JOSH)

Significado:	«Dios de salvación; la salvación»
Afirmación sugerida:	«¡Yo soy Joshua; yo soy la salvación de mi vida!»
Vocal principal/elemento:	O / elemento del agua
Sonido principal/chakra:	«aw» / chakra del plexo solar
Otras vocales/elementos:	U / el elemento de la tierra A / elemento del éter
Otros sonidos/chakras:	«oo» / chakra base «uh» / chakra de la garganta

MEDITACIÓN

Este es un nombre de tremenda armonía. Suena con música, creando un coro de equilibrio en la vida de uno. Estos individuos por lo general están en un factor de equilibrio en las vidas de otros. El primero, segundo y tercer chakras son activados por este nombre. En la escala musical esta triada forma un coro, un armónico de equilibrio. El chakra predominante es el plexo solar, el cual en la evolución anterior de la humanidad era el centro de poder y el centro de equilibrio de los siete chakras mayores. Está asociado con el elemento del agua, enlazando la Tierra y los cielos. Las lluvias del Cielo caen sobre la Tierra para nutrir y causar crecimiento. Es este aspecto de la lluvia lo que predomina en la vibración de este nombre. El agua es salvación. Sacia la tierra sedienta y reseca, permitiéndonos incrementar nuestra perspectiva. Es importante para estos individuos crear y vivir en armonía. Su tarea es encontrar una forma de sintetizar y enlazar los cielos y la Tierra, lo espiritual y lo físico. Las aspiraciones espirituales proporcionarán los mejores medios. Ejercer el control emocional apropiado infunde una armonía que tiene un efecto en todos aquellos que rodean a estas personas.

JOY

(VARIACIONES: JOYCE, JOYLYNN)

Significado:	«Alegre; alguien alegre»
Afirmación sugerida:	«¡Yo soy Joy; yo soy la hija alegre de Dios!»
Vocal principal/elemento:	O / elemento del agua
Sonido principal/chakra:	«oh» (en realidad un diptongo) / chakra del plexo solar
Otras vocales/elementos:	Y / elemento del fuego
Otros sonidos/chakras:	Chakra del bulbo raquídeo y chakra de la garganta

MEDITACIÓN

Este es un nombre de gran poder, pero debe recordarse que a los que mucho se les da, mucho se espera de ellos. Este es en realidad un nombre con diptongo en el que los elementos del agua y el fuego están mezclados. Este es el proceso alquímico, encontrando y descubriendo alegría en todas las situaciones. En otro nivel este es el enlace de las energías femeninas (O) y las masculinas (Y) para producir un nuevo nacimiento. Encontrar un equilibrio entre las expresiones de ambas será una prueba en alguna forma en estas personas. La O es el elemento agua, lo femenino siendo traído a su expresión en esta encarnación. El cáliz (Y) es con frecuencia un símbolo femenino; la formación y moldeo de las energías femeninas de la intuición y la imaginación creativa para una mayor expresión en la vida. Este nombre también refleja el proceso de nacimiento de la iniciación. El plexo solar es el pesebre, el lugar donde el yo inferior nace para que podamos seguir la estrella interior hacia un nuevo nacimiento en la cabeza, el punto en la cristiandad esotérica del pesebre superior. Cuando podamos lograr el nacimiento y encontrar la alegría en lo inferior y lo superior, podremos compartir la copa de la vida y la luz con los demás. Esta es la esencia de la tarea de vida de aquellas personas con este nombre: ¡compartir!

Juan

(Variaciones: Juanita, Jon, Jonathan, John, Johan, Jonetta)

Significado:	«Regalo gentil de Dios»
Afirmación sugerida:	«¡Yo soy Juan; yo soy un regalo gentil de Dios!»
Vocal principal/elemento:	O / elemento del agua
Sonido principal/chakra:	«aw» / chakra del plexo solar
Otras vocales/elementos:	—
Otros sonidos/chakras:	—

MEDITACIÓN

Las personas con este nombre han venido en alguna forma a dar nacimiento al potencial en ellos. Este nombre tiene relación con energías antiguas y grandes maestros pasados. Juan el Bautista y Juan el Amado son únicamente dos. Ambos son asociados con las energías de iniciación y la expresión de energías y potenciales en el mundo físico. Ambos exhalaron una nueva vida en sus entornos. Aun cuando esta obra no trata acerca de las consonantes, la H proviene de la letra hebrea heh. Esta es la energía del aliento de vida siendo exhalado de nuevo. Cuando se encuentra en un nombre, refleja lecciones sobre aprender a exhalar vida nueva a circunstancias viejas. Los antiguos esenios llamaban al chakra del plexo solar el «pesebre». Este es el punto de nacimiento inferior en el cual todos debemos nacer hasta el tiempo en que podamos hacer nacer nuestras facultades superiores. Las cualidades femeninas de intuición e imaginación han vuelto a ser expresadas de nuevo en estas personas.

JUDITH

(VARIACIONES: JUDI, JUDY)

Significado:	«Alabada por Dios»
Afirmación sugerida:	«¡Yo soy Judith; yo soy la alabada por Dios!»
Vocal principal/elemento:	U / elemento de la tierra
Sonido principal/chakra:	«oo» / chakra base
Otras vocales/elementos:	I / elemento del fuego
Otros sonidos/chakras:	«ih» / chakra de la garganta

MEDITACIÓN

Este es el nombre de una maestra. Los elementos son tierra y fuego, lo práctico y lo ideal, lo espiritual y lo físico. Los chakras son el base y el de la garganta, la fuerza de vida creativa unida con la fuerza de voluntad. Aquellas con este nombre han venido a dar expresión a las energías de vida básicas con el fuego nuevo. Estas personas han venido a encontrar aplicación práctica en sus vidas de sus elevados ideales y aspiraciones, en cualquier ambiente. Tienen una gran capacidad para las aspiraciones espirituales, pero esto debe ser equilibrado. Puede surgir una tendencia a materializarse e ignorar todo lo imaginativo e inspirador o estar tan cómodamente instalado en ello que no hay nada de práctico. Estas personas tienen una gran capacidad de expresión de lo ideal y lo práctico; pueden sintetizar ambos con práctica y esfuerzo, y también pueden ayudar a otros a sintetizar conceptos en la realidad. Un maestro es alguien que puede ver y experimentar el ideal y el concepto, y al mismo tiempo traducir esto para que otros puedan trabajar con ello en sus propias vidas, en su propia manera única. Ambas son la lección y la recompensa de quienes tienen este nombre.

Julia

(Variaciones: Julián, Julie, Julianne, Juliet, Julio)

Significado:	«Alguien joven; joven de corazón y espíritu»
Afirmación sugerida:	«¡Yo soy Julia; yo soy joven de corazón y espíritu!»
Vocal principal/elemento:	U / elemento de la tierra
Sonido principal/chakra:	«oo» / chakra base
Otras vocales/elementos:	I / elemento del fuego
Otros sonidos/chakras:	«ee» / chakras de las cejas y la corona
	«uh» / chakra de la garganta

MEDITACIÓN

La juventud está en la mente y el espíritu. Estas personas han venido a aprender las lecciones asociadas con el desarrollo de una perspectiva de la vida fresca y joven. Esto no tiene nada que ver con la madurez en un sentido biológico, sino más bien tiene que ver con desarrollar un punto de vista sobre la vida que es de admiración e inocencia infantil. Aun cuando la Tierra va a través de ciclos de envejecimiento en el transcurso de un año, recupera su crecimiento fresco y expresión de nueva vida con cada primavera. Esta es la importancia del elemento tierra en este nombre. Aprender a traer vida nueva a todas las circunstancias es parte de la verdadera juventud. Esto requiere una mentalidad apropiada, con los chakras de las cejas y la corona trabajando con la energía de la fuerza de vida del chakra base para expresiones eternas de vida nueva y energía. Estas expresiones en las circunstancias de vida externas son el trabajo del chakra de la garganta. Esta es la tarea de aquellas personas con este nombre, y una vez lograda, estas personas se convierten en una exhalación de aire fresco y amanecer primaveral en las vidas de los demás.

JUNE

Significado:	«Corazón benevolente; nacida en junio»
Afirmación sugerida:	«¡Yo soy June; yo soy de corazón dadivoso!»
Vocal principal/elemento:	U / elemento de la tierra
Sonido principal/chakra:	«oo» / chakra base
Otras vocales/elementos:	E / elemento del aire
Otros sonidos/chakras:	Mudo

MEDITACIÓN

Las personas con este nombre deben aprender a no permitir que su pensamiento interfiera con lo que ellas saben instintivamente cómo hacer. Pensar demasiado puede impedir que una persona responda y actúe cuando es necesario. Estas personas han venido a escuchar y responder a esa fuerte voz e intuición interior. Pueden convertir cosas en una expresión práctica. Otros quizá no puedan discernir sus motivos y razonamientos, pero ellas por lo general lo harán bien. Estas personas parecen saber de manera instintiva lo que es importante respecto a materializar sus energías y en lograr que los demás las materialicen de manera equilibrada. No obstante, se debe tener cuidado, para no permitir que esto interfiera con la expresión voluntaria de otros. Esto indicaría que la E muda no estaba siendo muda. Estas personas dan con su corazón, pero en formas prácticas que atraviesan las sombras emocionales y mentales. Ellas tienen la capacidad para poner las situaciones en una perspectiva apropiada y para ayudar a otros a hacerlo así. El amor sin una manifestación y expresión práctica no ayuda al crecimiento de los demás. El amor de estas personas se expresa a través de acciones de la vida real, dando desde el corazón pero en el mundo real.

KARA

(VARIACIONES: CARA, KAREN, KARI, KARIN)

Significado:	«Alguien amado; pureza; alguien puro»
Afirmación sugerida:	«¡Yo soy Kara; yo soy la hija amada de Dios!»
Vocal principal/elemento:	A / elemento del éter
Sonido principal/chakra:	«ay» / chakra del corazón
Otras vocales/elementos:	A / elemento del éter
Otros sonidos/chakras:	«uh» / chakra de la garganta

MEDITACIÓN

Este es un nombre cuyas energías influencian el desarrollo del corazón a una mayor expresión en la vida de la persona. Surgirán situaciones que requerirán que la persona haga un esfuerzo para amar a pesar de algunas circunstancias externas. Estas personas tienen una gran capacidad para expresar amor, pero se debe aceptar asesoría para aprender a expresarlo en una forma apropiada. Saben instintivamente cómo agradar a otros en formas que no son degradantes, sino que más bien crean las energías de los demás. Cualquiera con este nombre o sus variaciones conmoverá los corazones de otros. La pureza —en pensamiento, palabra y acción— resplandecerá desde estas personas y será la palabra clave en sus vidas. A medida que aprenden a purificar el corazón y las expresiones del corazón, se pueden abrir a la ayuda de la jerarquía angélica en todas las facetas de sus vidas. ¡Con su asistencia ellas se volverán verdaderamente los seres amados en las vidas de los demás!

KEITH

Significado:	«Desde el sitio de batalla; seguro y a salvo»
Afirmación sugerida:	«¡Yo soy Keith; yo soy segura y estoy a salvo en todo!»
Vocal principal/elemento:	E / elemento del aire
Sonido principal/chakra:	«ee» / chakras de las cejas y la corona
Otras vocales/elementos:	I / elemento del fuego
Otros sonidos/chakras:	Mudo

MEDITACIÓN

Este es un nombre que estimula las energías, las lecciones y los potenciales para ganar las batallas de la mente. La imaginación es fuerte para estos individuos. Aprender a equilibrarla y no dejarla correr hacia algún precipicio será la tarea. Una vez que hay una mentalidad, los fuegos arden con intensidad. Estas personas necesitarán encontrar algo fuerte en lo cual creer. Al hacer esto, tienen una gran capacidad para extraer las energías universales de la fe y manifestarlas en sus vidas. Mientras desarrollan fe y fuerza en el poder de su habilidad para visualizar metas y reconocer que pueden manifestar lo que visualizan, se vuelven seguros en todas las actividades de la vida. Las lecciones de seguridad e inseguridad son predominantes en las vidas de estos individuos, pero cuando se vuelven seguros de ellos mismos, las circunstancias externas se ajustan de acuerdo con esto. Es entonces que comprenden el significado de las palabras: «La fe puede mover montañas».

Kelley

(Variación: Kelly)

Significado:	«Guerrera; virtud excelente»
Afirmación sugerida:	«¡Yo soy Kelly; yo soy la guerrera espiritual!»
Vocal principal/elemento:	E / elemento del aire
Sonido principal/chakra:	«eh» / chakra de la garganta
Otras vocales/elementos:	E / elemento del aire
Otros sonidos/chakras:	«eh» / chakras de las cejas y la corona

MEDITACIÓN

Este es un nombre de gran fuerza, que implica los tipos de lecciones y potenciales para las personas que lo tienen. Un verdadero guerrero debe ser disciplinado y con una virtud excelente, y debe creer en aquello por lo que combate. La fuerza de voluntad debe ser fuerte para imponerse sobre el campo de batalla de la vida. Por esta razón, el chakra de la garganta es activado fuertemente (fuerza de voluntad), como lo son los chakras para la cabeza (mentalidad y creencias apropiadas). Cuando estos dos se unen, contenidos en la copa del Grial (el glifo de la Y), existe un potencial para un gran poder. Aprender a ejercer el autocontrol y no permitir que otros dominen será parte de la tarea de vida de una persona con este nombre. Una vez logrado, una vez impuesto con visión apropiada, la vida del individuo se convierte en la búsqueda espiritual que revela la esencia espiritual interior y los medios para expresar esa esencia.

KENNETH

(VARIACIÓN: KEN)

Significado:	«Atractivo; varonil; con gracia»
Afirmación sugerida:	«¡Yo soy Kenneth; yo soy el agraciado de Dios!»
Vocal principal/elemento:	E / elemento del aire
Sonido principal/chakra:	«eh» / chakra de la garganta
Otras vocales/elementos:	E / elemento del aire
Otros sonidos/chakras:	«eh» / chakra de la garganta

MEDITACIÓN

Estos individuos han venido a ejercer la fuerza de voluntad a la cual tienen gran acceso. Aprender a no decir o no hacer cosas que dañan a otros será parte de su tarea, la cual, en especial en la infancia, no siempre será fácil de lograr. Sus palabras tienen gran fuerza y son sentidas por otros con más fuerza de lo que a menudo se reconoce. Estos individuos tienen una gran fuerza interior que si es llevada a la expresión física a menudo se manifiesta en una habilidad para asesorar y aconsejar en formas que fortalecen a los demás. Un viejo adagio nos dice que, también debemos hacer fuertes a aquellos a quienes protegemos. Aquellos con este nombre tienen una gentileza en respuesta a los demás que los fortalece. También será puesta a prueba su propia fuerza de voluntad, sin embargo, mientras la mente esté enfocada en lo superior y lo ideal, tales pruebas serán pasadas con facilidad. También puede surgir aprendizaje acerca de imponer la voluntad propia a expensas de las de otros; aunque infrecuente, estas lecciones pueden ser intensas y casi siempre indican nuevos cambios en energía próxima a manifestarse en sus vidas.

KEVIN

Significado:	«Amable; adorable; bondadoso»
Afirmación sugerida:	«¡Yo soy Kevin; yo soy el hijo amable y bondadoso de Dios!»
Vocal principal/elemento:	E / elemento del aire
Sonido principal/chakra:	«eh» / chakra de la garganta
Otras vocales/elementos:	I / elemento del fuego
Otros sonidos/chakras:	«ih» / chakra de la garganta

MEDITACIÓN

Estos individuos tienen una habilidad para discernir las emociones y actitudes de los demás, lo cual les permite responder a la gente en una forma que es más benéfica. Su silenciosa voz interior es escuchada, proporcionando pistas, inspiración e ideas a otros, incluso si no es reconocida por lo que es. Aprender a no aprovecharse de tales ideas o a manipular a otros con esta inspiración será una lección importante. La energía de este nombre es tal que proporciona a estos individuos la capacidad de relacionarse y llevarse bien con casi todos. Debido a que son agradables, deben cuidarse de otros que se aprovechan de ellos o que los manipulan. Será necesario desarrollar en mayor grado el aprender a no obligar, sino a convencer con gentileza en todas las circunstancias. Una vez logrado esto, como un arroyo de corriente tranquila, tocarán muchas orillas y se moverán con facilidad alrededor de todos los obstáculos, fluyendo por la vida con libertad y tocando vidas con una bondad que inspira.

Kim

(Variaciones: Kimball, Kimberly)

Significado:	«Del fuerte real; jefe guerrero; fuerte y noble»
Afirmación sugerida:	«¡Yo soy Kim; yo soy el guerrero noble!»
Vocal principal/elemento:	I / elemento del fuego
Sonido principal/chakra:	«ih» / chakra de la garganta
Otras vocales/elementos:	—
Otros sonidos/chakras:	—

MEDITACIÓN

Aquellos con este nombre han venido a desarrollar la dignidad que hay en ellos, que con frecuencia no reconocen. Otros ven esta noble fuerza, ya sea que el individuo la vea o no. Estos individuos tienen un porte tranquilo y digno. Saben lo que se debe hacer, incluso si no desean hacerlo. Muchos de ellos deben aprender a hacer lo que tienen que hacer, a pesar de la respuesta de otros. Un dirigente y un guerrero a menudo deben permanecer solos y mantenerse fuertes, a pesar de las circunstancias externas. A pesar de que no es fácil, esto convierte la nobleza en energía que crece con cada día que pasa. Esto estimula a otros, quienes de manera inconsciente los usan como modelos a seguir. Estos individuos han venido en primer lugar a aprender que pueden ser fuertes como un guerrero y aun así encarnar la nobleza. Una vez aprendido esto, lo enseñan a otro mediante el ejemplo. Muchos de estos individuos ejemplifican el carácter y la disciplina superiores de los Caballeros del Santo Grial, y muchos de ellos fueron parte de ese entrenamiento en vidas anteriores. Son verdaderos guerreros espirituales.

KURT

Significado:	«Consejero audaz; fuerte en el consejo; capaz de aconsejar»
Afirmación sugerida:	«¡Yo soy Kurt; yo soy fuerte al aconsejar!»
Vocal principal/elemento:	U / elemento de la tierra
Sonido principal/chakra:	«uh» / chakra de la garganta
Otras vocales/elementos:	—
Otros sonidos/chakras:	—

MEDITACIÓN

Este es uno de esos nombres cuyos significado, energías y chakras se refuerzan tan fuertemente entre ellos que los efectos son dinámicos. El elemento de la tierra es un reflejo de la habilidad de estos individuos para poner la vida y sus circunstancias en una perspectiva práctica. Ellos han venido a hacer lo que es necesario y a ayudar a otros a hacer lo mismo, sin perderse en conceptos e ideas. La energía del chakra de la garganta puede producir vulgaridad en el habla de estos individuos, la cual deben aprender a controlar, pero al mismo tiempo tienen un don para poner las situaciones en perspectiva mediante su discurso. Es frecuente que haya poca simulación en estos individuos. Ellos son sinceros, en ocasiones con demasiada brusquedad, pero dicen lo que se necesita decir, en una forma que puede ser comprendida. Tienen una tremenda habilidad expresiva que puede ser aplicada en una diversidad de formas, una de las cuales es dar consejos (de manera formal o informal). Su forma de hablar franca y su vida recta es lo que les trae a estos individuos sus recompensas más grandes.

LAURA

(VARIACIONES: LAUREL, LAURETTA, LAURIE, LAWRENCE, LARRY, LORA, LORI, LOREN, LORNA)

Significado:	«Coronada con hojas de laurel; espíritu victorioso»
Afirmación sugerida:	«¡Yo soy Laura; yo soy un espíritu victorioso!»
Vocal principal/elemento:	A / elemento del éter
Sonido principal/chakra:	«aw» / chakra del plexo solar
Otras vocales/elementos:	U / elemento de la tierra
	A / elemento del éter
Otros sonidos/chakras:	Mudo
	«Uh» / chakra de la garganta

MEDITACIÓN

Aquellos con este nombre han venido a volverse victoriosos, aunque sea como espíritus, sobre las energías y circunstancias de la vida terrenal. Encontrarán un extenso rango de experiencias de vida que deben ser mantenidas en su perspectiva apropiada. Aprender a discernir las lecciones subyacentes, ya sean espirituales o de otra índole, en todas las circunstancias y situaciones de vida, es lo que más les permitirá desarrollar un campo de energía que resuene con la victoria. Aquellas personas cuyo nombre es con variaciones de AU encontrarán sus lecciones más fuertes a través de las situaciones de vida físicas. Aquellas con variaciones de la O tendrán sus batallas más intensas con las emociones. En cualquier caso, mientras se persista la victoria está próxima. Estas personas han venido a la vida física a aprender que pueden ser victoriosos y que pueden usar la corona de hojas de laurel, no importa cuáles sean las circunstancias de la vida. Para muchos esta es una vida para ser sanados, y la sanación es lo que trae la victoria verdadera. Desarrollar un punto de vista espiritual o una forma positiva de vivir asegura la victoria y evita que los reinos físicos y todas sus lecciones los superen.

Leo

(Variaciones: León, Leonard, Leona)

Significado:	«El león valiente»
Afirmación sugerida:	«¡Yo soy Leo; yo soy el león valiente de Dios!»
Vocal principal/elemento:	E / elemento del aire
Sonido principal/chakra:	«ee» / chakras de las cejas y la corona
Otras vocales/elementos:	O / elemento del agua
Otros sonidos/chakras:	«oh» / chakra del bazo

MEDITACIÓN

Estos individuos han venido a aprender a expresar su valentía en nuevas formas. Pruebas y lecciones de fortaleza y valor predominarán en esta vida, ya sean físicas, emocionales, mentales o espirituales. El león es un poderoso símbolo antiguo de fuerza y debería convertirse en un mandala personal para estos individuos. En astrología, el león en el signo de Leo es representativo del Padre que da la vida, y es un signo mediante el cual uno debe aprender a expresar la personalidad verdadera. Aun cuando los chakras son los de la cabeza, así como los del bazo y la parte inferior del estómago, los dos establecen un puente a través del corazón. Necesitamos un corazón y su actividad de amor dinámica para animar nuestra vida y nuestras energías de vida. Despertar la llama eterna en el corazón para establecer un puente entre la mente y las emociones será la clave. El aire sin el agua es seco y sin vida, y el agua sin ningún oxígeno está estancada. Es el elemento del fuego el que es esencial para mezclar los dos mediante la evaporación y la condensación. Las energías de amor deben emplearse para equilibrar la mente y las emociones, y esto pasa cuando uno comienza a convertirse en una fuerza poderosa o un león de Dios.

LESLEY

(VARIACIÓN: LESLIE)

Significado:	«Habitante del fuerte gris; el espíritu tranquilo»
Afirmación sugerida:	«¡Yo soy Lesley; yo soy el espíritu tranquilo!»
Vocal principal/elemento:	E / elemento del aire
Sonido principal/chakra:	«eh» / chakra de la garganta
Otras vocales/elementos:	E / elemento del aire
Otros sonidos/chakras:	«ee» / chakras de las cejas y la corona

MEDITACIÓN

Este es uno de esos nombres que es andrógino. Esto es significativo, en especial cuando se examinan su significado y los chakras asociados con este. Todos los chakras implican la cabeza, la energía mental. La mente no es ni masculina ni femenina, los sonidos del nombre implican los tres chakras y tres es el número creativo, el del nacimiento. Un nuevo nacimiento ocurre solamente cuando hay una unión entre lo masculino y lo femenino. Aprender a llevar las energías masculinas y femeninas al equilibrio y a una nueva expresión, es parte de la tarea de estas personas. Lo masculino y lo femenino unidos apropiadamente crean un hogar-fortaleza. Cuando nuestras energías —nuestro hogar— se fortalecen y están unidas, hay calma y seguridad. Aprender a volverse seguro uno mismo —reconocer que dentro de ti está todo lo que necesitas o requieres para dar nacimiento a cualquier proyecto en la vida— es la lección de estas personas. Este es el proceso creativo en acción.

Linda

(Variaciones: Lin, Lynda, Lynn, Lynette)

Significado:	«Alguien hermosa; bella; belleza interior; reconfortante»
Afirmación sugerida:	«¡Yo soy Linda; yo soy la hija hermosa de Dios!»
Vocal principal/elemento:	I / elemento del fuego
Sonido principal/chakra:	«ih» / chakra de la garganta
Otras vocales/elementos:	A / elemento del éter
Otros sonidos/chakras:	«uh»/ chakra de la garganta

MEDITACIÓN

La unión del corazón y la mente es parte de la tarea de estas personas. La I es una vocal conectada al bulbo raquídeo, un sitio de un chakra menor, necesario para unir las energías del corazón a las energías de la mente. También está asociada con el elemento del fuego. La I era una vocal que en un tiempo estaba asociada con el corazón, pero las vocales y los sonidos y las energías asociadas con ellos también cambiaron y crecieron. Estas personas han venido a dar una nueva expresión a las energías del corazón para descubrir la belleza que se encuentra en los corazones de toda la gente, en especial en ellas mismas. Inherentes en este descubrimiento hay lecciones acerca de la autoestima. Inherentes también hay lecciones respecto a sanar el corazón del pasado y superar este. El corazón es el lugar donde se concentra el karma. A medida que se desarrolla, así lo hacen gran parte de nuestras conexiones kármicas de vidas pasadas. Estas personas han venido a trabajar con esto y a aprender que todas las situaciones son de crecimiento y aprendizaje. Es el reconocimiento de esto lo que más desarrolla la belleza que arde dentro de ellas.

LISA

(VARIACIÓN: ELISA)

Significado:	«Alguien consagrada»
Afirmación sugerida:	«¡Yo soy Lisa; yo soy la hija consagrada de Dios!»
Vocal principal/elemento:	I / elemento del fuego
Sonido principal/chakra:	«ee» / chakras de las cejas y la corona
Otras vocales/elementos:	A / elemento del éter
Otros sonidos/chakras:	«uh»/ chakra de la garganta

MEDITACIÓN

Este es un nombre de gran sensibilidad de sanación. Estas personas tienen un fuego en ellas que debe ser expresado en alguna actividad creativa, ya sea en la sanación o en las artes creativas. En la mayoría de estas personas los fuegos intuitivos son muy intensos y tan activos por naturaleza que en realidad no hay necesidad de intentar y esperar que las «luces se enciendan». Estas personas llegaron con las luces ya encendidas. Ellas son casi siempre una bendición en las vidas de aquellos con los que entran en contacto, contando con una gran imaginación creativa e intuición, las cuales han venido a expresar con más dinamismo en esta vida (influencia del chakra de la garganta). Son excelentes sanadoras con su voz. Los fuegos interiores emanan con fuerza a través de lo que dicen y cómo lo dicen. Las palabras dichas más amorosamente son sentidas por los demás con más amor. Aquellas que lastiman, lastiman más profundamente. En su nivel más elevado, estas personas han venido a aprender y a usar la Palabra Creativa, para manifestar sus esperanzas, sueños y deseos y por ello incluso ser una bendición mayor en las vidas de los demás.

LUCAS

(VARIACIONES: LUCI, LUCILLE, LUCY, LUKE)

Significado:	«Iluminado; el portador de luz y conocimiento»
Afirmación sugerida:	«¡Yo soy Luke; yo soy el portador de luz!»
Vocal principal/elemento:	U / elemento de la tierra
Sonido principal/chakra:	«oo» / chakra de la base
Otras vocales/elementos:	E / elemento del aire
Otros sonidos/chakras:	Mudo

MEDITACIÓN

Las personas con este nombre son una verdadera luz para aquellos con los que entran en contacto en sus vidas. Sin tomar en cuenta las circunstancias de vida, tienen la capacidad de ayudar a otros para ver su camino con claridad en las situaciones cotidianas, sin importar cuánta confusión haya. El conocimiento nos ayuda a ahuyentar nuestros temores y dudas y a superar el miasma de las supersticiones y limitaciones, ya sean impuestas en nosotros o por nosotros. Por esta razón el conocimiento y la educación son esenciales para estas personas. Mientras más conocimiento adquieran, más comprensión y sabiduría llegan a su vida. Estas personas tienen la capacidad única para aplicar las revelaciones a las circunstancias normales, para ver la luz espiritual brillando en todos los sucesos de la vida física. La humildad debe convertirse en una parte de sus vidas —el silencio del conocimiento (la E muda)— con el fin de que su luz brille al máximo. Estas personas han venido a comenzar a desarrollar el proceso de involución (el espíritu manifestando y condensando en lo físico) para darle mayor impulso a la evolución (la elevación de lo físico a lo espiritual). Es el misterio de la vida —nacer, morir y renacer— lo que han venido a compartir e inspirar.

LUISA

(VARIACIONES: LOUIS, LOUISE)

Significado:	«Doncella guerrera; victoriosa»
Afirmación sugerida:	«¡Yo soy Luisa; yo soy la doncella guerrera de Dios!»
Vocal principal/elemento:	O / elemento del agua
Sonido principal/chakra:	«oh» / chakra del bazo
Otras vocales/elementos:	I / elemento del fuego
Otros sonidos/chakras:	«ih» / chakra de la garganta

MEDITACIÓN

Las personas con este nombre y sus variaciones han venido a aprender a ejercer las energías masculinas y femeninas. Han venido a la vida a trabajar el proceso alquímico en sus circunstancias de vida. El agua es la energía femenina y el fuego la masculina; cuando ambas se emplean, uno puede ser victorioso en todas las cosas, todas las actividades. Aprender a equilibrar lo femenino y lo masculino, aprender a reconocer que existe la necesidad para ambos en la vida y en las circunstancias de la vida, es la tarea de estas personas. Ahí se encuentra el significado de la «doncella guerrera». Hay ocasiones cuando es importante ser más impositivo, para responder a la vida como un guerrero disciplinado, y hay ocasiones cuando es necesario ser una doncella servidora y protectora. Hay ocasiones para ser fríos y ocasiones para ser fieros. También hay ocasiones para generar energía nueva (fuego y agua combinados crean vapor). Aprender a utilizar la intuición intensa ayudará a estas personas a aprender a aplicar el proceso alquímico y de transformación a todas las circunstancias de la vida.

MARCO

(VARIACIONES: MARK, MARC, MARCIA, MARCY, MARSHA)

Significado:	«Como la guerra; guerrero poderoso; corazón valiente; alguien leal»
Afirmación sugerida:	«¡Yo soy Marco; yo soy el guerrero poderoso de Dios!»
Vocal principal/elemento:	A / elemento del éter
Sonido principal/chakra:	«aw» / chakra del plexo solar
Otras vocales/elementos:	—
Otros sonidos/chakras:	—

MEDITACIÓN

Las personas con este nombre y sus variaciones tienen una estrecha relación con los mitos de los antiguos dioses de la guerra, en particular Marte y Ares. Examinar la carta astrológica de la ubicación de Marte revelará mucho acerca de las lecciones de «guerra» que deben aprender estas personas. Este es un nombre que puede manifestar lecciones sobre el enojo, la duda en uno mismo y el miedo. Puede haber una necesidad de superar en alguna forma la confirmación de uno mismo, el reconocimiento y la cobardía, pero también es un nombre que manifiesta una energía de gran fuerza, una fuerza para vencer a los dragones de la vida sin importar cómo se manifiesten. Esto puede provocar el desarrollo de la generosidad, la compasión, la valentía, la devoción y el idealismo, que pueden anular las circunstancias externas. En los templos de misterios de Persia el «guerrero» era aquel que llevaba de vuelta las enseñanzas ocultas al mundo, enseñanzas que no serían aceptadas fácilmente, y por esta razón esto con frecuencia era como ir a ia guerra. Mantenerse firmes en las creencias de uno siempre será parte de las lecciones para aquellas personas con este nombre, una tarea que son más que capaces de lograr.

MARDELL

Significado:	«El deleite agridulce; la mirra deliciosa»
Afirmación sugerida:	«¡Yo soy Mardell; yo soy la mirra deliciosa!»
Vocal principal/elemento:	A / elemento del éter
Sonido principal/chakra:	«aw» / chakra del plexo solar
Otras vocales/elementos:	E / elemento del aire
Otros sonidos/chakras:	«eh» / chakra de la garganta

MEDITACIÓN

La mirra tiene una fragancia que es agridulce, pero es una fragancia cuya vibración de energía puede ser disfrutada. En muchas de las escuelas de misterios antiguas se usaba para romper bloques de energía que se acumulaban en el cuerpo, para que así lo espiritual pudiese integrarse completamente con lo físico. Su fragancia es purificadora y protectora. Las personas con este nombre deben comprender que están protegidas, que la fragancia de Dios las rodea todo el tiempo, no importa qué tan amargas pueden volverse las circunstancias, ya que esto será equilibrado por lo dulce. Para lograr que esto ocurra con mayor facilidad, debe haber un equilibrio entre la mente y las emociones. El centro del plexo solar es de gran poder y es un centro que contiene y almacena las emociones fuertes. Estas emociones necesitan recibir aire nuevo, fragancia nueva, expresión nueva (el chakra de la garganta) para que ocurra el equilibrio más grande. Aprender a controlar las emociones (no ignorarlas) será parte de la tarea. Esto requerirá ejercer la fuerza de voluntad. Esto se manifiesta mejor al recordar que debemos deleitarnos en la forma que la Divinidad se expresa a través de nosotros, y que nosotros somos la mirra —el regalo de la fragancia— para nuestro mundo.

MARGARITA

(VARIACIONES: MARGARET, MARGIE, MEG, PEG, PEGGY, MARGUERITE)

Significado:	«La perla»
Afirmación sugerida:	«¡Yo soy Margarita; yo soy la perla de Dios!»
Vocal principal/elemento:	A / elemento del éter
Sonido principal/chakra:	«aw» / chakra del plexo solar
Otras vocales/elementos:	A / elemento del éter E / elemento del aire
Otros sonidos/chakras:	«aw» / chakra del plexo solar «eh» / chakra de la garganta

MEDITACIÓN

Estas personas son, con mayor frecuencia, verdaderas perlas en las vidas de aquellos con los que entran en contacto. A medida que maduran y envejecen, se vuelven más fuertes y brillan incluso con mayor brillantez. La vida, no importa qué tan difícil sea, no las destruye. La vida y todas sus circunstancias se vuelven agentes pulidores en ellas. Una perla comienza como un grano de arena, un irritante en una ostra, pero conforme pasa el tiempo, así también pasa la irritación. La arena ya no es solamente un grano de arena, sino más bien una perla de gran valor. La vida es el agente pulidor, cortando y puliendo en el individuo hasta que lo que está en bruto se ha ido y el brillo resplandece. Esta es la energía de este nombre y el potencial inherente en todo lo que porta. Existen muchos relatos en todo el mundo que reflejan la misma idea: el «patito feo», que crece para convertirse en el hermoso cisne es solamente uno de ellos. Esta es la meta a largo plazo, no la inmediata, en la que debemos enfocarnos. Estas personas deben aprender a mirar, no en lo que piensan que son en este momento, ¡sino en lo que se convertirán en el futuro!

MARÍA

(VARIACIONES: MARY, MARIE, MARIAN, MARIETTA, MARILYN, MARLENE, MIRIAM)

Significado:	«Mirra; amargor; del mar; la fragancia viva»
Afirmación sugerida:	«¡Yo soy María; yo soy la fragancia del mar de la vida!»
Vocal principal/elemento:	A / elemento del éter
Sonido principal/chakra:	«ay» / chakra del corazón
Otras vocales/elementos:	Y / elemento del fuego / aire
Otros sonidos/chakras:	«ee» / chakras de las cejas y la corona

MEDITACIÓN

Existe una gran importancia en el significado de este nombre y sus variaciones y las energías de vida de aquellas personas que han adoptado este nombre. Tiene una antigua forma de pensamiento asociada con el ser bendito conocido como María en el Cristianismo. En hebreo, el nombre se traduce como «portadora de Dios», lo cual es apropiado para la ética cristiana. No obstante, más allá de esto hay todavía una importancia mayor. Tiene sus raíces en «mara» o el «mar», así como fuertes asociaciones con la fragancia mirra. Abundan relatos y escritos en todo el mundo acerca de que la vida proviene de las aguas vivas. De las aguas de la vida, no importa cuán turbulentas, viene el nuevo ser. Es el nombre de nacimiento, y la fragancia de pureza en el proceso de nacimiento es la mirra. No importa cuáles son las condiciones de vida, no importa cuán turbias y turbulentas sean las aguas, hay una habilidad en estas personas para lograr el nacimiento de ellas mismas y de los demás. Han venido a ser su propio portador de Dios para encontrar la Divinidad interior. Cómo esto se manifiesta en cada persona varía de acuerdo con los elementos y chakras de las vocales, pero todas estas personas son sanadoras del pasado, así que lo nuevo puede nacer en ellas y mediante ellas.

MARTHA

Significado:	«La dama de discreción»
Afirmación sugerida:	«¡Yo soy Martha; yo soy la dama de discreción!»
Vocal principal/elemento:	A / elemento del éter
Sonido principal/chakra:	«aw» / chakra del plexo solar
Otras vocales/elementos:	A / elemento del éter
Otros sonidos/chakras:	«uh» / chakra de la garganta

MEDITACIÓN

Durante la Edad Media, una dama sabía mucho acerca de muchos temas. Esto incluía el conocimiento del mundo externo y también de los mundos espirituales internos. En varias de las tradiciones antiguas, las mujeres eran las guardianas de las tradiciones y conocimientos antiguos. Es esta habilidad la que resuena con fuerza en las personas con este nombre. Para que alguien tenga discreción y discernimiento, debe haber conocimiento. Aprender cuándo hablar y cuándo no hablar es difícil, pero necesario para una verdadera discreción. La discreción no es saber y guardar secretos, es saber qué revelar, a quién y en qué grado, en todo momento. Esto debe estar basado en las circunstancias externas y la visión interior, por ello para muchas de estas personas la tarea será aprender a equilibrar lo que ven y experimentan externamente, con lo que saben que es verdad internamente. Una vez logrado esto, la persona se convierte en la verdadera dama mística, la Dama de la Sabiduría y el Entendimiento.

MATEO

(VARIACIONES: MATTHEW, MATT)

Significado:	«Regalo de Jehová; regalo del señor»
Afirmación sugerida:	«¡Yo soy Mateo; yo soy el regalo del Señor!»
Vocal principal/elemento:	A / elemento del éter
Sonido principal/chakra:	«ah» / chakra de la garganta
Otras vocales/elementos:	E / elemento del aire
Otros sonidos/chakras:	«oo» / chakra base

MEDITACIÓN

Estas personas han venido a la vida a aprender cómo ser un verdadero regalo para todos aquellos con los que tienen contacto. Esto no implica que deben convertirse en mártires, sino más bien que hay una energía de abundancia que puede ser compartida con otros. El chakra predominante es la garganta, el centro de la cornucopia, que muestra que habrá abundancia de algo en la conformación del individuo, que se puede compartir con otros. Para algunos esta puede ser una abundancia física o abundancia de cosas materiales, para otros puede ser una cualidad específica, como buen humor que se pueda compartir, un regalo para hacer más llevadera la vida de los demás. Esta es una abundancia que debe ser buscada; se encuentra en todos aquellos con este nombre. Se refleja en las energías del chakra base y el elemento del aire. El chakra base es el centro de nuestra fuerza de vida básica, nuestro enlace con la abundancia de la energía de vida en el universo. El elemento del aire también refleja esto. No nos preocupamos de que otros estén respirando nuestro oxígeno, y por esto aquellos con este nombre no deben preocuparse acerca de agotar su propia fuente de energía. Aprender a activarla y a expresarla como un regalo será la tarea, teniendo en mente que los regalos son regalos solamente cuando se dan con amor.

Miguel

(Variaciones: Michael, Mike, Michelle, Michaelina)

Significado:	«Alguien que es como Dios; divinidad»
Afirmación sugerida:	«¡Yo soy Miguel; yo soy como Dios!»
Vocal principal/elemento:	I / elemento del fuego
Sonido principal/chakra:	«eye» / bulbo raquídeo
Otras vocales/elementos:	A / elemento del éter
	E / elemento del aire
Otros sonidos/chakras:	«uh» / chakra de la garganta
	Mudo

MEDITACIÓN

Aquellas personas con este nombre y sus variaciones han venido a trabajar con energías y experiencias de vida poderosas. Estas no se pueden comparar con las experiencias de vida de otros, sino más bien serán poderosas en relación a sus experiencias de vidas previas. El elemento predominante es el fuego, y así para muchos, los nuevos fuegos deben ser encendidos en sus vidas. Estas personas tendrán lecciones que implican las llamas del ego. Su afirmación es, «Yo soy como Dios», no es «Yo soy Dios». Su tarea es vivir la vida como saben que Dios viviría la vida en la Tierra. El arcángel Miguel es solamente el segundo después de Cristo en la jerarquía de seres arcangélicos, y por ello esta asociación amplifica las energías de quienes tienen este nombre. Estas personas deben aprender a superar la deshonestidad (con ellas mismas o con otros), la crítica excesiva, la frialdad y el retraimiento. Tienen una habilidad inherente para manifestar paciencia y prosperidad a través del conocimiento. Poseen la habilidad de emplear y obtener conocimiento de la magia, el acto de volverse más que humano, de desarrollar los potenciales más elevados de uno. Deben desarrollar la precisión y el sentido práctico en cualquier actividad que emprendan. Esta es la clave para manifestar una vida de fuego nuevo y perpetuo.

NANCY

(VARIACIÓN: NAN)

Significado:	«Gracia; alguien amable»
Afirmación sugerida:	«¡Yo soy Nancy; yo soy la hija amable de Dios!»
Vocal principal/elemento:	A / elemento del éter
Sonido principal/chakra:	«ah» / chakra de la garganta
Otras vocales/elementos:	Y / elemento del fuego / aire
Otros sonidos/chakras:	«ee» / chakras de las cejas y la corona

MEDITACIÓN

Las personas con este nombre han venido a desarrollar su habilidad para ser amables y graciosos en cualquier circunstancia. Esta amabilidad es lo que acelerará el proceso de «beber de la Copa del Grial» (reflejado por la Y). Si es necesario, estas personas pueden comunicarse y relacionarse con personas de todos los caminos de la vida. Entrarán en contacto con individuos de todos los ámbitos de la sociedad y por ello deben aprender a ser amables y graciosas al tratar con ellos. Esta es la influencia de la A. Lo que está activo en su vida es el Principio de Correspondencia: «Lo que es arriba es como lo que es abajo. Lo que es abajo es como lo que es arriba». Conforme aprenden y desarrollan su habilidad para ser amables y graciosos en el mundo físico, también se desarrolla la agilidad en el uso de energías más etéreas. Estas dos palabras siempre se integran y esto se debe comprender. El corazón es fuerte en estas personas y ellas siguen con fuerza sus corazones, e incluso cuando sus corazones son lastimados, emanan gracia y amabilidad. Siempre tienen la Copa del Grial para que los apoye. Aun cuando se haya visto una vez, ya sea en el pasado o en el presente, proporciona las energías de apoyo y protección en todas las circunstancias. Es esta visión la que reside en los corazones de estos individuos.

Nathan

(Variaciones: Nathaniel, Nate, Natalie)

Significado:	«Un regalo; dado por Dios»
Afirmación sugerida:	«¡Yo soy Nathan; yo soy el regalo de Dios!»
Vocal principal/elemento:	A / elemento del éter
Sonido principal/chakra:	«ay» / chakra de la garganta
Otras vocales/elementos:	A / el elemento del éter
Otros sonidos/chakras:	«uh» / chakra de la garganta

MEDITACIÓN

Aquellos con este nombre han venido a desarrollar el regalo de la vida y la sanación en ellos mismos. Este es un regalo que será compartido con otros. Las energías de sanación son fuertes en estas personas y con frecuencia manifiestan su habilidad temprano en la vida. Se debe hacer un esfuerzo para mantener esa habilidad. Estas personas pueden ver dentro de los corazones de los demás; sienten lo que otros sienten y pueden ver lo que otros ven. Debido a esto, se debe tener cuidado de mantenerse equilibrados y objetivos, o las emociones crearán problemas. Estas personas resonarán con sus entornos, y como un camaleón, se pueden ajustar a cualquier energía alrededor de ellas. El desarrollo de la fuerza de voluntad será parte de la tarea para estos individuos. Conforme esto se desarrolla, el don de la sanación se desarrolla aún más grande. Esta sanación puede adoptar muchas formas, dependiendo del individuo, como simplemente poder decir las palabras apropiadas en el momento apropiado. Estas personas, con mayor frecuencia que otras, pueden vivir fácilmente al nivel de las vibraciones y energías de su nombre. Se han ganado ese derecho, pero de aquellos a quienes se les ha dado mucho, mucho se espera.

NEAL

(VARIACIONES: NEIL, NELSON)

Significado:	«Campeón»
Afirmación sugerida:	«¡Yo soy Neal; yo soy el campeón de la vida!»
Vocal principal/elemento:	E / elemento del aire
Sonido principal/chakra:	«ee» / chakras de las cejas y la corona
Otras vocales/elementos:	A / elemento del éter
Otros sonidos/chakras:	Mudo

MEDITACIÓN

Las personas con este nombre han venido a aprender lecciones asociadas con ganar y perder. La competencia por lo general es intensa en estos individuos, pero debe ser equilibrada o se convertirá en pasar por encima de los demás. También deben aprender a comprender que ser un campeón en la vida no implica realizar un trabajo en particular o ganar una cierta cantidad de dinero. Ser un campeón tiene que ver con mantener una actitud apropiada respecto a quién eres realmente y disfrutar lo que haces; encontrar satisfacción en tus labores cualesquiera que estas sean. Será puesto a prueba el poder mantener la perspectiva apropiada. Esta es la energía asociada con los chakras de las cejas y la corona. Los miedos, la falta de disciplina, los esfuerzos ineficientes y la envidia les impedirán alcanzar sus metas. Si todo esto es superado, manifestarán gran iniciativa e intuición que casi resultará visionaria. La habilidad para mejorar ideas y aplicarlas de manera práctica se manifestará, creando un gran éxito en sus vidas.

NICOLÁS

(VARIACIONES: NICHOLAS, NICK, NICOLE)

Significado:	«Victoria; el espíritu victorioso; el corazón victorioso»
Afirmación sugerida:	«¡Yo soy Nicolás; yo tengo un corazón victorioso!»
Vocal principal/elemento:	I / elemento del fuego
Sonido principal/chakra:	«ih» / chakra de la garganta
Otras vocales/elementos:	O / elemento del agua A / elemento del éter
Otros sonidos/chakras:	«uh» / chakra de la garganta

MEDITACIÓN

Aquellas personas con este nombre han venido a aprender a expresar fuerza de voluntad en todas las situaciones, para aprender que la persistencia traerá la victoria en algún nivel, aunque solo sea como espíritu. Los elementos predominantes son el fuego y el agua, elementos de oposición. Cada vez que hay una oposición, también hay una especie de batalla. La victoria no es que un elemento venza o controle al otro. La verdadera victoria se produce combinando y sintetizando mediante el compromiso. Esta clase de compromiso es lento pero poderoso, es el proceso alquímico de convertir el plomo en oro. Esto requiere un gran autocontrol y fuerza de voluntad, persistiendo en lo que tú sabes en tu corazón que es verdadero y correcto. La lección para estas personas es equilibrar los elementos de sus vidas mientras mantienen los fuegos interiores intensos y vibrantes. Esto con frecuencia implica una gran cantidad de prueba y error para encontrar el equilibrio apropiado, pero una vez logrado, manifiesta una fuerza y una victoria sobre todas las circunstancias de la vida que nunca se puede volver a perder.

NORMA

(VARIACIONES: NORMAN, NORM)

Significado:	«El modelo; el ejemplo; del norte; fuerte»
Afirmación sugerida:	«¡Yo soy Norma; yo vivo el ejemplo intenso de la vida!»
Vocal principal/elemento:	O / elemento del agua
Sonido principal/chakra:	«oh» / chakra del bazo
Otras vocales/elementos:	A / elemento del éter
Otros sonidos/chakras:	«uh» / chakra de la garganta

MEDITACIÓN

En este nombre o cualquiera de sus variaciones el elemento predominante es el agua. Desde las aguas de la vida provienen muchas experiencias y emociones, y estas personas han venido a vivir en una manera que les permitirá afrontar mejor estas experiencias. El norte siempre ha sido la dirección de enseñanza y experiencia como es aplicado al plano físico y los mundos materiales. La mejor enseñanza se logra mediante el ejemplo, pero antes de que uno pueda ser un ejemplo mediante el cual los demás puedan vivir, uno debe ser experimentado. Por esta razón, estas personas pasan por una amplia variedad de experiencias y tienen una flexibilidad y tenacidad inherentes que les impide ser rebasadas o superadas por cualesquiera de ellas. Estas personas tienen una fuerza y una resistencia interiores que se manifiesta cada vez que se necesita. Esto es lo que ellas han venido a vivir y enseñar a otros. Esto es a lo que ellas han venido a darle mayor expresión en esta vida.

Olivia

(Variaciones: Olive, Oliver)

Significado:	«La rama de olivo; el espíritu pacífico»
Afirmación sugerida:	«¡Yo soy Olivia; yo soy un espíritu pacífico!»
Vocal principal/elemento:	O / elemento del agua
Sonido principal/chakra:	«uh» / chakra de la garganta
Otras vocales/elementos:	I / elemento del fuego A / elemento del éter
Otros sonidos/chakras:	«ih» / chakra de la garganta «uh» / chakra de la garganta

MEDITACIÓN

En este nombre o cualquiera de sus variaciones, la palabra clave para enfocarse en la vida es paz. Paz y mantenerla son, ambas, la tarea y la recompensa de estas personas. Existe un potencial para mantener la paz interior a pesar de las circunstancias externas. Esto implica el desarrollo de la fuerza de voluntad, la energía y activación del chakra de la garganta. Este autocontrol y esta fuerza de voluntad serán puestos a prueba, en especial en relación con las emociones. Una vez logrado esto, habrá un efecto dominó, tocando y despertando la paz de la mente y las emociones también en otros. La rama de oliva es un poderoso símbolo del Cristianismo esotérico y exotérico, y dará muchos resultados en la meditación para quienes tienen este nombre, trayendo entendimiento al propósito de vida y comprensión de las situaciones de vidas pasadas. Aprender a mantener la paz en todas las situaciones es difícil pero obtenible por aquellas personas con este nombre.

ÓSCAR

Significado:	«El espíritu de lo divino; bendito a través del servicio»
Afirmación sugerida:	«¡Yo soy Óscar; yo soy el espíritu de lo divino!»
Vocal principal/elemento:	O / elemento del agua
Sonido principal/chakra:	«aw» / chakra del plexo solar
Otras vocales/elementos:	A / elemento del éter
Otros sonidos/chakras:	«uh» / chakra de la garganta

MEDITACIÓN

Aquellos con este nombre han venido a aprender que pueden servir a cualquiera. Será su tarea darse cuenta que tienen algo de importancia que ofrecer a los demás, sin importar quiénes puedan ser los otros. El elemento predominante es el agua, y el agua fluye en toda la gente y es necesaria para toda la vida. Estas personas se encuentran en su mejor punto cuando están involucradas en alguna clase de servicio a los demás. Las situaciones de trabajo dirigido al servicio producen un gran éxito. En el camino hacia una evolución superior, es el propósito de todo entrenamiento y desarrollo volvernos más útiles a la humanidad. El camino probatorio de los discípulos implica ir a través de lo que los antiguos denominaron el Sendero de Servicio a la Humanidad. Esto no sucede mediante situaciones inventadas artificialmente, sino mediante las circunstancias normales de todos los días. El servicio con una sonrisa es la clave, ¡y mantener en mente que uno debe también estar de servicio para uno mismo!

PAIGE

Significado:	«Asistente; espíritu obediente»
Afirmación sugerida:	«¡Yo soy Paige; yo soy un asistente obediente de Dios!»
Vocal principal/elemento:	A / elemento del éter
Sonido principal/chakra:	«ay» / chakra del corazón
Otras vocales/elementos:	A / elemento del fuego I / elemento del aire
Otros sonidos/chakras:	Mudo

MEDITACIÓN

Aquellas personas con este nombre han venido a elevar las energías del corazón a una mayor expresión. Para ayudar a desarrollar esto, encontrarán numerosas experiencias de vida, que cubren todo el espectro. Parte de ello implica volver a estimular los fuegos del corazón para una expresión creativa más grande. Es por esta razón que la I y la E son mudas. El fuego y el aire extras crean una mayor estimulación de las energías del corazón, el cual actúa sutilmente, así la persona debe vigilar y discernir más las expresiones del corazón. Esto siempre implica pruebas de equilibrio de la mente y las emociones. La palabra clave es obediencia. Existen tanto leyes físicas como espirituales que se deben obedecer. No están en oposición unas con otras y al obedecer una no desobedecemos otra. Hay que encontrar una forma de trabajar con ambas en la tarea de nuestra vida. El corazón es el chakra que equilibra; integra lo superior con lo inferior, lo espiritual con lo físico. Esto no es fácil, ya que en ocasiones crea una confrontación con las inseguridades, miedos, dudas personales e irreverencia; pero cuando uno aprende a mantener el equilibrio, manifiesta seguridad, compasión, idealismo y sanación de gran magnitud, para uno y para los demás.

PAMELA

(VARIACIÓN: PAM)

Significado:	«Miel; el espíritu dulce»
Afirmación sugerida:	«¡Yo soy Pamela; yo soy la miel dulce de Dios!»
Vocal principal/elemento:	A / elemento del éter
Sonido principal/chakra:	«ah» / chakra de la garganta
Otras vocales/elementos:	E / elemento del aire A / elemento del éter
Otros sonidos/chakras:	«eh» / chakra de la garganta «uh» / chakra de la garganta

MEDITACIÓN

Las personas con este nombre tienen una dulzura inherente que se agrega a las vidas de aquellos con los que entran en contacto. Sus más grandes tareas en la vida girarán en torno a descubrir la misma dulzura en los demás, a pesar de cómo se puedan presentar los demás. La miel es rica en nutrientes y era una delicia atesorada, y esta es la misma clase de valor interno que debe ser fomentado en otros. La miel es la dulzura de las flores, la dulzura en el corazón de las flores. Existe una dulzura en el corazón de todos los individuos, y aquellas personas con este nombre tienen la capacidad de verla o estimularla para que se exprese. El chakra principal es el de la garganta y por ello se deben escoger las palabras con cuidado. Las palabras de los individuos tienen una gran fuerza de penetración que puede tocar los corazones de otros de manera más profunda de lo que se puede entender. Aquello que se dice más amorosamente se siente más amorosamente; aquello que se dice para lastimar, lastima más profundamente. Esta es la dulzura y el poder de la Palabra Creativa que estas personas han venido a descubrir.

Patricia

(Variaciones: Pat, Patrick, Trisha)

Significado:	«Noble; lleno de honor»
Afirmación sugerida:	«¡Yo soy Patricia; yo soy noble y llena de honor!»
Vocal principal/elemento:	A / elemento del éter
Sonido principal/chakra:	«ah» / chakra de la garganta
Otras vocales/elementos:	—
Otros sonidos/chakras:	—

MEDITACIÓN

Las personas con este nombre tienen una energía que es sutilmente noble. La aristocracia romana era conocida como la clase patricia. Eran entrenados en todas las artes y el honor era el código de vida. A pesar de que esta forma de vida declinó con Roma, el espíritu sigue vivo. Varias sociedades en todo el mundo han mantenido códigos de gran honor y nobleza que no tenían nada que ver con el nacimiento, sino con la manera en que uno vivía su vida. Es ese principio eterno que estas personas han venido a ejemplificar. Ellas han venido a dar expresión a esa nobleza. La verdad y el honor son las consignas, en especial para uno mismo. Estas personas tienen un código de honor que, aunque a menudo no se menciona, es realmente vivido y alcanza a aquellos a su alrededor. Esto es lo que las eleva por encima del individuo ordinario y les permite lograr eso que más desean y necesitan en sus vidas.

PAUL

(VARIACIONES: PAULA, PAULINA)

Significado:	«El pequeño; dependiente de Dios; seguidor de Dios»
Afirmación sugerida:	«¡Yo soy Paul; yo soy el seguidor de Dios!»
Vocal principal/elemento:	A / elemento del éter
Sonido principal/chakra:	«aw» / chakra del plexo solar
Otras vocales/elementos:	U / elemento de la tierra
Otros sonidos/chakras:	Mudos

MEDITACIÓN

Este es un nombre con significados ocultos, por ello la U muda. A pesar de que esto significa literalmente «pequeño», no debe ser confundido con «menos que». Implica que incluso las cosas pequeñas —en la forma de pensamientos, palabras y acciones— tienen importancia. Es mediante las cosas pequeñas de la vida que demostramos que somos seguidores de Dios. Este nombre activa una energía en la vida de uno que crea una oportunidad para un nuevo nacimiento de las viejas percepciones de las actividades de la tierra. La A y la U se unen, creando una vibración de sonido asociada con el chakra del plexo solar. Este centro, alguna vez conocido como el «pesebre», era un lugar de nacimiento. Nacemos primero al yo inferior para que posteriormente demos nacimiento al yo superior. Este nombre activa una energía que manifiesta oportunidades para un nuevo nacimiento en muchas áreas de la vida. Estos nacimientos operan en ciclos y ritmos establecidos (el elemento tierra silencioso de la U), aprender a reconocer y seguir esos ritmos y luego relajarse y permitirles que se desarrollen suavizará los conflictos y facilitará la manifestación de oportunidades.

Pedro

(Variación: Pete)

Significado:	«Roca; fuerte como espíritu»
Afirmación sugerida:	«¡Yo soy Pedro; yo soy la roca del espíritu!»
Vocal principal/elemento:	E / elemento del aire
Sonido principal/chakra:	«ee» / chakras de las cejas y la corona
Otras vocales/elementos:	R / elemento del aire
Otros sonidos/chakras:	«eh» / chakra de la garganta

MEDITACIÓN

Las personas con este nombre tienen una energía que los ata a la lección de construir fuerza y nuevos cimientos. Han venido a ser anclados en sus creencias como una roca. El elemento predominante es el aire y a menos que uno esté anclado con firmeza en una base sólida, saldrá volando de un lado a otro con cada viento, ráfaga o brisa. Es su tarea fortalecer la mente mediante el conocimiento. Participar solo superficialmente como aficionado en las labores y actividades, en especial en los temas metafísicos y síquicos, creará problemas. Un conocimiento sólido de los fundamentos básicos de los procesos de enseñanza esotéricos es lo que los apoyará más. Habrá lecciones para enfrentar los miedos, la falta de disciplina, la impaciencia y las supersticiones. También puede haber ineficiencia y envidia que superar. No obstante, una vez logrado esto, hay una cualidad visionaria y una intuición inherentes más allá de la percepción síquica. Se manifiesta la habilidad para sintonizarse con los ritmos del mundo interior y una fe en estos ritmos mientras ellos se aplican en el mundo físico. Es entonces que estas personas se convierten en la «roca».

PHYLLIS

(VARIACIÓN: PHILLIS)

Significado:	«La hoja; corazón bondadoso»
Afirmación sugerida:	«¡Yo soy Phillis; yo soy una hoja de la planta de Dios!»
Vocal principal/elemento:	Y / elemento del fuego
Sonido principal/chakra:	«ih» / chakra de la garganta
Otras vocales/elementos:	I / elemento del fuego
Otros sonidos/chakras:	«ih» / chakra de la garganta

MEDITACIÓN

Las personas con este nombre vienen a trabajar con los fuegos intensos de la búsqueda espiritual, ya sea como un miembro activo en las áreas de estudios espirituales o metafísicas o mediante vivir la vida espiritual en las circunstancias normales cotidianas. En cualquier caso, en particular aquellos con la Y, llega un punto de decisión muy importante en sus vidas, en la cual se separan de la vieja forma hacia un estilo de vida nuevo. Una hoja es un retoño de la planta, una indicación de crecimiento. La hoja puede no estar en contacto físico con las raíces o incluso con otras hojas, pero eso no significa que la Divinidad no está operando en ella. Esta es la lección para aquellas personas con este nombre. No se deben hacer comparaciones, porque la Divinidad opera de forma única en cada uno de nosotros. Cada hoja de cada planta es diferente, y aún así la fuerza de vida es intensa en todas ellas. Aprender a expresar las energías individuales y beber del Grial de la Vida que se te ofrece, es la tarea. El grial puede ser un cáliz de oro, una copa de latón o un caldero. Incluso puede ser la matriz interna, pero el elixir divino del fuego y la luz es igualmente fuerte sin importar el contenedor. El verse como la Copa de la Vida facilita esto en estas personas.

Raimundo

(Variación: Ray, Raymond)

Significado:	«Consejo y protección; protector poderoso y sabio»
Afirmación sugerida:	«¡Yo soy Raimundo; yo soy el protector sabio y poderoso!»
Vocal principal/elemento:	A / elemento del éter
Sonido principal/chakra:	«ay» / chakra del corazón
Otras vocales/elementos:	O / elemento del agua Y / elemento del fuego
Otros sonidos/chakras:	«uh» / chakra de la garganta

MEDITACIÓN

Las personas con este nombre tienen una gran fuerza inherente en ellas. Por lo general, a medida que van teniendo mayor edad esta fuerza se desarrolla naturalmente. Los corazones de estos individuos deben estar completamente involucrados en cualquier trabajo o actividad que intenten. Tienen la capacidad para ver los corazones, las necesidades y los deseos de los demás. Utilizar este discernimiento en una manera positiva será la prueba. También tienen la capacidad para hacerse comprender cuando es necesario. Puede haber inseguridades y dudas personales que superar en los primeros años, y aprender a no compararse con otros ayudará. Estos individuos por lo general tienen una visión del éxito, y una vez que entregan su lealtad, esta permanece fuerte. Ya sea ostensible o no, la búsqueda espiritual por lo general es fuerte en ellos. Hay una gran curiosidad y necesidad para comprender conceptos espirituales en relación con su vida diaria. Aprender que lo material no excluye lo espiritual les dará mucha paz interior y una gran visión intuitiva en su búsqueda en la vida.

RAQUEL

(VARIACIÓN: RACHAEL, RACHEL)

Significado:	«Pequeño cordero»
Afirmación sugerida:	«¡Yo soy Raquel; yo soy el pequeño cordero de Dios!»
Vocal principal/elemento:	A / elemento del éter
Sonido principal/chakra:	«ay» / chakra del corazón
Otras vocales/elementos:	E / elemento del aire
Otros sonidos/chakras:	«eh» / chakra de la garganta

MEDITACIÓN

El cordero es un símbolo muy antiguo, en especial en las tradiciones hebreas y cristianas. El cordero era sacrificado en la Pascua y su sangre era untada en los postes del dintel para proteger las casas de la muerte. Jesús también fue conocido como el Cordero de Dios que fue sacrificado por la humanidad. Las personas con este nombre tienen corazones extremadamente grandes al grado de que pueden llegar en ocasiones a sacrificarse. Este aspecto de sacrificio debe ser superado. Aprender a dar su amor sin ser mártires es difícil, pero se puede lograr. Simplemente requiere reconocer que uno no puede siempre asumir la responsabilidad por los demás. Las personas con este nombre tienen grandes habilidades de sanación, pero estas deben ser ejercidas de forma apropiada. Deben tener en mente que la revitalización física viene desde afuera, mientras que la sanación debe venir de adentro. Todo lo que pueden hacer es proporcionar una revitalización y después es decisión del individuo ser sanado. Estas personas entregarán con facilidad sus corazones, y una vez entregados harán cualquier cosa para mantener ese amor. Tienen la capacidad de sembrar semillas de paz en sus entornos. Sus energías tranquilizan a los demás.

REBECA

(VARIACIONES: REBEKAH, BECKY)

Significado:	«Yugo; intensamente devota o la devota»
Afirmación sugerida:	«¡Yo soy Rebeca; yo soy la hija devota de Dios!»
Vocal principal/elemento:	E / elemento del aire
Sonido principal/chakra:	«eh» / chakra de la garganta
Otras vocales/elementos:	E / elemento del aire A / elemento del éter
Otros sonidos/chakras:	«eh» / chakra de la garganta «uh» / chakra de la garganta

MEDITACIÓN

Las personas con este nombre vienen a aprender a ejercer su fuerza de voluntad en la vida, a tomar para ellas el yugo de la vida y seguir con lo que está en movimiento. Un granjero que le pone el yugo a su caballo para arar los campos no deja de arar simplemente porque el caballo no quiere hacer el trabajo. Hacer nuestras tareas, cumplir nuestras responsabilidades, ya sea que nos guste o no, es parte del proceso de crecimiento y aprendizaje. Esto desarrolla fuerza de voluntad y devoción verdadera. Estas personas deben aprender a unir sus corazones y sus mentes y enlazarlas a las actividades físicas; cuerpo, mente y alma en armonía. Esto crea verdadera devoción espiritual y revela las recompensas de ello en nuestra vida. Se abren a quien está dispuesto a mirar, el conocimiento, los propósitos y energías subyacentes, ya sea una simple comprensión o el conocimiento escrito en los éteres de akasha. Saber que hay una razón para todos y para todo en sus vidas es el primer paso a la revelación verdadera para estos individuos.

RICARDO

(VARIACIONES: RICH, RICHARD, RICK, RICKY)

Significado:	«Dirigente poderoso; alguien valiente»
Afirmación sugerida:	«¡Yo soy Ricardo; yo soy el dirigente poderoso!»
Vocal principal/elemento:	I / elemento del fuego
Sonido principal/chakra:	«ih» / chakra de la garganta
Otras vocales/elementos:	A / elemento del éter
Otros sonidos/chakras:	«uh» / chakra de la garganta

MEDITACIÓN

Las personas con este nombre tienen una energía que puede manifestarse en sus vidas como una gran fuerza y valentía. Los fuegos del corazón y los fuegos de la mente cuando se unen dan gran expresión (chakra de la garganta) a esta energía. Por ello es importante para estos individuos hacer lo que saben en su corazón que es correcto, a pesar de los demás. Puede haber lecciones respecto a superar miedos, dudas personales o incluso lecciones de aprender a no acosar a otros o a no ser agresivo. Pueden encontrarse con situaciones de agresión e impulsividad, ya sea en ellos o en otros. A medida que maduran y siguen sus fuertes impulsos interiores, llegan a tener su verdadero poder, sin importar la presión exterior. Esto se manifiesta como una valentía y una fortaleza mayores, más confianza, juicio crítico y la habilidad para enfrentarse con la discordia y los enemigos desde una diversidad de perspectivas. Manifiestan la habilidad de superar la discordia en sus vidas y en las vidas de otros. Así que tienen la capacidad de instituir cualquier cambio que les parece importante en sus vidas.

Rita

Significado:	«La perla»
Afirmación sugerida:	«¡Yo soy Rita; yo soy la gran perla de Dios!»
Vocal principal/elemento:	I / elemento del fuego
Sonido principal/chakra:	«ee» / chakras de las cejas y la corona
Otras vocales/elementos:	A / elemento del éter
Otros sonidos/chakras:	«uh» / chakra de la garganta

MEDITACIÓN

Las personas con este nombre han venido a dar vida nueva a los fuegos de la mente. Esta es la vocal I operando a través de los chakras de las cejas y la corona. Esto proporciona a estas personas gran intuición e imaginación, lo cual debe expresarse en una forma equilibrada. Encontrar perlas de sabiduría mediante las cuales vivir nuestra vida será parte de la tarea de estas personas. Las perlas provienen de una fuente muy improbable, un grano de arena, un irritante en la ostra. Esto indica que estas personas deben buscar y encontrar sus perlas en sitios inusuales. Tanto lo ordinario como lo extraordinario tienen grandes perlas y ninguno debe ser descuidado. Todo y todos ayudan a moldear la perla. Aprender a superar los miedos subconscientes, la falta de disciplina, la superstición y la envidia permitirá a estas personas manifestar la gran energía asociada con este nombre. Esa energía es de intuición, imaginación, inspiración y comprensión de los procesos de nacimiento y muerte.

ROBERTO

(VARIACIONES: BOB, BOBBIE, ROBERT, ROBERTA, ROBIN, ROBYN)

Significado:	«Brillando con fama y valía excelente; fuerza de carácter»
Afirmación sugerida:	«¡Yo soy Roberto; yo soy la gran fuerza de carácter!»
Vocal principal/elemento:	O / elemento del agua
Sonido principal/chakra:	«aw» / chakra del plexo solar
Otras vocales/elementos:	E / elemento del aire
Otros sonidos/chakras:	«eh» / chakra de la garganta

MEDITACIÓN

Las personas con este nombre tienen una energía que manifestará dos importantes tareas para ellos durante esta encarnación. La primera es el desarrollo de la fuerza de voluntad y el carácter, y la segunda es la de convertir las emociones en aspiraciones superiores. Son los chakras de la garganta y el plexo solar que están más activos en estas personas y ambos son centros de gran fuerza y poder. Tienen un puente por el corazón, y por ello seguir nuestro corazón es lo que más facilitará la manifestación de la luz. Encargarse de las emociones y lecciones sobre el uso apropiado de la fuerza de voluntad será una parte de su vida, en particular en los primeros años, pero esto se intensificará en tanto las lecciones no se manejen de forma apropiada. El chakra del plexo solar se sujeta a las energías, por ello aquellas que no están limpias, manejadas, etc., pueden tener la tendencia a acumularse hasta que no haya otra opción que manejarlas. Estas energías de ambos chakras en su mejor punto pueden manifestar reverencia, compasión, idealismo y sanación que afecta todo dentro de su rango, influenciando intensamente las vidas de los demás.

Rogelio

(Variaciones: Roger)

Significado:	«Lancero famoso; guerrero de Dios»
Afirmación sugerida:	«¡Yo soy Rogelio; yo soy la lanza de luz de Dios!»
Vocal principal/elemento:	O / elemento del agua
Sonido principal/chakra:	«aw» / chakra del plexo solar
Otras vocales/elementos:	E / elemento del aire
Otros sonidos/chakras:	«uh» / chakra de la garganta

MEDITACIÓN

La lanza es un antiguo símbolo con poderosas connotaciones ocultas. Desde la poderosa lanza de Atenea, un símbolo de su fuerza y protección, hasta la lanza mística de Longino, la lanza que perforó el costado de Cristo, esta ha sido un símbolo de luz, fuerza y poder. Aquellos con este nombre han venido a comprender que los pensamientos son objetos y que podemos proyectar pensamientos hacia afuera a través del aire, hacia el objetivo. Hay que aprender a controlar los pensamientos y reconocer que ellos son tan importantes como nuestras acciones. Odiar a una persona es tan perjudicial como golpearla. Ambas envían golpes a las energías del otro. Estas personas tienen una gran capacidad para proyectar el pensamiento, pero esto debe ser disciplinado. La telepatía es solo una forma en que esto se manifestará. Las lecciones de poder y su uso apropiado también serán parte de las vidas de estas personas. Ellas han venido a manifestar su poder de manera que puedan ser realmente una lanza y un canal de luz.

RONALDO

(VARIACIONES: RON, RONALD, RONNIE)

Significado:	«Gran poder»
Afirmación sugerida:	«¡Yo soy Ronaldo; yo soy alguien con gran poder!»
Vocal principal/elemento:	O / elemento del agua
Sonido principal/chakra:	«aw» / chakra del plexo solar
Otras vocales/elementos:	A / elemento del éter
Otros sonidos/chakras:	«uh» / chakra de la garganta

MEDITACIÓN

Las personas con este nombre no pueden hacer nada mejor que ver los océanos como su símbolo personal o mandala. Las grandes aguas del mundo todavía son poderosas y misteriosas. Sus profundidades son desconocidas en gran medida y todavía tienen un poder y una vida que es asombrosa. Diversas formas de vida llenan los océanos, así como alimentos que sustentan a la humanidad en formas vegetales y animales. La mayor parte del mundo está cubierta con agua. El agua se utiliza para generar electricidad, dar luz a nuestras ciudades y pueblos, pero todavía puede ser destructiva para la vida y la Tierra cuando se sale de control. Para las personas con este nombre, hay tanto almacenamiento y profundidad de poder y fuerza que parecería que nunca serán aprovechados. Se debe tener precaución de no aprovechar más de lo que puede estar equilibrado y controlado. Este poder innato se puede aplicar a cualquier camino o actividad de la vida. No hay un solo lugar donde el agua no exista de alguna forma, incluso en el desierto. Estas personas pueden caber en cualquier parte en algún grado y llevar aire nuevo y vida nueva a cualquier área.

Ronda

(Variación: Rhonda)

Significado:	«Gran fuerza de carácter»
Afirmación sugerida:	«Yo soy Ronda. ¡Yo soy la gran fuerza de carácter!»
Vocal principal/elemento:	O / elemento del agua
Sonido principal/chakra:	«aw» / chakra del plexo solar
Otras vocales/elementos:	A / elemento del éter
Otros sonidos/chakras:	«uh» / chakra de la garganta

MEDITACIÓN

Las personas con este nombre han experimentado las aguas turbulentas de la vida en tiempos y encarnaciones anteriores. En esta encarnación tendrán una amplia oportunidad de demostrar a otros cómo uno puede ejercer la fuerza de voluntad sobre cualquier condición de vida de manera que uno no se ahogue. Para hacer esto, debe haber un equilibrio de las emociones. Para estas personas con frecuencia las circunstancias de vida son tales que tienen éxito, ya sea que haya evidencia tangible del éxito o no. Ellas encarnan el principio oculto de la Búsqueda del Santo Grial. Este principio es aquel que dice que todo el que sale a la búsqueda tendrá éxito. Infortunadamente, no todos tienen la sabiduría para reconocer esto. Estamos preparados para el éxito, no para el fracaso, y es la energía de este nombre la que activa la enseñanza de esto a otros. Estas personas demuestran durante su vida que no hay fracaso, porque estas personas han venido a avanzar a pasos agigantados en su evolución y a mostrarles a otros que esto se puede lograr simplemente viviendo su vida en una forma positiva y creativa.

ROSA

(VARIACIONES: ROSALEE, ROSAMOND, ROSE, ROSEANNE, ROSEMARIE, ROSEMAY, ROSETTE)

Significado:	«La rosa; la que da amor»
Afirmación sugerida:	«¡Yo soy Rosa; yo soy la que da amor!»
Vocal principal/elemento:	O / elemento del agua
Sonido principal/chakra:	«oh» / chakra del bazo
Otras vocales/elementos:	E / elemento del aire
Otros sonidos/chakras:	Mudo

MEDITACIÓN

Las personas con este nombre y sus variaciones deberían meditar con regularidad acerca de la imagen de la rosa, viéndose ellas mismas como rosas que están floreciendo. Mientras cada pétalo se desenvuelve, así lo hacen las energías y las habilidades de la persona. Este es un símbolo muy poderoso. Este y la flor de loto son símbolos muy antiguos. El chakra es el chakra del bazo, y cuando está totalmente activo, lo abre a uno a la comunicación con seres de otras dimensiones. La rosa es un símbolo que lo une a uno con la jerarquía angélica, que trabaja para la humanidad a través de otras dimensiones. Aprender a exhalar una nueva vida en las expresiones emocionales será la tarea de estas personas. Equilibrar las emociones para una expresión apropiada no siempre es sencillo. Puede haber una tendencia a dar demasiado. Recuerda que las rosas tienen espinas, y que aquellos que no tratan la rosa con ternura o amabilidad merecen ser pinchados por una espina. Una vez pinchados, tratarán a la rosa de manera diferente. Estas personas tienen una gran capacidad para amar, pero ese amor debe también extenderse a ellas mismas. El amor es la fuerza de sanación más dinámica sobre la Tierra, y esto es lo que estas personas pueden manifestar.

Rusell

(Variación: Russ)

Significado: «Pelirrojo; discreción sabia»
Afirmación sugerida: «¡Yo soy Russell; yo soy sabio y discreto!»
Vocal principal/elemento: U / elemento de la tierra
Sonido principal/chakra: «uh» / chakra de la garganta
Otras vocales/elementos: E / elemento del aire
Otros sonidos/chakras: «eh» / chakra de la garganta

MEDITACIÓN

El rojo, cada vez que está asociado con el nombre de una persona, por lo general refleja energía, valentía y fuerza nuevas. En el caso de este nombre, activa una energía en la vida del individuo de manera que una nueva fuerza se puede aplicar a todas las circunstancias de la vida, en especial a aquellas que son más prácticas. En otras palabras, estos individuos tienen una habilidad única para encargarse de los negocios. Tienen los pies puestos en la tierra y poseen una sabiduría inherente que los eleva por encima del trabajador promedio. Aun cuando su tarea de vida puede parecer mundana, hay un aire de sabiduría que los rodea. Por lo común tienen una perspectiva que los eleva por encima de lo mundano. Poseen una habilidad única que con el tiempo les permite ver las cosas en una forma que va más allá de solamente una luz superficial. El conocimiento y la inteligencia son importantes para ellos, aunque este aspecto con frecuencia es «silenciado», y no obstante deben tener en mente que el conocimiento en sí y por sí mismo no es de utilidad. Es solo cuando el conocimiento se aplica a las circunstancias de vida normales que se convierte en una verdadera sabiduría. Y esta es la habilidad natural de aquellos con este nombre.

RUTH

Significado:	«Compasiva y hermosa»
Afirmación sugerida:	«¡Yo soy Ruth; yo soy la hija compasiva y hermosa de Dios!»
Vocal principal/elemento:	U / elemento de la tierra
Sonido principal/chakra:	«oo» / chakra base
Otras vocales/elementos:	—
Otros sonidos/chakras:	—

MEDITACIÓN

Las personas con este nombre tienen una cualidad terrenal y tienen una belleza y una compasión naturales que está conectada en lo físico. Aprender a mantener los pies en la tierra es lo más importante en todas las actividades. Muchas de estas personas han tenido problemas en vidas pasadas para mantenerse con los pies en la tierra mientras se estiraban hacia los cielos y por ello esta es su tarea. En la filosofía oriental se dice que el camino al cielo es a través de los pies. Y es que mediante la utilización de las energías de la tierra podemos impulsarnos hacia el cielo. Por ello, estos individuos deben comprender que cumpliendo con sus obligaciones y responsabilidades diarias con un entusiasmo positivo y creativo, eso que está más allá de la Tierra se abre ante ellos. Entonces, de esta manera, no solamente las recompensas de la Tierra se presentan al individuo, sino que también las recompensas del cielo. Todas las energías del cielo fluyen en la Tierra y por ello las personas con este nombre deben comprender que es importante aprovechar las energías internas y manifestarlas en el mundo exterior. La intuición es muy fuerte para aquellos que desean desarrollarla.

RYAN

Significado:	«Pequeño rey; hombre con distinción»
Afirmación sugerida:	«¡Yo soy Ryan; yo soy un rey con gran distinción!»
Vocal principal/elemento:	Y / elemento del fuego
Sonido principal/chakra:	«eye» / bulbo raquídeo
Otras vocales/elementos:	A / elemento del éter
Otros sonidos/chakras:	«uh» / chakra de la garganta

MEDITACIÓN

Aquellos con este nombre han venido a ocuparse por completo de la mística Búsqueda del Santo Grial. Esta es la búsqueda para descubrir nuestra verdadera esencia espiritual y acerca de cómo manifestarla en esta vida. Cada vez que la Y es la vocal predominante, el cáliz debería convertirse en un mandala personal. Esta es la copa de la vida de la cual debemos beber. Aunque en un principio su sabor puede ser amargo, llena y alimenta la esencia de vida del individuo con una energía dulce como la miel, que lo sostiene a través de todas las circunstancias de la vida. Los reyes tienen gran riqueza, gran abundancia y gran responsabilidad. Deben tener un gran corazón y ser capaces de relacionarse con todos. No deben estar encerrados en el castillo sino que deben estar afuera en los asuntos de la corte. Quienes tienen este nombre deben recordar que a los que mucho se les da, mucho se espera de ellos. Estos individuos tienen las energías femeninas del amor y la intuición muy fuertes en ellos. Tienen la capacidad de dar nacimiento a una vida nueva en aquellos con los que entran en contacto. Tal como un rey otorga favores, así lo hace el contacto de aquellos con este nombre.

SAMUEL

(VARIACIÓN: SAM)

Significado:	«Su nombre es Dios; solicitado de Dios; integridad»
Afirmación sugerida:	«¡Yo soy Samuel; yo soy la integridad de Dios!»
Vocal principal/elemento:	A / elemento del éter
Sonido principal/chakra:	«ah» / chakra de la garganta
Otras vocales/elementos:	U / elemento de la tierra E / elemento de aire
Otros sonidos/chakras:	«oo» / chakra base «uh» / chakra de la garganta

MEDITACIÓN

Aquellos con este nombre tienen una gran responsabilidad. Tienen un nombre que activa mucho aprendizaje, así como la aplicación del aprendizaje en sus vidas. La clariaudiencia se desarrolla con facilidad en ellos, pero deben aprender a discernir lo que escuchan. Para estos individuos, aplicar el sentido común a los conceptos espirituales es muy importante. Es igualmente importante que ellos aprendan que la manifestación de la Palabra Creativa de la vida gira en torno a la integridad en la vida y con todos los individuos, y no sobre el autosacrificio y el martirio. La honestidad es importante y estos individuos deben aprender a ser tan honestos con ellos mismos como con otros. Ellos tendrán una amplia oportunidad para demostrar que la integridad y la verdad no obstaculizan la prosperidad y la realización en ninguna forma.

SANDRA

(VARIACIÓN: SANDY)

Significado:	«Alguien que ayuda; defensor de otros; compasión y humildad»
Afirmación sugerida:	«¡Yo soy Sandra; yo defiendo y fortalezco a otros con compasión y humildad!»
Vocal principal/elemento:	A / elemento del éter
Sonido principal/chakra:	«ah» / chakra de la garganta
Otras vocales/elementos:	A / elemento del éter
Otros sonidos/chakras:	«uh» / chakra de la garganta

MEDITACIÓN

Este es un nombre con gran fuerza en expresión femenina. Toma las energías del corazón y les da expresión práctica. Personifica el cuidado del hogar y la familia, ya sea la familia biológica o la familia de asociados. Hay una tremenda capacidad en estas personas para sanar y tranquilizar a los demás en muchas clases de actividades. En el caso de las personas con este nombre, esto se vuelve más evidente cuando alguien está siendo oprimido. Ellas son las primeras en sentir esto y las primeras en ofrecer compasión y ayuda. Encarnan los principios de sanación aplicado de forma natural. En algún nivel deben darse cuenta que aquellos a quienes protegen deben también de hacerse fuertes. Hay un gran sentido de conciencia del poder en estas personas, pero deben aprender con este la humildad. La fuerza en el silencio es una característica clave en estas personas. Ellas son las auxiliadoras y ángeles silenciosos del pasado. Con frecuencia no preguntan si la ayuda se necesita, simplemente responden porque piensan que es lo correcto hacerlo. Aunque son tranquilas en sus expresiones, sus energías resuenan y tienen efectos permanentes en las vidas de los demás.

SARA

(VARIACIONES: SARAH, SHARON)

Significado:	«Princesa; princesa de Dios»
Afirmación sugerida:	«¡Yo soy Sandra; yo soy la princesa de Dios!»
Vocal principal/elemento:	A / elemento del éter
Sonido principal/chakra:	«ay» / chakra de la garganta
Otras vocales/elementos:	A / elemento del éter
Otros sonidos/chakras:	«uh» / chakra de la garganta

MEDITACIÓN

Como la princesa de los cuentos de hadas, estas personas deben ser muy eficaces. Quizá sepan que van a heredar el reino, pero es necesario que se lo ganen mediante sus esfuerzos, tanto como a través de su derecho de nacimiento. La mayoría tiene la capacidad para conmover los corazones de los demás en formas muy dinámicas, pero las expresiones del corazón deben ser sinceras, o el poder y la fuerza innatos se pierden. Estas personas deben aprender a bajarse del trono para trabajar con todos los demás y aun así tener en mente que el trono es suyo por derecho de herencia. Las princesas pueden crecer para convertirse en las reinas de sus reinos si el entrenamiento es apropiado. Las personas con este nombre han venido a pasar por el entrenamiento y la preparación necesarios que hará que el tiempo que pasen en el trono sea benéfico para todos los implicados. El conocimiento —tanto práctico como místico— es importante. Así como los reyes y reinas de épocas más antiguas también eran sacerdotes y sacerdotisas, así también las princesas deben ser entrenadas; entonces pueden aprender a regir y vivir en el cielo y la tierra.

SCOTT

Significado:	«Lealtad»
Afirmación sugerida:	«¡Yo soy Scott; yo soy leal en todo!»
Vocal principal/elemento:	O / elemento del agua
Sonido principal/chakra:	«aw» / chakra del plexo solar
Otras vocales/elementos:	—
Otros sonidos/chakras:	—

MEDITACIÓN

Aquellos con este nombre han venido a aprender a controlar las emociones y a equilibrar sus lazos emocionales con los demás siendo leales a su yo superior. El plexo solar es un centro que alberga muchas de nuestras emociones, tanto pasadas como presentes. Para muchos, nuestras lealtades están determinadas por la energía emocional prevaleciente en el momento. Aun cuando es una característica humana, es importante imponer la fuerza de voluntad sobre los impulsos y discernir lo que es correcto previamente al momento de asignar lealtades. Mantener la mente sobre las emociones es la clave. Para muchos, llevar las emociones en esta forma es como llevar una cruz que puede ser bastante pesada. Para aquellos con este nombre, la cruz de las emociones puede ser doblemente difícil, como se indica por la cruz de la doble T en el nombre. Convertir las emociones en aspiraciones es la clave. La creatividad y la simpatía son intensas en estos individuos. Siempre hay una relación estrecha entre las energías artísticas y las emociones. Trabajar con las energías y los seres de la naturaleza puede ayudar a aquellas personas con este nombre, ya que tienen un enlace con el reino elemental de los gnomos y las hadas. Cuando las emociones son controladas, la expresión creativa domina de manera dinámica.

SEAN

(VARIACIÓN: SHAWN)

Significado:	«Regalo amable de Dios»
Afirmación sugerida:	«¡Yo soy Sean; yo soy el regalo amable de Dios!»
Vocal principal/elemento:	A / elemento del éter
Sonido principal/chakra:	«aw» / chakra del plexo solar
Otras vocales/elementos:	E / elemento del aire
Otros sonidos/chakras:	Mudo

MEDITACIÓN

Las personas con este nombre han venido a enlazar la mente con las emociones para una expresión equilibrada en sus vidas. El plexo solar es el lugar donde se concentran las emociones y la E muda es la energía del aire, o la mente. El corazón establece un puente entre las dos, y cuando las dos se unen ocurre un nuevo nacimiento. Debe existir un equilibrio de la emotividad con el dogmatismo. Superar las dudas personales, la posesividad, el miedo y la desconfianza será lo más importante. Una vez logrado esto, pueden emanar una gran compasión y una gran habilidad de sanación de estos individuos en cualquier área de trabajo o actividad en la que estén involucrados. Tienen un idealismo intenso que es contagioso en los demás, y la prosperidad llega a través del conocimiento y el arte combinados. Encontrar una forma de sintetizar ambos será la tarea de estos individuos y esto también traerá las mayores recompensas, tanto física como espiritualmente. Ellos literalmente se convierten en un regalo para aquellas personas en sus vidas.

SHERI

(VARIACIONES: SHERRI, SHERRY)

Significado:	«Alguien femenina y querida»
Afirmación sugerida:	«¡Yo soy Sheri; yo soy la hija querida de Dios!»
Vocal principal/elemento:	A / elemento del aire
Sonido principal/chakra:	«ay» / chakra del corazón
Otras vocales/elementos:	I / elemento del fuego
Otros sonidos/chakras:	«ee» / chakras de las cejas y la corona

MEDITACIÓN

Las personas con este nombre tienen una energía que puede volverlas muy apreciadas por los demás. Para que esto ocurra, primero deben apreciarse ellas mismas. Con el fin de apreciarse a uno mismo, uno debe tener la perspectiva correcta. Esta es la influencia de los chakras de las cejas y la cabeza. Los temores, la introversión, el menosprecio, el martirio y la envidia deben superarse. La persona debe llegar a comprender que nadie conoce lo que es mejor para ellos, que ellos mismos. También deben comprender que nunca se nos da una esperanza, un deseo o un sueño sin darnos oportunidades para hacerlos realidad, y que lo único que puede destruir esa posibilidad es comprometerse a estar de acuerdo con menos. Estas personas deben reconocer que en sus corazones está todo lo que necesitan. A medida que ellas reconocen esto en su interior, esto se manifestará en su exterior. Este nombre proporciona gran intuición, imaginación y habilidades de sanación a aquellos dispuestos a desarrollarlas.

SHIRLEY

Significado:	«Perteneciente al jardín; el espíritu tranquilo»
Afirmación sugerida:	«¡Yo soy Shirley; yo soy el jardín brillante de Dios!»
Vocal principal/elemento:	I / elemento del fuego
Sonido principal/chakra:	«ih» / chakra de la garganta
Otras vocales/elementos:	E / elemento del aire Y / elemento del fuego
Otros sonidos/chakras:	«ee» / chakras de las cejas y la corona Mudos

MEDITACIÓN

Las personas con este nombre tienen una gran capacidad para influenciar el crecimiento espiritual de otros. Un jardín es un lugar de descanso. Es un lugar de color y energía, un lugar para construir un nuevo hogar, para fuegos en la chimenea. El fuego es el elemento predominante. El fuego calienta y tranquiliza cuando se mantiene vivo en el hogar. Proporciona una seguridad que permite a otros crecer y establecer sus propios fuegos. Esto es pasar la Copa del Grial de la espiritualidad. La copa de la vida se pasa a otros para que beban de ella y encuentren por ellos mismos. Este es el significado de la Y al final del nombre. Muda y no pronunciada, es una parte integral de la experiencia de vida de estos individuos, y se volverá una meta etérea para las personas que entran en contacto con quienes tienen este nombre. Hay un reconocimiento de que hay algo especial acerca de estas personas, es la influencia del ser espiritual que vive mediante el cumplimiento de las responsabilidades en el mundo físico. Esto establece la base para las búsquedas espirituales de otras personas que son tocadas por aquellas con este nombre. Despierta la intuición y la imaginación creativa y crística en aquellos cercanos a ellos.

Sonia

(Variaciones: Sonjia, Sonya)

Significado:	«Mujer de sabiduría»
Afirmación sugerida:	«¡Yo soy Sonia; yo soy una mujer de sabiduría!»
Vocal principal/elemento:	O / elemento del agua
Sonido principal/chakra:	«aw» / chakra del plexo solar
Otras vocales/elementos:	A / elemento del éter
Otros sonidos/chakras:	«uh» / chakra de la garganta

MEDITACIÓN

Las personas con este nombre tienen una energía que les permitirá expresar todas sus energías y sensibilidades en una manera práctica. La sensibilidad es fuerte en ellas. Esta es la influencia del elemento agua. El agua es parte de toda vida y por esto ellas pueden, si es necesario, conectarse con toda la vida en algún grado. Aprender a relacionarse con toda la vida y ver a otros, una vez conectados, a través del corazón, es lo que debe desarrollarse. El corazón acentúa y equilibra las energías del plexo solar. Revela qué está oculto para que el individuo pueda responder en la manera más sabia posible. Aprender a avanzar con el temple del corazón para considerar situaciones antes de dejarse llevar por las emociones, es parte del discernimiento. Es lo que conduce a la manifestación de la sabiduría. Esto es lo que también conduce a la transformación de las energías síquicas emocionales en una verdadera y sabia expresión espiritual. Existe una sabiduría innata en estas personas, reflejada en la forma en que otros se acercan a ellas en busca de consejo. Esto es sanación, como deben ser todas las expresiones de sabiduría.

STACEY

(VARIACIÓN: STACIE)

Significado:	«Resucitada; corazón transformado»
Afirmación sugerida:	«¡Yo soy Stacey; yo soy el corazón resucitado de la vida!»
Vocal principal/elemento:	A / elemento del éter
Sonido principal/chakra:	«ay» / chakra del corazón
Otras vocales/elementos:	E / elemento del aire Y / elemento del fuego
Otros sonidos/chakras:	«ee» / chakras de las cejas y la corona Mudos

MEDITACIÓN

Las personas con este nombre tienen una energía que les permitirá transformar y volver a expresar las energías del corazón. El chakra del corazón es el centro de equilibrio. Si se encuentra desequilibrado, el resto de nuestra energía también lo estará. Este mantiene la mayoría del karma del pasado, del cual nos debemos limpiar algún día. Es el centro a través del cual conocemos a los Moradores en el Umbral, es decir, aquellos aspectos de nosotros mismos que hemos cubierto con pintura, barnizado, empujado a la parte trasera del clóset y pretendido que no existían, en esta vida y las pasadas. Las personas con este nombre han venido a enfrentarse con las situaciones desde una perspectiva nueva, a abrirse más completamente a la Búsqueda del Santo Grial (Y muda). Se deben superar la inseguridad, las dudas personales, el miedo, la desconfianza y la necesidad de reconocimiento. Estas personas, tal como son, manifestarán con intensidad un idealismo y una capacidad de sanación para ellos mismos y para otros. Esto abrirá la intuición y la visión del camino por venir, inculcando una fe e inspiración nuevas en todas las circunstancias de la vida. Ellas resucitan en todos los niveles.

STAN

(VARIACIÓN: STANLEY)

Significado:	«Alguien que vive en el jardín rocoso; espíritu fuerte»
Afirmación sugerida:	«¡Yo soy Stan; yo soy un espíritu fuerte!»
Vocal principal/elemento:	A / elemento del éter
Sonido principal/chakra:	«ah» / chakra de la garganta
Otras vocales/elementos:	—
Otros sonidos/chakras:	—

MEDITACIÓN

Aquellos con este nombre tienen una energía que manifestará oportunidades para expresar las energías del corazón con más intensidad en sus vidas. Esto siempre implica pruebas sobre la fuerza de voluntad y la individualidad. Estas personas han venido a desarrollar sus energías únicas y a hacerlo con control. Esto significa que con frecuencia deben romper los vínculos de seguridad con otros para encontrar seguridad en ellos mismos. Aprender a no permitir que otros los dominen y controlen y aun así ser lo suficiente flexibles y abiertos para escuchar y evaluar las opiniones de otros, es parte de su lección de vida. Estos individuos por lo general aprenden a asumir completa responsabilidad por sus elecciones y decisiones, ya sea que sean buenas o malas. El corazón es el centro de equilibrio del cuerpo, y si el corazón de esta persona participa en su actividad, se establecerá una base muy firme. Con frecuencia estas personas pueden parecer solitarias, pero han venido a seguir su propia estrella y a descubrir la seguridad dentro de esta. Tendrán éxito, ya que siempre continúan hacia adelante. Deben recordar que el pasado es pasado, y deben tener en mente que ayudó a darle forma al presente.

STUART

(VARIACIONES: STEWART, STU)

Significado:	«El cuidador; el espíritu útil»
Afirmación sugerida:	«¡Yo soy Stuart; yo soy el espíritu útil de Dios!»
Vocal principal/elemento:	U / elemento de la tierra
Sonido principal/chakra:	«oo» / chakra base
Otras vocales/elementos:	A / elemento del éter
Otros sonidos/chakras:	«uh» / chakra de la garganta

MEDITACIÓN

Aquellos que cuidan la Tierra, atendiendo a esta y a lo que crece en ella, deben estar bien informados acerca de cómo combinar sus diversos elementos. Esta es la importancia de los elementos de la tierra y el éter en esta combinación, uno al lado del otro. La Tierra necesita aire, agua, etc., para hacer que los organismos crezcan. Demasiado de los otros elementos destruirá la vida e impedirá el crecimiento. Aprender a combinar todos los elementos de la vida, aprender a sintetizarlos, aprender a verlos como experiencias de aprendizaje para el alma, proporcionará el mayor crecimiento para estas personas. Entonces esto les permitirá ayudar a otros en la atención de su tierra (sus vidas) para una mayor realización. Estas personas pueden ser maestros excelentes si primero sintetizan sus propias lecciones de vida. Cuando esto se logra, no hay nadie que no pueda aprender de ellos. No hay nadie que no sea ayudado por ellos.

Susana

(Variaciones: Sue, Susan, Suzi, Suzanne)

Significado:	«Azucena; llena de gracia»
Afirmación sugerida:	«¡Yo soy Susana; yo soy la azucena de gracia!»
Vocal principal/elemento:	U / elemento de la tierra
Sonido principal/chakra:	«oo» / chakra base
Otras vocales/elementos:	A / elemento del éter
Otros sonidos/chakras:	«uh» / chakra de la garganta

MEDITACIÓN

Las personas con este nombre tienen un poderoso símbolo personal que debería utilizarse con regularidad. La azucena es un símbolo de pureza y está asociado en el Cristianismo oculto con el arcángel Gabriel y las energías del Cristo, activadas en el corazón de la Tierra en la época del solsticio de invierno. El solsticio de invierno fue siempre un festival sagrado. Era momento de la cantidad más reducida de luz de día en la Tierra, y un momento en que en cada día de ahí en adelante, el Sol resplandecería más brillante y más tiempo. Es el momento de la victoria del Sol sobre la oscuridad, y es esta energía que las personas con este nombre han venido a enlazar y a manifestar en sus circunstancias de vida. El elemento predominante es la tierra, y por ello estas personas han venido a traer luz, gracia y pureza nuevas en su pequeño pedazo de la Tierra. La Tierra es silenciosa, siguiendo su propio ciclo de crecimiento y expresión, y también manifiesta belleza en todas las estaciones. Esta es la energía y la gracia inherentes de quienes tienen este nombre. Esto es lo que estas personas tienen la capacidad de lograr.

TAMARA

(VARIACIÓN: TAMMY, TAMMI)

Significado:	«La gemela; la buscadora de la verdad»
Afirmación sugerida:	«¡Yo soy Tamara; yo soy la buscadora de la verdad!»
Vocal principal/elemento:	A / elemento del éter
Sonido principal/chakra:	«ah» / chakra de la garganta
Otras vocales/elementos:	A / elemento del éter
Otros sonidos/chakras:	«uh» / chakra de la garganta

MEDITACIÓN

Este nombre significa literalmente «la gemela», y por ello da muchas pistas respecto a las energías y lecciones de las personas que lo tienen. En el esoterismo, el gemelo es el opuesto que debe ser equilibrado, el masculino con el femenino, lo eléctrico con lo magnético, lo intuitivo con lo racional. El equilibrio en todo es la clave. El principio hermético de la Polaridad actúa con fuerza en las lecciones de vida de quienes tienen este nombre: «Todo es dual; todo tiene dos polos; todo tiene su par de opuestos; igual y desigual son lo mismo; los opuestos son idénticos en su naturaleza, pero diferentes en grado...». Caliente y frío son diferentes grados de lo mismo, la temperatura. Nada es realmente opuesto y a menudo es la tarea de estas personas equilibrar e integrar las fuerzas en oposición. Así, con frecuencia se convierten en la balanza de las vidas de los demás. La verdad se encuentra en cada uno y en todas las situaciones. Todo tiene su grano de verdad. Conforme se descubre esto por las personas que tienen este nombre, ocurren grandes manifestaciones, porque la polaridad opera de forma más completa en el plano astral. Este plano abre todo lo que podríamos llamar dones síquicos y también las bendiciones de la jerarquía angélica y arcangélica. A esto seguirá el equilibrio y la integración de las energías del corazón, un nuevo nacimiento y una nueva expresión de la verdad.

TANIA

(VARIACIONES: TONIA, TONYA)

Significado:	«La reina de las hadas; noble de espíritu»
Afirmación sugerida:	«¡Yo soy Tania; yo soy noble de espíritu!»
Vocal principal/elemento:	A / elemento del éter
Sonido principal/chakra:	«aw» / chakra del plexo solar
Otras vocales/elementos:	I / elemento del fuego A / elemento del éter
Otros sonidos/chakras:	«ee» / chakras de las cejas y la corona «uh» / chakra de la garganta

MEDITACIÓN

Las personas con este nombre deberían pasar tanto tiempo afuera en la naturaleza como fuese posible. Se han ganado el derecho en el pasado de trabajar con los reinos de elementales y hadas de la vida, y lo han hecho con un gran éxito. Esto se debe ganar de nuevo, pero sus nombres todavía resuenan con estos seres. Hay relatos de personas que fueron nombradas por las hadas, bendecidas debido a su espíritu fuerte. Aquellas que trabajan con estos seres de la naturaleza incrementarán su sensibilidad; serán capaces de «sentir» su presencia con intensidad (el plexo solar), ya que los seres de los reinos de las hadas trabajan con grandes corazonadas. A medida que aumenta la sensibilidad y la persona establece el sentido de ser un espíritu noble en la manera en que vive, a pesar de las sensaciones de la vida, también surgirán nuevas ideas y percepciones. Para muchos, esto será la inspiración para actividades artísticas y trabajos artesanales. Para otros se manifestará como una sensibilidad hacia toda vida en el planeta o dentro de su reino.

Ted

(Variaciones: Teddi, Teddy, Theodora, Theodore)

Significado:	«Regalo de Dios»
Afirmación sugerida:	«¡Yo soy Ted; yo soy el regalo de Dios!»
Vocal principal/elemento:	E / elemento del aire
Sonido principal/chakra:	«eh» / chakra de la garganta
Otras vocales/elementos:	—
Otros sonidos/chakras:	—

MEDITACIÓN

Aquellos con este nombre han venido literalmente a ser un regalo en las vidas de los demás. La vocal predominante en este nombre o cualquiera de sus variaciones están asociadas con los centros de chakras arriba del corazón. Estos centros proporcionan percepciones, intuiciones e imaginaciones muy intensas. Los del chakra de la garganta implican el uso del conocimiento y la habilidad para manifestar abundancia en diversas formas, ya sea material o de otra índole. Este centro, conocido como el centro de la cornucopia, es el centro donde ejercer la voluntad es la clave para la manifestación. La clariaudiencia es también un potencial fuerte, escuchando esa tranquila voz interior, aprendiendo a manejar la Palabra Creativa de la vida. Habrá lecciones en el desarrollo apropiado de la fuerza de voluntad en diferentes áreas de la vida de la persona. Aquellos individuos cuya vocal predominante es la E larga tienen una capacidad para visualizar mucho. El miedo debe ser superado completamente y la disciplina se debe desarrollar para que una compresión e intuición superiores se manifiesten completamente. Una vez logrado esto, las habilidades ocultas se conocen y estos individuos se convierten en regalos en las vidas de otros.

TERESA

(VARIACIONES: THERESA, TERRI)

Significado:	«La cosechadora; alguien muy trabajadora»
Afirmación sugerida:	«¡Yo soy Teresa; yo cosecho las recompensas de la vida!»
Vocal principal/elemento:	E / elemento del aire
Sonido principal/chakra:	«ee» / chakras de las cejas y la corona
Otras vocales/elementos:	E / elemento del aire A / elemento del éter
Otros sonidos/chakras:	«uh» / chakra de la garganta

MEDITACIÓN

Las personas con este nombre han venido a trabajar con la ley de causa y efecto. Esto se ha afirmado en una diversidad de formas en sociedades y escritos diferentes. En su forma más sencilla: «Lo que siembras es lo que cosechas». Estas personas con frecuencia parecen llegar con una ventaja en algún área de la vida, pero esto es debido a una siembra previa. Lo que ellas han venido a aprender y fortalecer principalmente en esta encarnación es que su dedicación al trabajo es lo que traerá las recompensas. Para algunas personas esto puede ser difícil, ya que todas ellas tienen una cualidad visionaria. Ven muy claramente lo que es posible manifestarse para ellos, pero con frecuencia no se dan cuenta que el esfuerzo físico y el trabajo es lo que pone esa visión en movimiento. La intuición y la imaginación son intensas en estas personas, y si se equiparan con una capacidad de trabajo igual, no hay nada que no puedan lograr. Si no permiten que el miedo al fracaso interfiera mantendrán su perspectiva clara y lograrán que su comprensión e imaginación intuitivas sean una visión realista para el futuro.

TERRENCE

(VARIACIONES: TERRI, TERRY)

Significado:	«Alguien refinado, tranquilo»
Afirmación sugerida:	«¡Yo soy Terrence; yo soy la joya pulida de Dios!»
Vocal principal/elemento:	E / elemento del aire
Sonido principal/chakra:	«ay» / chakra del corazón
Otras vocales/elementos:	E / elemento del aire
Otros sonidos/chakras:	«eh» / chakra de la garganta

MEDITACIÓN

Las personas con este nombre tienen una habilidad única para relacionarse con otros. Como una piedra sin pulir en los primeros años, las circunstancias y situaciones de la vida sirven para cortar y pulir esa piedra hasta que brilla con facetas brillantes. A medida que estas personas tienen más edad se vuelven más y más capaces. Ellas tienen la capacidad de interpretar los corazones de otros y responder de acuerdo con esto. Sin importar las situaciones o ambientes en la vida, ellas tienen un encanto que exhala vida nueva en sus entornos (el elemento del aire). También tienen una capacidad de aprender y asimilar información, pero solo en relación con aquello en que sus corazones pueden entrar. Se deben superar el dogmatismo y la deshonestidad en ellas mismas o en otros. Esto implica superar las inseguridades y los miedos personales que pueden surgir por las comparaciones y el orgullo falso. Una vez equilibrado, surge una compasión reverente, inculcando un idealismo y un entendimiento que crece día con día.

TIMOTEO

(VARIACIONES: TIM, TIMMY, TIMMI, TIMOTHY)

Significado:	«Honrando a Dios»
Afirmación sugerida:	«¡Yo soy Timoteo; yo estoy honrando a Dios con mi vida!»
Vocal principal/elemento:	I / elemento del fuego
Sonido principal/chakra:	«ih» / chakra de la garganta
Otras vocales/elementos:	O / elemento del agua
	Y / ningún elemento en particular en este caso
Otros sonidos/chakras:	«uh» / chakra de la garganta
	«ee» / chakras de las cejas y la corona

MEDITACIÓN

Aquellos con este nombre o sus variaciones han venido a aprender a vivir el proceso de la alquimia espiritual. Esto no ocurre en situaciones ideadas artificialmente o a través de existencias de enclaustramiento, sino más bien viviendo las circunstancias normales diarias. Para estas personas la tarea es aprender a mezclar el fuego (I) y el agua (O) sin extinguir las llamas. Juntos, si se mezclan de manera apropiada, generan vapor, una gran fuente de energía. Los antiguos alquimistas mezclaban sus elementos en recipientes especiales. Es este recipiente representado por la Y. La Y es el glifo de la Copa del Grial, que contiene el elixir de la vida donde los opuestos son mezclados, creando una nueva vida. Aquellos con este nombre o sus variaciones tienen la capacidad de avivar los fuegos y energías de una nueva vida en otras personas, pero solamente mientras mantengan los suyos intensos y vivos. La tarea será equilibrar sus emociones y sus ideales elevados. El dogmatismo y la emotividad excesiva afectarán al cáliz. Si hay equilibrio, surgirá la sensibilidad, la creatividad y una gran prosperidad.

TODD

Significado:	«Un zorro; alguien sabio»
Afirmación sugerida:	«¡Yo soy Todd; yo soy el zorro sabio de la vida!»
Vocal principal/elemento:	O / elemento del agua
Sonido principal/chakra:	«aw» / chakra del plexo solar
Otras vocales/elementos:	—
Otros sonidos/chakras:	—

MEDITACIÓN

Aquellos con este nombre han venido a desarrollar un fuerte sentido de juicio crítico. Tienen un fuerte sexto sentido en la mayoría de las situaciones, pero también hay una tendencia a probarlo. Ser demasiado crítico o analítico puede ser un problema y esto debe equilibrarse. Al mismo tiempo deben tener en mente que hay circunstancias donde no importa lo que eliges o por cuál camino vas, sino que elijas. Es importante estar activo en la elección. No importa qué dirección tomen, se desarrollarán ciertas situaciones que los ayudarán a crecer y a aprender. Un camino puede ser más fácil que el siguiente, pero ambos proporcionarán oportunidades de aprendizaje. Posponer decisiones en exceso, simplemente para analizarlas, debe ser equilibrado frente a la impulsividad. Cuando el análisis crítico y la impulsividad están equilibrados, surgirá una gran confianza, una conciencia personal, intuición y expansión. Estas personas deben trabajar con sus sueños, porque ellos proporcionarán mucha comprensión en las decisiones importantes, etc. La espontaneidad será mejorada.

Tomás

(Variaciones: Thomas, Tom, Tommy)

Significado:	«El gemelo; el buscador de la verdad»
Afirmación sugerida:	«¡Yo soy Tomás; yo soy el buscador de la verdad!»
Vocal principal/elemento:	O / elemento del agua
Sonido principal/chakra:	«aw» / chakra del plexo solar
Otras vocales/elementos:	A / elemento del éter
Otros sonidos/chakras:	«uh» / chakra de la garganta

MEDITACIÓN

Las personas con este nombre han venido a aprender a equilibrar los opuestos que están en ellas. Esto las relaciona con el principio hermético de la polaridad (ver Tamara), pero también manifiesta lecciones respecto a equilibrar las emociones con lo racional. Hay una fuerte sensibilidad en estas personas que puede ser abrumadora. El elemento del agua es fuerte en ellas, pero también las enlaza con otros en sus vidas, permitiéndoles conocer a los demás con bastante precisión. Esto se debe a que toda la vida es tocada por el agua. Preocuparse de lo que otros piensan, la emotividad exagerada y la crítica excesiva obstaculizarán las expresiones más elevadas de su energía. Estas son: una habilidad de comunicación incrementada, un sentido de precisión, creatividad, expresividad y una intensa sensación de optimismo. La clarisencia es fuerte en estos individuos y si ellos no pueden ver las auras reales de los demás, pueden ciertamente sentirlas e interpretarlas con precisión. El agua es fuerte y también adaptable. Puede fluir alrededor y encima de los objetos, o si es lo bastante turbulenta puede arrastrarlos. Las energías y fuerzas de estas personas deben desarrollarse de manera que puedan escoger cómo su energía se manifestará de acuerdo con la situación.

VALERIA

(VARIACIONES: VALERIE)

Significado:	«Fuerte; con determinación»
Afirmación sugerida:	«¡Yo soy Valeria; yo soy fuerte y decidida!»
Vocal principal/elemento:	A / elemento del éter
Sonido principal/chakra:	«aw» / chakra del plexo solar
Otras vocales/elementos:	E / elemento del aire
	I / elemento del fuego
	E / elemento del aire
Otros sonidos/chakras:	«uh» / chakra de la garganta
	Mudos
	«ee» / chakras de las cejas y la corona

MEDITACIÓN

Las lecciones de fuerza y determinación predominarán en las personas con este nombre. Ellas deben comprender que no encontrarán nada que no puedan manejar, mientras no se rindan. Aprender a apegarse a las metas que han establecido para ellas es lo que más será puesto a prueba. Al mismo tiempo debe haber una flexibilidad para cambiar si descubren que están equivocadas, pero tales decisiones no deben hacerse de manera apresurada o sin reflexionar. Los elementos son aquellos asociados con los chakras arriba del corazón, pero la activación del sonido comienza debajo del corazón. Esto indica que estos individuos han venido a aprender a sacar una fuerza mayor de las profundidades para una expresión superior en sus vidas diarias. Conforme esto se desarrolla, despertará una gran sensibilidad e intuición síquicas, y esto entonces puede convertirse en una clarividencia activa. La clave se encuentra en controlar la emotividad y los miedos. Es entonces que la iniciativa y las habilidades ocultas surgirán.

Victoria

(Variaciones: Víctor, Vickie, Vicki)

Significado:	«Victoria; conquistadora; alguien que es victoriosa»
Afirmación sugerida:	«¡Yo soy Victoria; yo soy el espíritu victorioso!»
Vocal principal/elemento:	I / elemento del fuego
Sonido principal/chakra:	«ih» / chakra de la garganta
Otras vocales/elementos:	O / elemento del agua I / elemento del fuego
Otros sonidos/chakras:	«oh» / chakra del bazo «ee» / chakras de las cejas y la corona «uh» / chakra de la garganta

MEDITACIÓN

Las personas con este nombre han venido a establecer nuevas bases para la victoria del espíritu. Hay cuatro vocales en este nombre. El cuatro en numerología es el número que significa nuevos cimientos. Para que la victoria ocurra, la pasión y los fuegos internos deben ser intensos. Las emociones inferiores deben ser armonizadas con las aspiraciones superiores. Este es el significado del chakra del bazo y los chakras superiores. A medida que son equilibradas, las aguas y los fuegos se combinan, generando un nuevo vapor y energía para una mayor fuerza. Estas personas tienen la capacidad para trabajar y lograr una diversidad de niveles. Pueden emplear la energía emocional, o bien la mental o la espiritual, para lograr lo que se desea. Este es el significado de los múltiples elementos en el nombre. Aprender a discernir cuál usar, y cuándo y en qué combinación, será la mayor tarea. Una vez desarrollado y concentrado esto en la armonía, nada puede ser impedido.

VIOLETA

Significado:	«Violeta; humildad»
Afirmación sugerida:	«¡Yo soy Violeta; yo soy la humilde flor silvestre de la vida!»
Vocal principal/elemento:	I / elemento del fuego
Sonido principal/chakra:	«eye» / bulbo raquídeo
Otras vocales/elementos:	O / elemento del agua E / elemento del aire
Otros sonidos/chakras:	«uh» / chakra de la garganta «eh» / chakra de la garganta

MEDITACIÓN

Aquellas con este nombre han venido a desarrollar sus habilidades y energías de manera callada y humilde. La violeta por lo general es la primera flor silvestre en aparecer en la primavera. Lo hace tranquilamente, con frecuencia sin ser notada, y es el verdadero heraldo de la energía nueva por manifestarse en la Tierra. Esta es una flor sagrada del reino de la naturaleza, en particular para las hadas y los gnomos. La violeta siempre ha sido una flor sagrada para la reina de las hadas en el saber antiguo. Eso que es sagrado para la naturaleza también fue bendecido por la naturaleza. Vivir como lo hace la naturaleza, moldear el comportamiento como la violeta silvestre, será beneficioso para quienes tienen este nombre. Esta permite que sus energías se desarrollen de una manera que es protectora, y que se mueven y fluyen con los ritmos universales de la Tierra misma. La violeta es un regalo de la naturaleza de gran simplicidad y belleza, y aun así mantiene un gran poder. No existe un mejor símbolo que pueda ser adoptado por las personas con este nombre.

Virginia

Significado:	«Doncella; la doncella pura»
Afirmación sugerida:	«¡Yo soy Virginia; yo soy la doncella pura de Dios!»
Vocal principal/elemento:	I / elemento del fuego
Sonido principal/chakra:	«ih» / chakra de la garganta
Otras vocales/elementos:	I / elemento del fuego A / elemento del éter
Otros sonidos/chakras:	«ih» / chakra de la garganta «uh» / chakra de la garganta

MEDITACIÓN

Las personas con este nombre han venido a desarrollar nuevos fuegos de pureza y servicio. Esto no implica que no ha habido pureza previa a esto. Metafísicamente, es la purificación de las emociones, del cuerpo astral, aquello que lo abre a uno a la vista pura de los mundos suprasensibles. En el Cristianismo esotérico, la Anunciación era un tiempo de purificación en el cual las energías femeninas podían ser despertadas y ocurría un nuevo nacimiento. En las escrituras cristianas este fue un momento en que se le anunció a María que iba a dar a luz. La meditación en esas escrituras revelará mucho a aquellas personas con este nombre, en particular aquella que se ha llegado a conocer como el *Magníficat* (Lucas 1:46). Fue en este punto, debido a la purificación, que ocurrió la visión de la jerarquía angélica. Equilibrar y purificar las emociones es la tarea de quienes tienen este nombre. A medida que esto ocurre, la influencia de la jerarquía angélica en sus vidas crecerá, bendiciéndolas a ellas y a aquellos con los que entren en contacto.

WALTER

(VARIACIONES: WALT, WALLY)

Significado:	«Guerrero poderoso»
Afirmación sugerida:	«¡Yo soy Walter; yo soy el guerrero poderoso de Dios!»
Vocal principal/elemento:	A / elemento del éter
Sonido principal/chakra:	«aw» / chakra del plexo solar
Otras vocales/elementos:	E / elemento del aire
Otros sonidos/chakras:	«eh» / chakra de la garganta

MEDITACIÓN

Las personas con este nombre han venido a encarnar las características de un verdadero guerrero. Ser un guerrero no solamente implica fuerza física, implica mucho más. Requiere disciplina, entrenamiento, conocimiento y destrezas finamente perfeccionadas. Un guerrero debe ser un individuo con táctica. Esto implica que el cuerpo, la mente y el espíritu trabajen en armonía. Las personas con este nombre han venido a poner estos tres aspectos en armonía en sus vidas individuales. En estos individuos hay inherentes una gran fuerza y poder, en especial cuando son ejercidas mediante la fuerza de voluntad. Es esta habilidad la que será puesta a prueba en los primeros años, de manera que pueda ocurrir la armonía de cuerpo, mente y espíritu en algún área de su vida, según vayan teniendo más edad. Estos individuos tienen las energías de los verdaderos guerreros espirituales, una habilidad que pueden aprovechar durante sus vidas. En Persia, el tercer grado de iniciación se conocía como el guerrero. El guerrero toma las enseñanzas ocultas en la vida y las presenta al mundo exterior, un mundo que puede ser antagonista a algo nuevo. Estos son los reveladores del espíritu.

Wanda

(Variación: Wendy)

Significado:	«Viajera; alguien que camina con Dios»
Afirmación sugerida:	«¡Yo soy Wanda; yo camino con Dios!»
Vocal principal/elemento:	A / elemento del éter
Sonido principal/chakra:	«aw» / chakra del plexo solar
Otras vocales/elementos:	A / elemento del éter
Otros sonidos/chakras:	«uh» / chakra de la garganta

MEDITACIÓN

Las personas con este nombre han venido a caminar con una paz interior. Deben descubrir con frecuencia que estar solo y ser un solitario son dos situaciones completamente distintas. En estas personas es inherente la habilidad de percibir otra vida y otras dimensiones a su alrededor. Esto no significa que deban excluir la vida física, sino que a medida que reconocen la vida operando a su alrededor todo el tiempo, comienzan a desarrollar sus energías, y esto atrae hacia ellos a aquellos que están en el mundo físico. Estos individuos con frecuencia siguen el ritmo de un tambor diferente. Hay esa fuerte voz interior que deben llegar a reconocer. Estas personas tienen una gran sensibilidad y a menudo sienten todo el impacto de cualquier energía a su alrededor. Por esta razón, deben aprender a equilibrarse y a controlar esa sensibilidad «síquica». Cuando se ponen en paz con ellas mismas y su sensibilidad, entonces se vuelven catalizadores para despertar esa sensibilidad silenciosa en otros, enseñando, cuidando y sanando.

ZACARÍAS

(VARIACIONES: ZACHARY)

Significado:	«Jehová recuerda»
Afirmación sugerida:	«¡Yo soy Zacarías; yo soy recordado por Dios!»
Vocal principal/elemento:	A / elemento del éter
Sonido principal/chakra:	«ah» / chakra de la garganta
Otras vocales/elementos:	A / elemento del éter Y / elementos del aire y del fuego
Otros sonidos/chakras:	«uh» / chakra de la garganta «ee» / chakras de las cejas y la corona

MEDITACIÓN

Las personas con este nombre tienen una gran fuerza y poder que debe ser controlado. Ejercer la fuerza de voluntad sobre las situaciones y circunstancias de la vida será la tarea. Aprender a ejercer ese poder y fuerza en una manera amable es difícil, pero es esto lo que une las energías masculinas y femeninas (Y). A medida que las fuerzas masculinas y femeninas se unen, se manifiesta un nuevo nacimiento. Cuando la humanidad es creativa en el plano terrenal, estamos recordando nuestra herencia divina. Demostramos que lo Divino nos recuerda también a nosotros manifestándose a través de esa creatividad. Las personas con este nombre tienen el don de la visión interior, pero esa visión interior debe ser sacada al mundo exterior o todo será en balde. Estos individuos son excelentes ayudando a otros a tener éxito, y el arco de los arcoíris es una fuerza sanadora para ellos. Será importante no volverse introvertido o solitario, ya que el arcoíris es para todas las personas.

Apéndice A

Índice de variaciones de los nombres

Esta sección se aplica a cualquier persona que no encuentra su nombre en el Diccionario Metafísico de Nombres. Muchos de los nombres que se incluyen aquí son simplemente variaciones de aquellos que se mencionan en el Diccionario. A pesar de que los chakras pueden variar algo, los significados son los mismos en esencia, y por consiguiente, las afirmaciones y reflexiones se aplicarán.

Junto a cada variación del nombre se encuentra el nombre en el Diccionario del cual es una variación. Si tu nombre no se encuentra en el Diccionario de este libro o en este índice, consulta en la biblioteca de tu localidad o en Internet para encontrar el significado de tu nombre. ¡Después utiliza la información en este libro para desarrollar el poder sagrado en tu nombre!

Variación del nombre	Nombre a consultar en el diccionario	Variación del nombre	Nombre a consultar en el diccionario
Adelina	Adell	Alyssa	Alice
Adela	Adell	Ami	Amanda
Adelia	Adell	Amy	Amanda
Alec	Alexander	Andy	Andrew
Allan	Alan	Ángel	Ángela
Allen	Alan	Anita	Anne
Alexa	Alexander	Ann	Anne
Alexis	Alexander	Anna	Anne
Alicia	Alice	Annette	Ane

Variación del nombre	Nombre a consultar en el diccionario	Variación del nombre	Nombre a consultar en el diccionario
Allison	Alice	Arland	Arlene
Alyce	Alice	Audra	Audrey
Barb	Bárbara	Barbie	Bárbara
Bea	Beatrice	Beata	Beatriz
Ben	Benjamín	Bernardette	Bernard
Berenice	Bernard	Bernie	Bernard
Bert	Alberto	Bessie	Beth
Betsy	Beth	Betty	Beth
Bonita	Bonnie	Brad	Bradley
Bradford	Bradley	Brandon	Brenda
Brant	Brenda	Brenden	Brenda
Brent	Brenda	Bryan	Brian
Candace	Candice	Candi	Candice
Candy	Candice	Cara	Kara
Carolina	Carol	Carolyne	Carol
Carrie	Carol, Carla	Cathi	Catherine
Catalina	Catherine	Charlene	Charles
Charlie	Charles	Carlota	Charles
Cheri	Cheryl	Cherise	Cheryl
Cristina	Christine	Chrissie	Christine
Cristóbal	Christine	Chuck	Charles
Cintia	Cynthia	Claudia	Claude
Claudette	Claude	Claudine	Claude
Cliff	Clifford	Constanza	Connie
Dan	Daniel	Danielle	Daniel
Danni	Daniel	Danny	Daniel
Darío	Darren	Darius	Darren
Darla	Darlene	Darryl	Darren
Dave	David	Davey	David
Deb	Débora	Debbie	Débora

Variación del nombre	Nombre a consultar en el diccionario	Variación del nombre	Nombre a consultar en el diccionario
Debra	Débora	Dennis	Denise
Derryl	Darren	Diane	Diana
Dianne	Diana	Don	Donald
Dora	Dorothy, Ted	Doris	Dorothy
Eduardo	Edward	Eddie	Edward
Edgar	Edward	Edith	Edward
Edmundo	Edward	Edna	Edward
Edwin	Edward	Eleanor	Eileen
Elinore	Eileen	Ella	Ellen
Em	Emily	Ema	Emily
Emil	Emily	Emma	Emily
Ericka	Eric	Eva	Evelyn
Evan	Evelyn	Eve	Evelyn
Fay	Faith	Flo	Florence
Flora	Florence	Francisco	Frances
Francis	Frances	Frank	Frances
Federico	Frederic	Fred	Frederic
Gabe	Gabriel	Gayle	Gail
Geneva	Gene	Georgia	George
Geraldine	Gerard	Gerardo	Gerard
Gertrude	Gerald	Glenda	Glen
Glenn	Glen	Glenna	Gregory
Harlan	Harold	Harley	Harold
Harriet	Harold	Harry	Harold
Hank	Henry	Enrique	Henry
Howie	Howard		
Jack	Jacob	Jackie	Jacob
Jaqueline	Jacob	James	Jacob

Variación del nombre	Nombre a consultar en el diccionario	Variación del nombre	Nombre a consultar en el diccionario
Jamie	Jacob	Jan	Janet
Jane	Janet	Janell	Janice
Janice	Janet	Jean	Janet
Jeanette	Janet	Jeff	Jeffrey
Jenny	Jennifer	Jerold	Jeremy
Jerome	Jeremy	Jerry	Jerome
Jesse	Jessica	Jessie	Jessica
Joan	Janet	Joanna	Janet
Joanne	Janet	Jodie	Jodi
Jody	Jodi	Joe	Joseph
Joey	Joseph	Johan	John
Juan	John	Jonathan	John
Juana	John	Josefina	John
Josh	Joshua	Joyce	Joy
Joylynn	Joy	Juanita	John
Judi	Judith	Judy	Judith
Julián	Julia	Julianne	Julia
Julieta	Julia	Julio	Julia
Karen	Kara	Kari	Kara
Karin	Kara	Kathi	Catherine
Catalina	Catherine	Kathryn	Catherine
Kathy	Catherine	Katie	Catherine
Kay	Catherine	Kelly	Kelley
Ken	Kenneth	Kimball	Kim
Kimberly	Kim	Kris	Christine
Krissie	Christine	Kristi	Christine
Kristin	Christine	Kristine	Christine
Kristy	Christine		
Larry	Laura	Laurel	Laura
Lauretta	Laura	Laurie	Laura
Lawrence	Laura	León	Leo

Variación del nombre	Nombre a consultar en el diccionario	Variación del nombre	Nombre a consultar en el diccionario
Leona	Leo	Leslie	Lesley
Lin	Linda	Lora	Laura
Loren	Laura	Lori	Laura
Lorna	Laura	Luis	Lois
Louise	Lois	Luci	Luke
Lucille	Luke	Lucy	Luke
Lynda	Linda	Lynette	Linda
Lynn	Linda		
Marc	Mark	Marcia	Mark
Margie	Margaret	Margarita	Margaret
María	Mary	Marian	Mary
Marie	Mary	Marietta	Mary
Marilyn	Mary	Marlene	Mary
Marsha	Mark	Matt	Matthew
Michaelina	Michael	Michelle	Michael
Mike	Michael	Miriam	Mary
Nan	Nancy	Natalie	Nathan
Nate	Nathan	Nathaniel	Nathan
Neil	Neal	Nelson	Neal
Nicolás	Nicholas	Nicole	Nicholas
Norm	Norma	Norman	Norma
Olive	Olivia	Oliver	Olivia
Pam	Pamela	Patricia	Pat
Patrick	Pat	Paula	Paul
Pauline	Paul	Peg	Margaret
Peggy	Margaret	Pete	Peter
Phil	Phillip	Felipe	Phillip
Phillis	Phyllis		

Variación del nombre	Nombre a consultar en el diccionario	Variación del nombre	Nombre a consultar en el diccionario
Raquel	Rachel	Ray	Raymond
Rebeca	Rebecca	Ronda	Rhonda
Rich	Richard	Ricardo	Richard
Ricky	Richard	Roberta	Robert
Robin	Robert	Robyn	Robert
Ron	Ronald	Ronnie	Ronald
Rosa	Rose	Rosalee	Rose
Rosamond	Rose	Roseanne	Rose Anne
Rosemarie	Rose Mary	Rosemary	Rose Mary
Rosette	Rose	Russ	Russell
Sam	Samuel	Sandy	Sandra
Sarah	Sara	Sharon	Sara
Shawn	Sean	Sherri	Sheri
Sherry	Sheri	Sheryl	Sheri/Cheryl
Sonjia	Sonja	Sonia	Sonja
Stacie	Stacey	Stanley	Stan
Stephanie	Steve	Stephen	Steve
Esteban	Steve	Stewart	Stuart
Stu	Stuart	Sue	Susan
Suzanne	Susan	Susana	Susan
Tami	Tamara	Tammy	Tamara
Teddi	Ted	Teddy	Ted
Teresa	Theresa	Terri (masc.)	Terrence
Terri (fem.)	Theresa	Terry	Terrence
Theodora	Ted	Theodore	Ted
Tim	Timothy	Timmi	Timothy
Timmy	Timothy	Tom	Thomas
Tomás	Thomas	Tonia	Tania
Tonya	Tania		
Vicki	Victoria	Vickie	Victoria

Variación del nombre	Nombre a consultar en el diccionario	Variación del nombre	Nombre a consultar en el diccionario
Víctor	Victoria		
Wally	Walter	Walt	Walter
Wendy	Wanda	Will	William
Guillermo	William	Willie	William
Wilma	William		

Apéndice B

Guía fonética para la pronunciación de las vocales[7]

A

[e] bait (carnada), fade (desvanecer)

[æ] bat (murciélago), fat (gordo)

[ə][8] about (acerca de)

[ɔ] autumn (otoño), law (ley)

E

[i] bead (cuenta), feet (pies)

[Є] bed (cama), bet (apuesta)

[ə] camel (camello)

I

[I] bid (oferta), fit (adecuado)

[ai] bide (esperar), buy (comprar)

[ə] robin (petirrojo)

---

7 N. del T. La pronunciación de las vocales y sus ejemplos están en inglés. Se agrega traducción al español entre paréntesis.

8 El sonido *schwa* (vocal neutral o vocal media central) es un componente común de todas las vocales (tuba, camel, robin, carrot, circus). Su sonido es similar al sonido de la OM o HUM, que con frecuencia se da como la fuente de todos los sonidos en el universo.

O

[o] boat (bote), note (nota)
[ɔ] cot (cuna), autumn (otoño)
[a] fodder (forraje)
[au] loud (sonoro), cow (vaca)
[ə] carrot (zanahoria)

U

[u] boot (bota), food (alimento)
[ʌ] but (pero), bud (capullo)
[U] book (libro), foot (pie)
[ə] circus (circo)

Diptongos

[ai] bide (esperar)
[ɔi] boy (niño)
[ei] bay (bahía)
[æ] fairy (hada)
[au] loud (sonoro)
[iu] few (poco)
[ou] blow (golpe)

Los diptongos tienen en su núcleo un efecto muy sonoro. Son dos vocales en una sílaba. Una de las dos siempre tendrá mayor sonoridad. Una de las vocales siempre está subordinada a la siguiente, aunque algunas pueden adoptar un sonido deslizante. Con frecuencia ocurre una asimilación. Esta es la tendencia del sonido de una vocal a volverse similar a aquellas próximas a ella. Las variaciones en estos sonidos se deben a las mecánicas de su vocalización y producción.

Apéndice C

El sistema de chakras

Mediando las energías de los cuerpos sutiles de uno (campos de energía sutiles) y enlazándolos al cuerpo físico, hay unos centros de distribución de energía llamados chakras. Este es un término sánscrito que significa «ruedas», el cual refleja la manera en que ellos hacen circular energía dentro, fuera y alrededor del cuerpo. Están ligados al cuerpo físico principalmente a través de los sistemas endocrino y esquelético, y aunque no son parte del organismo físico de uno, existe una conexión íntima con este (ver ilustración 1).

En realidad hay cientos de centros de distribución de energía (conocidos con frecuencia como los puntos de acupuntura y acupresión) conectados al cuerpo físico, pero hay siete principales. Su localización varía, dependiendo de si uno está orientado a la filosofía oriental o al esoterismo occidental. En cualquier caso, estos son puntos cercanos al cuerpo donde hay una mayor cantidad de energía electromagnética (la cual ahora puede ser medida por la ciencia moderna). Cualquier discrepancia en su localización real existe únicamente porque las personas de áreas diferentes del mundo utilizan sus energías de forma diferente.

Los chakras están relacionados con el ganglio neurológico a lo largo de la espina, y a las glándulas endocrinas. Se extienden tanto al frente como detrás del cuerpo. Estos vórtices de energía bioquímica y electromagnética rotan a la manera de las manecillas del reloj, circulando y distribuyendo la fuerza de vida en todo el cuerpo con propósitos físicos, emocionales, mentales o espirituales.

Al aprender cuáles funciones gobierna cada chakra en nosotros, podemos mantener el equilibrio y la salud. Ellos pueden ser activados para propósitos más allá del aspecto físico, y para desarrollar nuestro potencial más elevado.

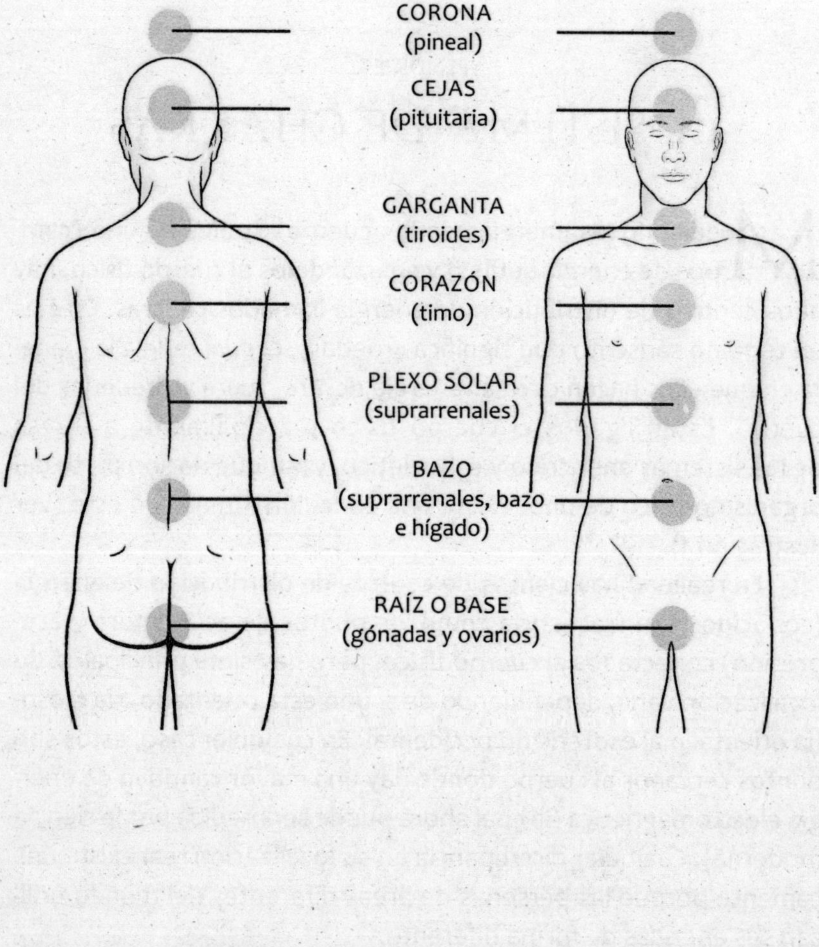

Bibliografía

Ames, Winthrop. *What Shall We Name the Baby?* Nueva York: Workman Publishing, 1941.

Anderson, Christopher P. *The Name Game*. Nueva York: Simon and Schuster, 1977.

Bardon, Franz. *The Key to the True Quabbalah*. Alemania: Dieter Ruggeberg, 1986.

Baskin, Wade. *The Sorcerer's Handbook*. Secaucus, NJ: Citadel Press, 1974.

Bischoff, Erich. *The Kabbala*. York Beach, ME: Samuel Weiser, Inc., 1985.

Browder, Sue. *New Age Baby Name Book*. Nueva York: Workman Publishing, 1974.

Busse, Thomas V. *The Professor's Book of Firts Names*. Elkins Park, PA: Green Ball Press, 1984.

Cottle, Basil. *Names*. Londres: Thames and Hudson, 1983.

Crandall, Joanne. *Self-Transformation Through Music*. Wheaton, IL: Theosophical Publishing, 1986.

da Silva, Andrew J. *Do From the Octave of Man Number Four*. Nueva York: Borderline Press, 1985.

Dunkling, Leslie Alan. *Fist Names First*. Nueva York: Universe Books, 1977.

———. *Our Secret Names*. Englewood Cliffs, NJ: Prentice-Hall, Inc. 1981.

Godwin, Joscelyn. *Harmonies of Heaven and Earth*. Rochester, Utah: Inner Tract, International, 1987.

Gray, William. *Concepts of Qabalah*. York Beach, ME: Samuel Weiser, Inc., 1984.

Kalisch, Isidor. *Sephir Yezerah*. Nueva York: L. H. Frank and Co., 1987.

Katsh, Shelley, y Carole Merle-Fishman. *The Music Within You*. Nueva York: Simon and Schuster, Inc., 1985.

Khan, Hazrat Inayat. *The Mysticism of Sound*. Ginebra: International Headquarters of the Sufi Movement, 1979.

Langacker, Ronald. *Language and Its Structure*. Nueva York: Harcourt, Brace and World, Inc. 1968.

Palmquist, Al, John Harzell, y Linda Francis. *What's in a Name?* Minneapolis: Ark Products, 1976.

Robertson, Stuart. *The Development of Modern English*. Englewood Cliffs, NJ: Prentice-Hall, Inc., 1954.

Schneider, William Alan, y Aline R. Gray. *Handbook for Numerologists*. Indiana: Schneider Corp., 1980.

Sepharial. *The Kabala of Numbers*. North Hollywood, CA: Newcastle Publishing, 1974.

Smith, Elsdon C. *American Surnames*. Baltimore: Genealogical Publishing Co., 1986.

Tracy, Martita. *Stellar Numerology*. California: Health Research.

Waite, A. E. *The Holy Kabbalah*. Secaucus, NJ: Citadel Press.

Wells, Evelyn. *What to Name the Baby*. Nueva York: Doubleday and Company, Inc., 1946.

TÍTULOS DE ESTA COLECCIÓN

37 segundos. *Stephanie Arnold y Sari Padorr*

99 pasos para una vida creativa. *Melissa Harris*

Cómo leer el rostro. *Richard Webster*

El camino de la sincronía. *Allan G. Hunter*

El misterio de la reencarnación. *J. Allan Danelek*

El poder sagrado en tu nombre. *Ted Andrews*

El sistema Palm Beach para el alivio del dolor. *D. I. Nuchovich*

El viaje de las almas. *Michael Newton*

Formulario completo de aceites mágicos. *C. Rayne Heldstab*

Ho'oponopono. 30 fórmulas de sabiduría
para sanar los conflictos. *Nathalie Bodin*

La maravillosa vida después de la muerte. *Kristy Robinett*

Lenguaje corporal. *Richard Webster*

Milagros ahora. *Gabrielle Bernstein*

Momentos milagrosos de la vida. *Elissa Al-Chokhanchy*

Perdón. 21 días para perdonar a todos por todo. *Iyanla Vanzant*

Psicoanálisis. La gran alternativa. *Alejandro Gertz M.*

Puertas hacia vidas pasadas y vidas futuras. *Slate y Llewellyn*

Sanar la causa oculta. Sandy C. Newbigging

Siempre contigo. Mensaje de tu ángel. *M. Fowler y G. Hunt*

Un año de actividades relajantes con niños. *A. Montessori*

Viviendo la ciencia de la mente. *Ernest Holmes*

Esta obra se imprimió
en los talleres de
IMPRESOS MEGAUNIÓN S.A. DE C.V.
Calle 8 manzana 49 lote 16
Deleg. Iztapalapa C.P. 09920
Col. José Lopéz Portillo
Tel. 5845-6296